Johann Plenges Organisations- und Propagandalehre

JOHANN PLENGE

Plastik von Eugen Meier-Krieg (1923)

Johann Plenges
Organisations- und Propagandalehre

eingeleitet von

Hanns Linhardt

o. Prof. der Betriebswirtschaftslehre
an der Universität Erlangen-Nürnberg

DUNCKER & HUMBLOT / BERLIN

Alle Rechte vorbehalten
© 1965 Duncker & Humblot, Berlin 41
Gedruckt 1965 bei Alb. Sayffaerth, Berlin 61
Printed in Germany

Inhaltsverzeichnis

Zur gegenwärtigen Problematik und literarischen Bearbeitung der Organisation und der Propaganda
Von Hanns Linhardt 5

Drei Vorlesungen über die allgemeine Organisationslehre
Von Johann Plenge 59

Deutsche Propaganda
Von Johann Plenge 119

Veröffentlichungen von Johann Plenge 175

Namenverzeichnis 191

Stichwortverzeichnis 196

Zur gegenwärtigen Problematik und literarischen Bearbeitung der Organisation und der Propaganda

Von
Hanns Linhardt

I.

Plenges „Drei Vorlesungen über die allgemeine Organisationslehre" erschienen im Jahre 1919 bei G. D. Baedeker, Essen; seine „Deutsche Propaganda als praktische Gesellschaftslehre" erschien im Jahre 1922 im Angelsachsen-Verlag, Bremen. Im Geleitwort des Verfassers zur ersten Veröffentlichung ist erwähnt, daß die zwei Vorlesungen „im Oktober 1918 gehalten und noch im gleichen Monat niedergeschrieben, die dritte am 6. November 1918 und am 7. bis 9. November, den Tagen der Revolution, zur Selbstbehauptung gegen die Zeitereignisse aufgezeichnet und diktiert wurden". In einer Fußnote auf der folgenden Seite ist das Datum 19. und 20. Oktober 1918 und der Erscheinungsort mit den Nummern 535 und 537 der „Norddeutschen Allgemeinen Zeitung" als Fundstelle für Anfang und Schluß der Vorlesung unter der Überschrift „Organisation und Freiheit" angegeben[1]. Zugleich erscheint bereits auf dieser ersten Textseite die Definition der Organisation: „bewußte Lebenseinheit aus bewußten Teilen" mit der Ergänzung: „das heißt klar, daß Organisation etwas Geistiges ist und daß es stets auf ihre innere Seele ankommt: Das zeigt gleichzeitig, daß es sehr kurzsichtig ist, wenn man unüberwindbaren Widerspruch zwischen denen finden will, die in der ‚Freiheit' das Wesen der Menschheit und das Wesen ihrer Geschichte finden, und denen, die dafür ‚Organisation' sagen. Organisation muß Freiheiten haben und muß aus der Freiheit herauswachsen, wenn es gesunde Organisation sein soll" (S. 7/8)[2]. Bemerkenswert ist die zeitliche Koinzidenz mit A. P. Sloan „Organization Study" aus dem Jahr 1919 (!). Sloan war jahrzehntelang der maßgebliche Organisator von General Motors[3].

Bei Plenges Abhandlung über die Allgemeine Organisationslehre kommt es auf Tag und Stunde an, um seine wissenschaftlichen Ver-

---

[1] Außerdem erschien noch im Jahr 1919, d. h. vor H. Nicklisch (Organisation, 1920) der Aufsatz von J. Plenge „Die Organisationslehre im Reich der Wissenschaften" in den Preuß. Jahrbüchern, 176. Bd. (1919), S. 180—199, versehen mit einer Fußnote, die auf Plenges Vorlesung an der Universität Münster i. W. im Wintersemester 1918/19 hinweist (Fassung Mitte Oktober 1918).

[2] Die Fußnote auf S. 7 der Originalschrift ist unverkürzt enthalten in: Plenge-Linhardt: Cogito Ergo Sumus. Eine Auswahl aus den Schriften von Johann Plenge (1874—1963) über Wirtschaft und Gesellschaft, Geschichte und Philosophie, Sozialismus und Organisation, besorgt und eingeleitet von H. Linhardt, Berlin 1964 (in Zukunft zitiert: Cogito Ergo sumus), S. 66.

[3] Vgl. sein Buch: My Years with General Motors (s. FAZ v. 24. 12. 1964, S. 5).

dienste zu würdigen, aber auch in Schutz zu nehmen. Im Jahre 1920 erschien von dem Professor der Betriebswirtschaftslehre Heinrich Nicklisch eine Broschüre unter dem Titel „Der Weg aufwärts! Organisation. Versuch einer Grundlegung". Es dürfte kein Zweifel bestehen, daß es sich hier um ein echtes Plagiat handelt. Innerhalb der Fachvertreter ist dies soweit unbemerkt geblieben, wie die Schrift von Plenge aus 1919 mit der Vorabveröffentlichung im Oktober 1918 unbekannt geblieben ist. Ich selbst glaubte an den eigenen Ursprung der Nicklisch-Nachahmung auf Grund seines Vorwortes, bis ich um 1931 in Verbindung mit eigenen Vorlesungen auf Plenges Allgemeine Organisationslehre stieß[4]. Paul Deutsch beruft sich noch in seinem Beitrag zur Rieger-Festschrift 1963[5] auf die beiden von Nicklisch dargelegten Organisationsprinzipien der Einung und der Gliederung. Nicht er allein, sondern die meisten Fachvertreter unterlagen seit vier Jahrzehnten dem Irrtum, als hätte es sich bei der Broschüre von Nicklisch über Organisation um eine eigene geistige Leistung gehandelt. Das gilt für Prion-Riester (1936), auch für E. Kosiol (1962)[6].

Plenge, der eigentliche geistige Urheber einer echten allgemeinen Organisationslehre, verstand das innere Verhältnis zwischen Organisation und Freiheit so, daß es nach seinen Worten (s. o.) eine gesunde Organisation ohne Freiheit nicht geben könnte. Dem ungeachtet bedienten sich die Werber und Helfer der Machthaber des Dritten Reiches und diese selbst seiner Organisationsidee, selbstverständlich ohne Erwähnung ihres geistigen Urhebers, dem deutlich nahegelegt wurde, sich zurückzuhalten und der auch von sich aus keinen Versuch machte, aus dem Rahmen der wissenschaftlichen Behandlung des Organisationsproblems herauszutreten und in der politischen Arbeit der NSDAP und ihrer Staatsführung, Verwaltung und Wirtschaftspolitik tätig zu werden. H. Nicklisch hingegen vollführte den Kniefall vor Adolf Hitler in würdeloser Form[7].

---

[4] Von den Autoren über Organisation, die Plenges Allgemeine Organisationslehre zitieren, sind zu nennen: K. W. Hennig: Einführung in die betriebswirtschaftliche Organisationslehre, Berlin 1934; W. Prion: Die Lehre vom Wirtschaftsbetrieb (Allgemeine Betriebswirtschaftslehre), 3. Buch: Der Wirtschaftsbetrieb als Betrieb (Arbeit), Berlin 1936, Kapitel: Die Organisation (bearb. v. W. Riester), S. 108—191; O. R. Schnutenhaus: Allgemeine Organisationslehre. Sinn, Zweck und Ziel der Organisation, Berlin 1951.

[5] P. Deutsch: Zentralisation und Dezentralisation im Einzelhandel; Leitbilder im Aufbau seiner Betriebsformen, in: J. Fettel u. H. Linhardt (Hrsg.): Der Betrieb in der Unternehmung. Festschrift für Wilhelm Rieger zu seinem 85. Geburtstag, Stuttgart 1963, S. 340—366.

[6] E. Kosiol: Organisation der Unternehmung, in: Die Wirtschaftswissenschaften, hrsg. v. E. Gutenberg, Bd. A/6, Wiesbaden 1962.

Nicht erst mit der Veröffentlichung seiner Organisationslehre kamen Plenge die Grundgedanken und Anwendungsmöglichkeiten der politischen und wirtschaftlichen Organisation. Sie finden sich in seinen Schriften seit der Jahrhundertwende und gehen im Grunde auf seine Beschäftigung mit St. Simon und dessen Kreis zurück, dem Männer wie Auguste Comte, die Brüder Péreire entstammen, einem Kreis, der ernsthaft über die Organisation von Gesellschaft, Staat und Wirtschaft nachgedacht hat und gedanklich wie zeitlich den Männern und Werken der französischen Sozialisten durchaus nahesteht, mag man an deren frühere oder spätere Vertreter, wie sie die übliche Dogmengeschichte aufzählt, insbesondere an Namen wie Louis Blanc[8] oder an Pierre Joseph Proudhon[9] erinnern. Wie häufig der Begriff der Organisation von den geistigen und politischen Führern der Französischen Revolution verwendet worden ist, zeigen die gesammelten Reden und Aufsätze, insbesondere diejenigen von Graf Mirabeau d. Ä., M. Robespierre, Danton, St. Just[10].

Aus dem gleichen Arbeitszusammenhang wie aus späteren Studien war Plenge mit den volkswirtschaftlichen und politischen Autoren Frankreichs und Englands wohl vertraut. Er kannte die geistige Ausstrahlung von Jean Jacques Rousseau und Montesquieu so gut wie er über Frédéric Bastiat, Georges Sorel, Shaftesbury, J. St. Mill, H. Spencer, H. St. Chamberlain, Bescheid wußte, dessen „Grundlagen des 19. Jahrhunderts"[11] er hoch einschätzte. Nicht minder war er mit dem bedeutenden Werk von Karl Rodbertus über den Kommunismus in Frankreich vertraut, über Lorenz von Stein unterrichtet und die deutschen Nationalökonomen Heinrich Dietzel und Adolph Wagner sind die von ihm am häufigsten zitierten Fachautoren; Dietzel war in Bonn sein Lehrer. Plenge kannte auch die schöngeistige und gesellschaftskritische Literatur und die darin enthaltene Problematik der menschlichen Gesell-

---

[7] H. Nicklisch: Neue deutsche Wirtschaftsführung. Die Bücher: Organisation. Eine Schriftenreihe, hrsg. v. H. Nicklisch, Bd. XVII, Stuttgart 1933.

[8] L. Blanc: Organisation du travail, Paris 1839.

[9] P. J. Proudhon: Le droit au travail et le droit de propriété, Paris 1848; ders.: Du principe fédératif et la nécessité de reconstituer le parti de la révolution, Paris 1863.

[10] Französische Reden von 1789 bis zur Gegenwart, ausgewählt, erläutert und übersetzt (Originaltitel: Discours Français de 1789 à nos jours) v. Chr. F. Müller, 2. Aufl., Ebenhausen 1960; Gustav Landauer: Die französische Revolution in Briefen, ausgewählt und übers. v. G. Landauer, Hamburg 1961; Romain Rolland: Robespierre, ins Deutsche übers. v. E. Schumann, Berlin 1954; K. H. Peter (Hrsg.): Reden, die die Welt bewegten, Stuttgart 1959; Peter Kropotkin: Die Französische Revolution 1789—1793, deutsche Ausgabe v. G. Landauer, Leipzig o. J.

[11] H. St. Chamberlain: Die Grundlagen des 19. Jahrhunderts, Bd. I und II, 1899.

schaft, der sozialen Frage, der Arbeit, der Armut (Ch. Dickens, H. Balzac, E. Zola u. a.).

Plenge waren die teils revolutionär, teils reformistisch gesinnten Geister der napoleonischen Zeit und ihrer Nachperiode politischer Reaktion, geistiger Lähmung genügend bekannt, allein schon aus seinen mehrjährigen Arbeiten (1898—1903) über den Crédit Mobilier der Brüder Péreire, die ihn nach Brüssel und Paris und in die dortigen Staats- und Privatarchive geführt haben. Seine Schriften vor Erscheinen der Allgemeinen Organisationslehre sind nicht nur voller Andeutungen und Hinweise auf Grund- und Einzelprobleme der Organisation, sie sind im Grunde nichts anderes als die ständige Auseinandersetzung mit dem Marxismus und dessen geistigem Ursprung aus der Hegelschen Philosophie, insbesondere der Geschichts- und Rechtsphilosophie von Wilh. Hegel. F. A. Hayek[12] stellt fest, Plenge habe als hervorragender Marx-Kenner — darin W. Sombart ebenbürtig — in der Organisation die Möglichkeit einer Synthese zwischen Hegel und Marx gesehen, folglich an die Überwindung des theoretisch bereits unhaltbar gewordenen Marxismus mittels der (Hegelschen) Staatsidee durch den so begründeten nationalen, auf gesellschaftlicher Gliederung in staatlicher Ordnung beruhenden Sozialismus geglaubt. Diesen von ihm so bezeichneten organisatorischen Sozialismus, auch Sozialismus der Organisation genannt, unterschied er scharf von dem sog. Staatssozialismus der deutschen Kathedersozialisten (K. Rodbertus, G. Schmoller, H. Herkner, L. Brentano u. a.), ebenso streng von dem illusionären „Nationalsozialismus" Friedrich Naumanns aus den ersten Jahren des 20. Jahrhunderts und von dem konservativ-reaktionären Staatssozialismus Oswald Spenglers[13]. Manche Fachautoren, die die Entwicklung der Organisationsliteratur während des zurückliegenden halben Jahrhunderts bis zur Gegenwart kritisch oder systematisierend verfolgen, reihen Plenge in den Kreis der sog. Kriegssozialisten ein oder stellen ihn mit O. Spengler gleich. Plenge selbst betrachtete seine Position gegenüber O. Spengler sowohl historisch wie soziologisch als gegensätzlich und nicht als übereinstimmend[14]. Zu den Fachautoren, die eine Gleichsetzung von Plenge und Spengler vornehmen, zählt u. a. Nordsieck-Schröer[15]. Für seinen organisatorischen Sozialismus war die erste Voraussetzung eine gediegene Kenntnis der realia in Wirtschaft und Gesellschaft, vermöge der soziologischen Strukturanalyse nach der Erkenntnis „erst Linné, dann Darwin" — erst Be-

---

[12] F. A. Hayek: Der Weg zur Knechtschaft. Aus dem Englischen (The Road to Serfdom, 1944) übers. v. E. Röpke, 3. Aufl., Erlenbach-Zürich 1952, S. 214 f.

[13] O. Spengler: Preußentum und Sozialismus, München 1920.

[14] s. hierzu J. Plenge: Die Altersreife des Abendlandes, Düsseldorf 1948.

[15] Hildegard Nordsieck-Schröer: Organisationslehre. Eine vergleichende Darstellung, Sammlung Poeschel. Betriebswirtschaftliche Studienbücher, hrsg. v. H. Seischab, Reihe I, Bd. 8 b, Stuttgart 1961.

griffe im System, dann Systematisierung der Entwicklung, die vollständige Beherrschung ihrer konkreten Bestände, der Bewegungsvorgänge und ihrer Erfassung und Analyse im Haushalt des Staates (Finanzwissenschaft), in und vermittels der Rechnung der Unternehmung (Privatwirtschaftslehre)[16].

Hegel ist aber nur die eine, mehr geistige Wurzel; die andere, mehr politische Wurzel führt zu den französischen Sozialisten hin, die man seit Marx als die Frühsozialisten oder Vertreter des utopischen zum Unterschied vom wissenschaftlichen Sozialismus zu bezeichnen pflegte.

Diese sog. Frühsozialisten versteht man nur dann in ihrer gesellschaftskritischen Haltung und politisch-ideologischen Orientierung, wenn man die heftigen Gegensätze und Widersprüche zwischen Monarchisten und Republikanern, zwischen den Anhängern Napoleons und der Bourbonen und den Vertretern der revolutionären Ideen des Kommunismus in den ersten Jahrzehnten des 19. Jahrhunderts in einem geschichtlichen Zusammenhang begreift. Noch im Jahre 1939 schreibt Romain Rolland im Nachwort zu seinem Drama „Robespierre", der Kampf um die Französische Revolution sei bis zum heutigen Tage nicht beendet. Es war nicht nur der Kampf um die rot-weiß-blaue Trikolore gegen die rote Fahne, die 1830—1848 auf Pariser Plätzen gezeigt wurde, während die Trikolore den siegreichen französischen Armeen auf allen europäischen Kriegsschauplätzen vorangetragen wurde, es war auch der Kampf um die rot-weiß-blaue Kokarde und die weiße der Bourbonen, der nach Abdankung Napoleons 1813 und dem Wiener Kongreß 1815 die politischen Strömungen in Frankreich beherrschte. Der Grundgedanke der französischen Frühsozialisten kann vielleicht am besten so verstanden werden, wie Plenge hundert Jahre später ihn aufgegriffen und propagiert hat: Als Ausweg aus einer hoffnungslosen Situation, als einzige Möglichkeit, die letzten verantwortungsvollen und besonnenen Kräfte einer Nation zu sammeln und geschlossen einzusetzen, als Mittel zur Überwindung der abgrundtiefen politischen und moralischen Krise nach einem völligen militärischen und wirtschaftlichen Zusammenbruch. (Für die historische Dokumentation vgl. die Quellenhinweise S. 9 (Müller, Kropotkin u. a.); aus den gesammelten Reden im Langwiesche Verlag s. insbesondere die Rede von Adolphe Thiers, S. 92.)

Aber schon die andauernde Bemühung der sog. Revisionisten unter den Marxisten (Eduard Bernstein, Karl Kautsky u. a.) ließ den Monopol-

---

[16] Zu Hegels Begriffssystem und Plenges „Ontologie der Beziehung (Allgemeine Relationstheorie)" (Münster i. W. 1930) und „Zum Ausbau der Beziehungslehre" (1930/32) sowie zu seinen Grünewaldstudien („Der neue Anfang Grünewalds", Münster i. W. 1932) vgl. A. Dürer: Underweysung der Messung mit dem Zirkel und Richtscheit, Nürnberg 1525 — nicht mit Maßstab und Meßzahl (s. dazu FAZ v. 24. 12. 1964, Beilage „Literaturblatt")!

anspruch von Karl Marx für seinen wissenschaftlichen Sozialismus fragwürdig erscheinen. Vollends mußten die Zerfallserscheinungen innerhalb der geistigen Vertreter des Marxismus um die Jahrhundertwende und die vergeblichen Versuche, ein Führungsgremium auf internationaler Basis zu errichten, mußten insbesondere die kritischen Schriften und die zur kritischen Auseinandersetzung zwingenden Veröffentlichungen von Rudolf Hilferding (1910), Rosa Luxemburg (1913), vor allem aber von Georges Sorel[17] den weiteren Zerfall des Marxismus und eine neue Belebung der französischen Frühsozialisten herbeiführen. Diese Entwicklung ist in Deutschland während des Dritten Reiches und hernach weder unterbrochen noch variiert oder revidiert worden. Die Sozialdemokratie Deutschlands hat in ihrer Führerschicht seit Errichtung der Bundesrepublik später selbst das Entscheidende dazu getan und im sog. Godesberger Programm (1959) niedergelegt, um ihre politischen Maximen vom marxistischen Dogma und dem darin erkannten Irrtum zu lösen. Angesichts der politischen Weltlage und der Ausbreitung des mit Demokratie und Parlamentarismus unvereinbaren Kommunismus in den sog. Ostblockländern blieb ihr kein anderer Weg als die ideologische Annäherung an die bürgerlichen Parteien, die sie seit ihrer Gründung als ihre Gegner ansehen; ja, aus der Annäherung wurde sogar eine Überlagerung. Diese Entwicklung war ohne stärkeren Bruch deshalb möglich, weil neben den revolutionären Elementen in der führenden Schicht das kleinbürgerliche Ideal in SPD-Kreisen nach Zahl und Gewicht überwog und dies schon bei August Bebel[18] und seitdem.

In Westdeutschland ist seit Kriegsende (1945) eine neue Orientierung sozialistischer Kreise weg vom Marxismus und hin zu Proudhon und den französischen Frühsozialisten festzustellen[19]. Bei Plenge ging es nicht erst in seinem „Marx und Hegel" (Tübingen 1911), d. h. im Höhepunkt der Auseinandersetzung innerhalb der geistigen Bannerträger des Marxismus, sondern schon in seinem „Crédit Mobilier" und seinem „System der Verkehrswirtschaft" (beide 1903) um die Auseinandersetzung zwischen Ideologie und Dogma auf der einen Seite, Organisation und Propaganda auf der anderen Seite.

Was er am Marxismus vermißte und kritisierte, war die fehlende Wirklichkeitsnähe und der fehlende wirtschaftliche Sachverstand. Nichts machte er Marx mehr zum Vorwurf als die „insgeheim von Agitationsabsicht getränkten Begriffe" (J. Plenge) von Kapital, Mehrwert und von allem anderen, was zwar zur Agitation, aber nicht zum „Neubau durch Umbruch" (J. Plenge) geeignet war. Das Wort Organisation

---

[17] G. Sorel: La décomposition du marxisme, Paris 1908.
[18] August Bebel: Aus meinem Leben, 3 Bde., Stuttgart 1914.
[19] Vgl. die Leitartikel des Rheinischen Merkur aus den Nachkriegsjahren (Paul Sethe, Dolf Sternberger, W. E. Süskind, Rudolf Kramer).

erscheint in seinem „Marx und Hegel" nahezu auf jeder Seite. Vergleichsweise findet sich in den Schriften von H. Nicklisch 1912—1920 kaum eine Spur des Organisationsbegriffs und derjenigen Auslegung, die Nicklisch ihm in seiner Schrift aus dem Jahre 1920 gegeben hat. Von Hegel sagt Plenge, daß jeder seiner Begriffe ein Reflexions- oder Beziehungs-, d. h. Korrelatsbegriff war und belegt dies mit Beispielen aus Philosophie und Geschichte[20]. Er glaubt an die Möglichkeit, den philosophischen Idealismus Hegels mit dem politischen und wirtschaftlichen Realismus Marx' zu verbinden und aus dieser Verbindung die Synthese eines wissenschaftlichen, organisatorischen Sozialismus zu gewinnen. Im zweiten Schritt hoffte er, die Synthese zwischen diesem wissenschaftlichen Sozialismus und der christlichen Lehre „aus freiestem Geist", wie er dies ständig zu nennen pflegte, erreichen zu können. Damit war nichts anderes als die innerste Überzeugung gemeint, den Sozialismus ohne äußeren Druck und Zwang realisieren zu können. Einen Sozialismus ohne Freiheit und ohne innere Zustimmung hat Plenge weder theoretisch vertreten noch politisch gefordert, selbst wenn er in diesem Punkt am leichtesten einer solchen Interpretation ausgesetzt war, wie sie von F. A. Hayek erfolgte (s. o.).

Diesem Sozialismus traute er soviel Entwicklungsmöglichkeiten zu, daß eine Einheit, wenigstens ein fruchtbares Spannungsverhältnis zwischen ihm und der christlichen Lehre entstehen konnte. Darin lag eine positive Gläubigkeit, die in christlicher Tradition wurzelte und von der Tatsache ausging, daß die Lehre des Christentums wesentliche geistige und sittliche Elemente der griechisch-römischen Antike in sich aufgenommen hat. Viel ist zu Lebzeiten Plenges geschehen, ihn als Marxisten und Atheisten zu verdächtigen und zu brandmarken. In Wirklichkeit war alles Streben Plenges aus christlichem Denken erwachsen. Anders wäre auch sein ständiger Kampf gegen den Materialismus der Marxisten, gegen die nach seiner Meinung sinnlose Oppositionsstellung der Sozialdemokratie zum Kapitalismus, überhaupt gegen jeglichen Materialismus in der individuellen Lebensführung wie in der Geschichtsinterpretation unverständlich. Wer von Plenge nur die geringste Ahnung hat, wird ihm soviel persönlichen Mut in einem öffentlichen Wirken von 6½ Jahrzehnten nicht abstreiten, daß er es offen bekannt und konsequent vertreten hätte, falls er dem Marxismus auf materialistisch-atheistischer Grundlage anhing[21].

---

[20] Vgl. Cogito Ergo Sumus, S. 20: „Alle unsere Denkbestimmungen sind für Hegel Reflexions-, Beziehungsbegriffe, Quantität ist nicht ohne Qualität, endlich nicht ohne unendlich, Ding an sich nicht ohne Erscheinung, Subjekt nicht ohne Objekt denkbar (Marx und Hegel, S. 29).
[21] Vgl. J. Plenge: Über den politischen Wert des Judentums, Essen 1920.

Plenge wollte der menschlichen Gesellschaft und ihrer Wirtschaft einen organisatorischen Unterbau geben. Was er als Einheit und Gliederung von Gesellschaft und Wirtschaft verstand, hat er deutlich genug ausgesprochen und an Beispielen dargelegt. Unter der Gliederung der menschlichen Gesellschaft verstand er ihre Lebensordnungen in Staat und Kirche, in Arbeit und Beruf, in Ständen und Klassen. Arbeit war für ihn ständiges Tätigsein und wirksames Schaffen im tief philosophischen und durchaus religiösen Sinn, wie es die deutschen Mystiker und nach ihnen Goethe, Th. Carlyle oder R. M. Rilke innerlich begriffen und dichterisch umschrieben haben. Hart und unerbittlich war seine Kritik jenen Sozialisten gegenüber, die die Welt und die Menschheit verbessern wollten, sei es auch um einen noch so hohen Blutzoll und Schuttberg und Trümmerhaufen, ohne daß sie von den gegebenen Grundlagen der Gesellschaft und Wirtschaft die geringste Ahnung hatten. Den Kapitalismus sollte man nach seiner Ansicht begreifen lernen, ob man ihn verteidigen oder abschaffen wollte und im letzten Fall um so mehr, damit nicht das Kind mit dem Bade ausgeschüttet, der Weizen mit dem Unkraut ausgerissen werde.

Er verstieg sich nicht wie zeitgenössische Philosophen (E. Husserl, H. Bergson) in Hymnen an das Leben und die Natur, er folgte auch nicht den betont naturwissenschaftlichen Gedankengängen (W. Ostwald, H. Driesch), die vom Organ zum Organismus, vom Organismus zur Organisation so leichtfüßig fortzuschreiten und so munter voranzukommen wußten. „Was wir brauchen, ist Geist, nicht Natur, ist Organisation als Geistesprodukt, angewandt auf die menschliche Gesellschaft, die politischen Kräfte" (Cogito Ergo Sumus, S. 81).

So versteht sich, daß er schon vor 1911, ausgesprochen aber seit dem „Marx und Hegel", die Pflege der „Political Science" fordert, die er in den USA bei seinem Aufenthalt 1912 kennengelernt hatte. Immer wieder weist er auf eine Vorwärtsentwicklung der allzu schulmäßig, allzu unpolitisch betriebenen Nationalökonomie im rekurrenten Anschluß an die ausdrücklich von ihm so bezeichneten und geforderten „Politischen Wissenschaften" hin (Cogito Ergo Sumus, S. 13, 21, 53, 61, 68).

Sein Sozialismus, den er dem Marxismus hart und entschieden gegenüberstellte, war als der Sozialismus der Organisation, gegründet auf die Gliederung in Wirtschaft und Gesellschaft, die Wirtschaft geordnet in Freiheit durch Gesetz und private Abkommen im Sinn der Marktbeherrschung, wenigstens der Marktregulierung. Was er dem Staat in der Theorie verwehrte — die Marktbeherrschung —, wollte er den Verbänden, Arbeitgeber- und Arbeitnehmerverbänden, den Gewerkschaften, Kartellen und Trusts wenigstens als Ziel einräumen, eingedenk der natürlichen Wirkung und Gegenwirkung, die aus dem Konkurrenzprinzip erwächst, aber auch in richtiger Erkenntnis der Gefahren für die menschliche Freiheit dann, wenn der Staat die Marktbeherrschung sich anmaßen würde. Wie weit er der privaten Wirtschaft in dieser Hinsicht Konzessionen machte, wie wenig er gegenüber dem Staat hierzu bereit war, zeigt seine Arbeit über die Diskontpolitik (1913). Von Verstaatlichungsplänen in Friedenszeiten wollte er nichts wissen, meinte aber in den Jahren des ersten Weltkrieges, daß die Verwaltungs- und Wirtschaftsformen, die damals der Kriegssozialismus gezeitigt hatte, in die Friedenszeit hinübergeführt und als brauchbare Formen eines echten Sozialismus wenigstens im Prinzip erhalten und zweckmäßig fortentwickelt werden sollten. Diese Auffassung hat ihm später den Vorwurf eines Kriegssozialisten und eines Vorläufers des Nationalsozialismus eingebracht[22]. Plenge nimmt dazu Stellung und glaubt sich durch Hinweis auf den von ihm niemals aufgegebenen Zusammenhang zwischen Organisation und Freiheit gerechtfertigt. Aber in seinem Verhältnis zur Kriegswirtschaft und deren Verhältnis zur Organisation und zum Sozialismus als dem eigentlichen Sinn und Ziel der wirtschaftlichen Entwicklung dieses Jahrhunderts unterliegt er größten Widersprüchen, unterwirft er sich dem Faktischen und verläßt das Postulat der Freiheit.

Vergleicht man die deutsche Organisationsliteratur vor und nach Plenge — 1919 — so wird mit einem Blick klar, worin der Unterschied besteht. Vor Plenge gab es schon eine Fülle spezieller Organisationsthemen, die aber sämtlich „aus der Praxis für die Praxis" geschrieben waren und sich auf engstem Gebiet bewegten. Dafür einige Beispiele:

Robert Grimshaw: Werkstatt, Betrieb und -organisation, Hannover 1908, 513 S.
Robert Stern: Die kaufmännische Organisation im Fabrikbetriebe, Leipzig 1911, 360 S.
Adolf Nef: Die Organisation eines Stickereibetriebs, St. Gallen 1911, 47 S.
Siegfried Herzog: Industrielle Verwaltungstechnik, Stuttgart 1912, 519 S.
Otto Gerson: Organisation, Statistik und systematische Kontrolle in kaufmännischen Betrieben, Hamburg 1913, 195 S.
Georg J. Erlacher: Organisation von Fabrik-Betrieben, 4. Aufl. Leipzig 1913, 66 S.
Werner Grull: Die Organisation von Fabrikbetrieben, 1914 (2. Aufl. 1920), 226 S.
J. Lilienthal: Fabrikorganisation, Fabrikbuchführung und Selbstkostenberechnung der Firma Ludw. Loewe & Co., Aktiengesellschaft, 2. Aufl., Berlin 1914.

Allein schon diese Auswahl läßt erkennen, daß bis dahin kein Versuch zur theoretischen Grundlegung einer Organisationslehre gemacht wurde. Die Verfasser solcher Organisationsliteratur waren überwiegend

---

[22] F. A. Hayek: Der Weg zur Knechtschaft, Aus dem Englischen (The Road to Serfdom, 1944) übers. v. E. Röpke, 3. Aufl., Erlenbach-Zürich 1952, S. 214 f.; vgl. hierzu J. Plenge: Die Altersreife des Abendlandes, Düsseldorf 1948, auszugsweise in: Cogito Ergo Sumus, S. 180—192.

Ingenieure, darunter vor allem beratende Ingenieure. Sie knüpften hauptsächlich an Beispiele amerikanischer Firmen, weniger an Schriften amerikanischer Autoren an. So bringt R. Grimshaw Beispiele der Zeitberechnung, Selbstkostenrechnung, des Prämiensystems und Beschreibungen des ganzen Arbeitsganges berühmter amerikanischer Firmen. Er versteht unter Organisation das Mittel zur Verringerung der Unkosten und zur Vergrößerung des Umsatzes.

S. Herzog befaßt sich mit der formalen Seite der Unternehmensführung (Satzung, Aufsichtsrat, Geschäftsordnungen, Vorstand, Verwaltung des Industriebetriebes). O. Gerson nennt sein Buch „das erste seiner Art". Er bringt darin zahlreiche Beispiele und Schemata, u. a. über die Warenannahme, Warenbestellung, Kassenkontrolle, Expedition usw. G. J. Erlacher teilt seine Erfahrungen im eigenen Betrieb der Elektrotechnik mit und behandelt die Direktion, das technische, das kaufmännische Büro und die Werkstatt.

W. Grull versteht unter Organisation Maßnahmen zur Durchführung des Erzeugungsvorganges und zur Sicherstellung des ertragswirtschaftlichen Zweckes eines Fabrikbetriebes mit teils technischem, teils kaufmännischem Inhalt. R. Stern erwähnt in seiner Vorrede, daß zur Zeit seiner Veröffentlichung im Jahre 1911 die technischen Hochschulen und die Handelshochschulen bereits einzelne Zweige der Betriebs- und Organisationskunde in ihre Vorlesungspläne aufgenommen haben und fährt fort, „man darf wohl annehmen, daß diese Disziplinen in kurzer Zeit bedeutende Erweiterung erfahren werden, da hervorragende Industrielle, Kaufleute und Berufstechniker mit ganzer Hingebung an dem Ausbau dieser Wissenschaft arbeiten".

Plenges Allgemeine Organisationslehre unterscheidet sich von jeder früheren Darstellung durch die Weite ihres Geltungsbereiches und die Größe ihres Geltungsanspruches. Plötzlich verwandelt sich unter seinen Händen der Organisationsbegriff zu einem ausgreifenden Fundamentalbegriff, der, wie er selber in der Einleitung sagt, eine neue Wissenschaft bezeichnen soll, die in den regelrechten Lehrbetrieb der deutschen Universitäten Eingang gefunden hat. Er spricht den Gedanken aus, daß „die Zeit nur durch die innerste Erfassung des Organisationsgedankens gesunden kann. Gleichzeitig ist nur auf dem Unterbau der Organisationslehre ein allgemeiner Fortschritt der Staats- und Gesellschaftswissenschaften und mit ihm der Weltgeschichtsbetrachtung möglich. Mir scheint sogar, daß sich in der Organisationslehre unsere abendländische Philosophie vollenden wird" (Geleitwort Org. vom 19. 9. 1919).

Höher kann der Anspruch einer Organisationslehre nicht gestellt werden. Welch ein Unterschied gegenüber allem, was vor Plenge unter Organisation verstanden wurde und sich wesentlich im äußeren Gebrauch äußerer Hilfsmittel und Werkzeuge innerhalb engster wirtschaftlicher oder gar nur betrieblicher Funktionsbereiche erschöpfte. Plenge hat den Geltungsanspruch der Geisteswissenschaften und ihre Zuständigkeit auf dem Gebiet der Organisationslehre angemeldet. Das soll nicht heißen, daß kein Ingenieur und Techniker, jeder auf seinem Gebiet, sich des Organisationsbegriffes bedienen und dort organisatorische Wege gehen mag. Aber es heißt seit Plenge, daß Organisation nicht mit Routine und subalterner Zweckverfolgung gleichgesetzt werden kann. So wie Friedrich List eine Abhandlung über die Handelsfreiheit und die Handelsbeschränkungen unter die Devise „et la patrie et l'humanité" stellt[23], so versteht Plenge seine Allgemeine Organisationslehre als die Lehre von Staat und Gesellschaft und zugleich von Politik und Geschichte: vom Staat samt seinen Einrichtungen der getrennten Gewalten von Parlament und Regierung, von der menschlichen Gesellschaft samt ihrer Gliederung durch „Wissenschaft und Willenskraft", sowohl ihrer Ausgliederung immer neuer Formen wie ihrer Eingliederung immer neuer Ideen und Bestrebungen; von Politik mit ihrer Zielsetzung, ihren Gegensätzen von Individuum, Gruppe und Gemeinschaft, ihrer Wechselwirkung zwischen Individualsinn und Gemeingeist und schließlich von Geschichte als überpersönlicher Erfahrung, ihrer Erfassung und Verdichtung in der Literatur jeder Gattung, ihrer Auswertung durch Überlieferung, Erziehung und Bildung. In seiner „Grundlegung der vergleichenden Wirtschaftstheorie" (1917, vgl. Cogito Ergo Sumus, S. 40—51) hat Plenge hierüber Entscheidendes gesagt.

Ohne Zweifel sind die ersten Anregungen zur Behandlung des Organisationsproblems auf amerikanische Einflüsse der Praxis wie der Literatur zurückzuführen. Es ist auch kein Zufall, daß Ingenieure dabei überwiegen. Das war auch bei der Begründung der wissenschaftlichen Betriebsführung (Scientific Management) durch Frederick Winslow Taylor in seinen Hauptschriften[24] und bei seinen unmittelbaren Schülern wie Gantt und Gilbreth und späteren Übersetzern (Wallichs, Roesler u. a.) der Fall[25]. Der Taylorismus, der die schwierigen Umstellungsjahre nach dem ersten Weltkrieg wesentlich beeinflußt und eine Fülle deutscher Fachliteratur hervorgerufen hat, gilt heute als wissenschaftlich überwunden, ähnlich wie die Psychotechnik (H. Münsterberg, H. Moede, William Stern u. a.). Als überwunden und eigentlich in der Weltwirtschaftskrise untergegangen kann die ihr vorausgehende, wesentlich vom

---

[23] F. List: Das nationale System der Politischen Oekonomie 1841, Neudruck, 6. Aufl., Jena 1950, Vorwort S. 18.
[24] F. W. Taylor: Shop Management, New York 1903; ders.: The Principles of Scientific Management, New York und London 1911.
[25] P. Devinat: Scientific Management in Europe. International Labour Office, Studies and Reports, Bd. 17, Genf 1927.

Taylorismus mitbestimmte Welle der Rationalisierung angesehen werden. Ihr Hauptfehler war die einseitige Betonung der Technik, auch der Produktionstechnik unter Vernachlässigung der Absatzprobleme und der Kostenprobleme, anders gesagt die Vorherrschaft des Ingenieurs. Sie wurde abgelöst durch das Hervortreten des Betriebswirts, auch des Volkswirts, Psychologen und Soziologen. Was jedoch im Taylorismus bereits enthalten war, ist der Funktionalismus, hier ausgesprochen in der Arbeitsgestaltung und ihren verschiedenen Phasen der Arbeitsvorbereitung, Arbeitsvorgabe, Leistungsmessung und der Arbeitskontrollen. Die hier gewonnenen Erkenntnisse und Methoden sind im sog. Refa-System übernommen worden, das unter dem Einfluß der Deutschen Arbeitsfront während des Dritten Reiches eine starke Förderung erfahren hat. In seinen Prinzipien, Arbeitsmethoden und Veröffentlichungen ist der Name Refa-System auch bis zur Gegenwart beibehalten worden.

Vermutlich aus westlichen — europäischen und amerikanischen — geistigen wie wirtschaftlichen Einflüssen dürfte das Werk des russischen Professors an der Universität Moskau aus dem Jahre 1912 (!) beeinflußt sein, ähnlich wie andere um die Jahrhundertwende erscheinende Autoren über Geschichte, Wirtschaft (Platonow, Petrazicky u. a.), die womöglich noch unter der Nachwirkung deutscher Gelehrter in Rußland stehen mochten (A. v. Humboldt, A. L. v. Schlözer, E. v. Baehr, E. M. Arndt u. a.), der zweiten deutschen Gelehrtenwelle auf russischem Boden nach J. G. Herder, Frhr. v. Stein u. a. Der Name des russischen Professors ist A. Bogdanow. Der Titel seines mehrbändigen Werkes lautet „Allgemeine Organisationslehre"[26]. Die deutsche Übersetzung erschien erst ziemlich spät nach dem ersten Weltkrieg, fand dann jedoch rasche Verbreitung, aber ebenso starke Ablehnung wie Zustimmung. Plenge würdigt Bogdanow kritisch und im Ergebnis ablehnend in einem ausführlichen Besprechungsaufsatz im Erscheinungsjahr der Übersetzung[27]. Bogdanow wird von betriebswirtschaftlichen Autoren wie Prion-Riester, K. Theisinger u. a. überwiegend positiv gewürdigt. Die Ablehnung bei Plenge stützt sich auf Bogdanows rein mathematisch-rationale Behandlung ohne gesellschaftlich-reale Substanz, ohne politisch-ideologische Aspekte, ohne menschliche Wertung und Werte.

Neben diesem einmaligen russischen Zeugnis gibt es einen in der Literatur m. W. bisher nicht gewürdigten Anlaß für die erste amerikanische wie die erste deutsche Organisationsliteratur. Er liegt bei den

---

[26] A. Bogdanow: Allgemeine Organisationslehre. Tektologie, 1. Bd., 1912, ins Deutsche übers. v. S. Alexander und R. Lang, Berlin 1926.

[27] J. Plenge: Um die allgemeine Organisationslehre, in: Weltwirtschaftliches Archiv, 25. Bd., Januar 1927, Heft 1, S. 18 (Literatur); zitiert bei K. W. Hennig: Einführung in die betriebswirtschaftliche Organisationslehre, Berlin 1934, S. 5, Fußnote.

Wirtschaftskrisen um die Jahrhundertwende, insbesondere der stärksten Krise der Vorkriegszeit 1907/08 und ihren weiten europäischen Ausstrahlungen, die vom amerikanischen Ursprungsherd ausgingen. Nicht nur im Bereich der Kredit- und Währungspolitik, auch im Bereich der Finanzierung und Investierung (Eisenbahnen, Elektrizität, Bauwirtschaft) erfolgten ernste und nach Jahren der Datenermittlung auch erfolgreiche Schritte zur Krisenverhinderung und zur Konjunkturfestigung. Kaum ein anderer Nationalökonom hat diese Zusammenhänge zwischen der Organisation der privaten Wirtschaft und der gesamtwirtschaftlichen Konjunktur so klar erkannt und so frühzeitig ausgesprochen wie Johann Plenge.

Beweis dafür sind Plenges eigene immer wieder vorgebrachten Hinweise auf die Motive seines literarischen Schaffens: Seine mehrjährigen Studien über den Crédit Mobilier haben ihn mit dem Konjunkturproblem in Verbindung gebracht. In seinem Vorwort zur Diskontpolitik (1913) führt er aus, daß alle seine Einzelforschungen aus dieser Berührung mit dem Konjunkturphänomen angeregt worden sind. Als einzige Ausnahme hiervon könnte Wilhelm Vershofen mit seiner Finanznovelle „Der Fenriswolf" (3. Auflage, Jena 1922) gelten, der von seinem Schüler Georg Bergler und Nachfolger in der von Vershofen mitgegründeten Gesellschaft für Konsumforschung im Jahre 1959 in einem Neudruck erschien. Seine damit am nächsten verwandten Finanznovellen sind die Schrift „Amerika. Drei Kapitel zur Rechtfertigung" (Jena 1917) und „Rhein und Hudson. Elf Grotesken" (Wiesbaden 1929)[28, 29].

---

[28] s. Beitrag von H. Linhardt zu der W. Vershofen Gedächtnisschrift, hrsg. v. G. Bergler, 1965.

[29] Unvergleichlich und der Plengeschen Diktion ebenbürtig in ihrer spannungsgeladenen, energiebetonten, menschenbezogenen Polarität ist die Vershofensche Umschreibung der Organisation in seiner Studie „Amerika, Drei Kapitel zur Rechtfertigung", Jena 1917, S. 18/19:

„Ich verstehe nichts vom Dichten und Malen. Beides soll zu einer Art von Leidenschaft werden können, einer Tollheit, die alle anderen Interessen wegbeißt. Wenn das so ist, dann sind diese Künste mit Organisation verwandt. — Aber Organisieren ist unendlich viel mehr. Organisieren — das ist Dichten mit Kapitalien und Menschenkräften, Dichten mit Grund und Boden, Gebäuden und Maschinen, Wasserkräften und Eisenbahnen, mit Weizen und Baumwolle, Eisen und Stahl, mit Hunger und Durst und sprudelndem Überfluß. Da lohnt es einzusetzen! Da lockt es, mit dem Nichts, der kleinen, schwelenden Idee, anzufangen und zu erleben, wie der flammende Gedanke Kapital um Kapital, Menschen um Menschen ergreift, wie er aus Reden und Prospekten züngelt, wie er Presse und Parlament umbraust, wie ein ganzes Land in seinen Wiederschein taucht, bis Millionen Kräfte dem großen Feuerschein zuströmen, die alle glauben, daß sie sich aus eigenem Wunsch und Trieb in Bewegung setzen."

Wie reich und farbig, wie lebendig und anschaulich ist diese Umschreibung der Organisation, die Vershofen nur so nebenbei gibt, wie leer und armselig,

Schon in der Leipziger Antrittsvorlesung[30] stellt Plenge das Konjunkturproblem in den Mittelpunkt seiner Betrachtung. In seinem „Marx und Hegel" (1911) zollt er der Marxschen Kritik an der bürgerlichen Ökonomie, vor allem seiner Krisentheorie, als dem immanenten Erklärungsversuch tiefgreifender und verschärft wiederkehrender wirtschaftlicher Störungen, hohe Anerkennung, unterläßt aber seinerseits nicht die Kritik an Marx, wenn er ihm das völlige Übersehen des Managers, die völlige Blindheit gegenüber der historischen Wirtschaftsentwicklung wie gegenüber ihrer möglichen Fortsetzung in der Zukunft nachweist und die Unhaltbarkeit seiner aus dem Mehrwert abgeleiteten Krisentheorie darlegt.

Plenge ist philosophisch geschulter und wissenschaftlicher Kopf genug, um zu begreifen, daß derjenige sich nicht mehr wissenschaftlich verhält, der, wie Karl Marx, die Welt verändern möchte. Andererseits ist er selbst wiederum politischer Kopf so weit, daß auch ihm die wissenschaftliche Erkenntnis um ihrer selbst willen nicht genügt. Er prägt den Begriff der Willenschaft als Ergänzung zur Wissenschaft, er erklärt wie Schopenhauer, den er nicht zufällig mit Johann Gottlieb Fichte in Verbindung bringt, „die Welt als Wille und Vorstellung". Er selbst will nicht nur erkennen, sondern wirken, selber handeln und andere zum Handeln veranlassen, ihr Handeln in die rechte Richtung lenken. Aus geistiger Einsicht strebt er danach, Denken und Handeln in ein besseres Verhältnis beim Einzelnen, in der Gruppe wie in der menschlichen Gesellschaft, zu bringen, dem Einzelnen richtiges Denken als Voraussetzung für richtiges Handeln nahezubringen, der Gruppe verständlich zu machen, daß nicht jedes Glied gleich gut zum Denken wie zum Handeln geschaffen ist, Verständnis dafür schließlich, daß die Besten und Berufenen für alle anderen Glieder einer Gruppe das Denken besorgen sollen, während die übrigen das Handeln übernehmen; gerade bei den Handelnden das nötige Verständnis für die Denkarbeit

---

wie hilflos und ausdruckslos dagegen die verfehlte Definition von Kosiol in einem Buch über Organisation — nach einem halben Jahrhundert des Organisationszeitalters in Literatur und Praxis. Hier bei Vershofen der Ursprung der Organisation aus der Idee, sei es des Mangels oder des Überflusses, sei es des Einzelnen oder der Gruppe, der Masse, des Volkes, ihrer Träger, ihrer Initiatoren, der Redner, Politiker, Parlamente, ihrer Willensantriebe vom Begehren und Wünschen bis zum Feuerschein und seinem Wiederschein und aus dem Ursprung die Gestalt und Form, geschaffen aus der Verbindung von Idee, Mensch und Sache, sei es in konkreten Einzelheiten, sei es in kompakten Massen und Mengen von Dinglichkeiten, in abstrakten Größen des Einsatzes, seiner Messung samt seinem Erfolg. Unübersehbar, zumal am Schluß, ist der Zusammenhang von Organisation und Propaganda bei W. Vershofen — eine weitere Übereinstimmung mit J. Plenge.

[30] J. Plenge: Das System der Verkehrswirtschaft, Tübingen 1903; Neudruck mit weiterführendem Kommentar: Plenge-Linhardt: Das System der Verkehrswirtschaft, Tübingen 1963.

anderer zu finden, zu wecken und zu sichern, ist nach Plenge die klare und schwere Aufgabe der allgemeinen Organisationslehre — „als praktische Gesellschaftslehre".

II.

Das ist die Stelle, an der die Propaganda einsetzt. Ihre Verwandtschaft mit der Organisation leitet sich aus dem gemeinsamen Ideenursprung, aus der geistigen Herkunft beider ab, aber auch aus dem Verhältnis zwischen der Organisation als Gestaltung der menschlichen Gesellschaft in Staat, Verwaltung und Wirtschaft und der Propaganda als der zur Führung im echten, freiheitlichen Sinn notwendig gehörenden Gewinnung der zu Führenden, einer Gewinnung durch Aufklärung und Belehrung, durch Unterricht und Erziehung[31], kurz durch Herstellung einer fundierten, somit gesicherten Einsicht in den Gliedcharakter aller Organe des „sozialen Körpers" (A. Schäffle), einer Festigung dieser Einsicht bei den Individuen.

Über die Propaganda hat Plenge seit Anfang seiner literarischen Produktion bis zu seinem Vortrag theoretisch so gut wie nichts geschrieben, weist aber in seinem Vorwort zu seiner Propagandalehre, verfaßt am 17. November 1921, auf eine Reihe von Veröffentlichungen hin, deren Inhalt und Zweck propagandistischen Charakter trägt. Als solche nennt er selbst seine Schrift „Der Krieg und die Volkswirtschaft" und fährt fort: „Was erscheint nicht möglich, wenn die ‚Ideen von 1914' im Stil der großen Ideenpropaganda und mit der Sachkunde des überlegenen Praktikers herausgestoßen wären, um innen und außen zu wirken". Er nennt dann einige seiner Schriften wie die Denkschrift von 1915 „Eine Unterrichtsanstalt zur Ausbildung praktischer Volkswirte" und den Weckruf „Die Zukunft Deutschlands und die Zukunft der Staatswissenschaft" (1919) und die Erinnerungsschrift „Das erste staatswissenschaftliche Unterrichtsinstitut" (1920) sowie seine „Staatswissenschaftliche Erneuerung als Aufgabe für die deutsche Zukunft".

Der Propagandagedanke ist somit Plenge durchaus nicht fremd, liegt er doch einer ganzen Reihe von Schriften, wie den eben genannten, zugrunde und nicht etwa in zarter Andeutung und leicht übersehbarer Form, sondern in einer von starkem Wollen getragenen, einer betonten Fassung. Aber zum Unterschied von seinen vor 1919 vorliegenden Ausführungen über Organisation, wovon nur wenige Proben gegeben werden konnten, finden sich in der gleichen Zeit von 1903 bis 1922 keine vergleichbaren Ausführungen über eine Lehre von der Propaganda. Es

---

[31] J. Plenge: Denkschrift über eine Unterrichtsanstalt zur Ausbildung praktischer Volkswirte, Münster i. W. 1915.

muß wohl so verstanden werden, daß erst Konjunktur und Organisation bei Plenge gefestigt und ins Verhältnis zueinander gebracht werden mußten, ehe aus dem gleichen Ideenursprung die Propaganda hinzutreten konnte (vgl. das Schema von L. Schuster S. 56/57). Erst muß die Erkenntnis geboren sein, dann erst kann sie durch die Propaganda verbreitet werden. Plenge hat die Propaganda der Wahrheit im Auge gehabt, aber die Propaganda der Lüge nicht übersehen, weder historisch als feindliche Kriegspropaganda noch denkmöglich, wie dies in der Propaganda des Dritten Reiches unter Führung des Reichsministeriums für Volksaufklärung und Propaganda durch Reichsminister Dr. Joseph Goebbels erschreckende Wirklichkeit wurde[32].

Von der Wahrheit seiner Organisationsidee war Plenge im Innersten überzeugt. So konnte er in seiner Schrift über deutsche Propaganda den Schlußstein in seinen Ideenkreis unter dem Namen Propaganda einfügen, der durch Organisation und Konjunktur im wechselseitigen Verlauf gebildet wurde. Aus diesem so aufgefaßten Wirkungskreis konnte er die erweiterten Wirkungskreise der Propaganda ablesen und sie ihren Systemkreisen gegenüberstellen. Zu den Wirkungskreisen rechnete er die Erregungs- oder Bewirkungspropaganda (Geltungskreis), die Abwehr- oder Zerstörungspropaganda (Entwertungskreis) und die Innen- oder Außenpropaganda (Organisationskreis). Zu den Systemkreisen der Propaganda rechnete er die Parallelkreise der Propagandaentstehung, der Propagandaträger, der Propagandaform, der Propagandamittel und schließlich der Propagandaziele (s. Schema von L. Schuster S. 56/57 nach Plenges Terminologie)[33]. In seiner drei Jahre vor der Propagandalehre veröffentlichten Organisationslehre stoßen wir bereits auf die Entgegensetzung der zwei grundverschiedenen Bewegungsvorgänge, nämlich auf die von ihm so genannte „gerichtete Bewegung" (Einheit) und die „gestaltlose Bewegung" (Konjunktur).

Aus der Einheit der gerichteten Bewegung leitet Plenge inwendig die Struktur als das zweigliederige Gesetz der Einheit und Gesetz der Gliederung ab und stellt beides der gestaltlosen Bewegung gegenüber, die in Chaos, Masse und Verwesung endet. Den Aufbau, der sich aus der gestaltlosen Bewegung ablöst, nennt er Wesung im Gegensatz zur Verwesung, zum Chaos. Die aus der gerichteten Bewegung entstammende Entartung nennt er Auflösung oder Desorganisation, die, nicht identisch mit dem sonstwie vorhandenen Zustand gestaltloser Bewegung, als

---

[32] Über den Kontakt und Schriftverkehr zwischen J. Plenge und J. Goebbels vgl. J. Plenge: Die Altersreife des Abendlandes, Düsseldorf 1948, auszugsweise in Cogito Ergo Sumus, S. 182 ff., insbes. S. 189/191.

[33] In der nur zweidimensional möglichen Zeichnung wird die Verklammerung der Kreissysteme durch das Zusammentreffen der einer besseren Übersicht wegen nicht durchgezogenen Kreislinien auf der hier als Achse bezeichneten Mittellinie dargestellt.

Rückfall oder Zurücksinken wiederum im Chaos endet. Dieses aus Auflösung gerichteter Bewegung und ehemaliger Einheit entstehende Chaos nennt er das „ausgekochte Chaos" und bezeichnet es als Ende jeglicher Bewegung (vgl. das Schema von L. Schuster). In seiner allgemeinen Organisationslehre hat die Propaganda noch keinen Standort gefunden, wie dies in seiner Propagandalehre durch Zuordnung der Propaganda zu den bereits in der Organisationslehre vorhandenen tragenden Begriffen der Organisation und der Konjunktur zutrifft. Es dürfte aber Plenge bei Darstellung seiner Organisationslehre darum zu tun gewesen sein, in der dritten Vorlesung (S. 101 f.) das Schema nicht über das Grundschema von Bewegung und Struktur hinaus zu entwickeln. Unverkennbar ist ja bereits in der Organisationslehre der geistige Kern der in Freiheit begriffenen und gestalteten Organisation, unverkennbar sind die in der zweiten Vorlesung (S. 79 f.) näher dargelegten Wechselbeziehungen zwischen der Organisation und den einzeln erörterten Geisteswissenschaften auf der einen Seite, den Naturwissenschaften und der darauf beruhenden Technik auf der anderen Seite. Unverkennbar ist schließlich an den in der ersten Vorlesung (S. 65 f.) gebrachten Beispielen dauernder und wechselnder Organisationen die Stellung von Staat, Kirche, Kultur und Wirtschaft unter den dauernden Organisationen, die Stellung der von ihm nur als Beispiele genannten Jugend-, Schüler-, Berufsvereinigungen als wechselnde Organisationen, darunter solchen mit vorübergehender Zugehörigkeit.

Gedanklich lag dem geistigen Schaffen Plenges die Organisation näher als die Propaganda, aber aus dem Kriegserlebnis und dem nationalen Notstand der Nachkriegszeit entwickelte er seine Propagandalehre, die er logisch überzeugend und soziologisch begründet mit der Organisationslehre verband. Er verstand den Zusammenhang zwischen Organisation und Propaganda so, daß beide in engster Verwandtschaft zueinander stehen und auch so gesehen werden müssen. Die Organisation war für ihn die Gliederung des Sozialkörpers und zugleich die im Staat bestehende und durch das Recht begründete Einheit dieses Sozialkörpers. Aus der unabdingbaren Idee und zugleich dem sittlichen Postulat der Freiheit folgt für Plenge die Notwendigkeit der Propaganda zur Festigung der Organisationsidee und zu ihrer Ausbreitung, da die innere Einsicht und Zustimmung für die äußere Bereitschaft zur Mitwirkung und Mitarbeit unerläßlich ist und im Frieden andere Prinzipien gelten wie im Krieg, in der Wirtschaft und Verwaltung andere Grundsätze wie im Heeresdienst, wo der unbedingte Gehorsam und die strikte Befehlsgewalt ihre unbestrittene Geltung haben, auf die nicht verzichtet werden kann.

Das Verhältnis der Gefolgschaft zur Führung war für Plenge von jeher die wichtigste Voraussetzung für das Gelingen und den Bestand einer freiheitlich gestalteten Organisation. Dies galt nicht nur für Staat und Gesellschaft, für die Staatsbürokratie im einen, für die gesellschaftliche Gliederung im anderen Fall, es galt auch für Arbeitgeber und Arbeitnehmer in der Wirtschaft, im einen Fall für die Arbeitgeberverbände, im anderen Fall für die Gewerkschaften. Es galt auch für die Organisationsträger der Verkehrswirtschaft, die Kartelle, Trusts, Konsumgenossenschaften, die Wirtschaftsverbände.

Nach heutigen Begriffen geht es hierbei um Kooperation, Kommunikation und Information. Wendet man die mit solchen modernen Ausdrücken verbundenen Begriffsinhalte richtig an, so sind sie bei Plenge längst vor seiner Organisationslehre in seinem vorausgehenden Schrifttum enthalten. Allein schon die knappen Auszüge hieraus vor 1919 genügen dafür als Beweis (Cogito Ergo Sumus, S. 19—65).

Aber Plenge hat auch das Führungsproblem in Unternehmung und Betrieb längst vor anderen Theoretikern, Nationalökonomen und Soziologen (Willy Hellpach, Götz Briefs, H. L. A. Geck) erkannt, er hat der Geldrechnung wie kein anderer Nationalökonom und wie kein Betriebswirt außer Wilhelm Rieger die Funktion als Führungsmittel zuerkannt und hat dies fundamental in seinem „Marx und Hegel" ausgesprochen, wo er von den präsumierten Austauschkonstanten spricht, die sich erst auf Grund einer vollständigen Geldbewertung gewinnen lassen und in unserem System des allseitigen Geldverkehrs als Größen genügender Verläßlichkeit darbieten. „Diese präsumierten Austauschkonstanten von Ware gegen Geld sind unsere wirtschaftlichen Werte." Wiederum wird an dieser Stelle die Veränderung durch die Konjunktur und die Gefahr einer Störung der Austauschkonstanten durch scharfen Konjunkturwechsel hervorgehoben (Marx und Hegel, S. 161, vgl. Cogito Ergo Sumus, S. 25).

Seine Erkenntnis des Geldes „als Bindemittel" (nach Mirabeau d. Ä.) begreift dessen Grundfunktion als Organisationsmittel der Unternehmung im Kern und in allen Verzweigungen, sein Wissen um den staatlichen Ursprung des Geldes im Gegensatz zu dem des Kredits bewahrt ihn vor den grotesken Irrtümern nahezu aller Betriebswirte von E. Schmalenbach bis E. Gutenberg, von 1919 bis auf den heutigen Tag, den Geldwert zu korrigieren, dadurch die Bilanz umzurechnen und so die Unternehmung vor Substanzverlust durch Geldentwertung zu schützen.

Das wissenschaftliche Konjunkturbewußtsein Plenges ist älter als die in der deutschen Fachliteratur grundlegende Arbeit von Arthur Spiethoff unter dem Titel „Krisen"[34], älter als das von ihm bereits 1913 vor-

---

[34] A. Spiethoff: Krisen, in: Handwörterbuch der Staatswissenschaften, 4. Aufl., 6. Bd., Jena 1925.

geschlagene, aber erst 1925 und ohne seine Mitwirkung errichtete Institut für Konjunkturforschung unter der wissenschaftlichen Leitung von Prof. Ernst Wagemann, gleich alt mit W. C. Mitchell[35].

Plenge hat sein frühes Konjunkturbewußtsein aus seinen Marx-Studien gewonnen; war es doch Marx, der, wenn auch nicht ohne Vorläufer, auf das zentrale Problem der Krisen hingewiesen hat und zu seiner Klärung umfangreiche historische Studien unternahm, die seine auf den Mehrwert gestützte Krisentheorie in einer weitgezogenen historischen und zugleich internationalen Sicht stützen sollten. Joseph A. Schumpeter hat wie kaum ein anderer Kollege und Fachvertreter die Gründlichkeit des bei Karl Marx erkennbaren Bemühens um die Sammlung und Sichtung empirischen Beweismaterials für die Ausbeutung durch das Kapital gewürdigt[36]. Ganz ausgesprochen und ausgeprägt ist dieses Konjunkturbewußtsein in Plenges Kriegsschriften, zu denen man auch die wirtschaftliche und finanzielle Bereitschaft für den Kriegsfall rechnen muß, die außer der Diskontpolitik die Finanzpolitik und Steuerpolitik betraf. Als einem politischen Kopf wäre es ihm nicht eingefallen, Krieg und Frieden, Umsturz und Revolution aus wirtschaftlichen Gründen herzuleiten oder lediglich aus solchen zu interpretieren. In seinen Kriegs- und Nachkriegsschriften zwischen 1914 und 1923, verfaßt in schwersten Jahren nationaler Prüfung und Heimsuchung, sittlichen Zerfalls, politischer Ohnmacht und Entrechtung sucht Plenge für das deutsche Volk nach neuen Kraftquellen und findet sie vor allem im Geistigen, in der geistig begriffenen Organisation. Er selbst ist von einem kämpferischen Geist erfaßt, der sich gegen verantwortungslose Politiker und Parlamentarier wendet und in den breiten Schichten des Volkes, gerade auch in der gewerkschaftlich organisierten Arbeiterschaft Verständnis für seine aufrüttelnden Appelle erhofft. Das hat ihn nicht nur in den eigenen Reihen seiner Berufs- und Fachkollegen suspekt gemacht, sondern in Unternehmerkreisen, mit denen er während des ersten Weltkrieges und unmittelbar hernach wiederholt engeren Kontakt aufgenommen hatte, um jeden Kredit gebracht, obwohl bei seiner Grundidee von der Wirtschaftsfreiheit und dem freiheitlichen Sozialismus Raum genug für die Betätigung des Unternehmers, wenn auch im Spannungsfeld mit der organisierten Arbeiterschaft, vorhanden gewesen wäre. Wie anders muten die Gedanken Plenges in jenen schicksals-

---

[35] W. C. Mitchell: Business Cycles: The Problem and its Setting, 2. Aufl., New York 1927 (1. Aufl.: Business Cycles, 1913).
[36] Vgl. Joseph A. Schumpeter: Epochen der Dogmen- und Methodengeschichte, in: Grundriß der Sozialökonomik, I. Abteilung, Wirtschaft und Wirtschaftswissenschaft, Tübingen 1914, S. 19—124; ders.: Kapitalismus, Sozialismus und Demokratie, 2. Aufl., Bern 1950 (1. Aufl.1945), Bd. VII von: Mensch und Gesellschaft, hrsg. v. K. Farner, aus dem Englischen (Capitalism, Socialism and Democracy, New York 1942) übers. v. S. Preiswerk.

schweren Jahren 1914—1923 gegenüber dem hilflosen Gestammel seines Lehrers Karl Bücher an, wie es in dessen Lebenserinnerungen[37] zu entnehmen ist. Büchers Gedanken kreisen um die eigene Familie und Verwandtschaft und reichen nicht über das Heimatdorf hinaus, während Plenge mit äußerster Eindringlichkeit Wege aus dem Chaos und aus der Verzweiflung für das ganze Volk aufzeigt. Bei einer solchen Gegenüberstellung wird verständlich, daß der Gegensatz zwischen Karl Bücher und Johann Plenge tief in Charakter, Herkunft und Naturell beider Persönlichkeiten, nicht nur in unterschiedlicher wissenschaftlicher Meinung, wurzelte.

Ein kurzer Vergleich von Karl Bücher und Plenge ergibt einige bemerkenswerte Aufschlüsse. Karl Bücher stammt aus kleinsten ländlichen Verhältnissen, nannte sich selbst einen einfachen Bauernsohn. Sein Vater war Schreiner und Bürstenmacher in dem Dorf Kirberg nahe Limburg. Plenge ist Großstädter von Geburt, Senatorensohn und in der Luft der Hansestadt in hanseatischer Atmosphäre aufgewachsen. Bücher hatte zeitlebens Nahrungssorgen. Sein Studium mußte er durch Nachhilfeunterricht und als Hauslehrer bestreiten, er mußte für seine Eltern und Geschwister finanziell aushelfen und hatte nie mehr als das nicht immer glänzende Professorengehalt, von den Einnahmen als Redakteur der Frankfurter Zeitung abgesehen. Seine Buchveröffentlichungen mußte er selbst finanzieren, manchmal sogar vom Verlag zurückkaufen, er hatte daraus, wenigstens in den ersten Jahrzehnten, keine zusätzlichen Einnahmen. Die Habilitation Büchers erfolgte verhältnismäßig spät im 34. Lebensjahr. Sie war belastet durch seine Tätigkeit im Verein für Socialpolitik seit 1874 und den Ruf als Kathedersozialist.

Bei Plenge war Elternhaus, Schul- und Studienzeit unbelastet mit familiären Sorgen und finanziellen Nöten. Sein Studienziel lag klar vor Augen, seine wissenschaftliche Laufbahn war ohne die zahlreichen Stationen und Unterbrechungen wie bei Bücher vor und nach Habilitation und Lehrstuhl (seine Erinnerungen[38] enthalten vor der Berufung nach Leipzig im Jahre 1892 15 Ortsnamen, die durch seine berufliche Tätigkeit bedingt waren). Nach der Habilitation in München erfolgten

---

[37] K. Bücher: Lebenserinnerungen. 1. Bd.: 1847—1890, Tübingen 1919, S. 43: „Ich habe kaum je die Schrecken des Krieges so lebhaft empfunden, als am 21. Oktober 1918, wo wir die Leiche meines Bruders zum Friedhofe geleiteten und auf seinem letzten Gange die Klänge der einzigen zersprungenen Kirchenglocke über seinem Sarg wimmerten, die man der Gemeinde gelassen hatte ... Es ist unsagbar, was der Krieg an solchen Gefühlswerten zerstört hat ..."

[38] K. Bücher: Lebenserinnerungen, 1. Bd.: 1847—1890, Tübingen 1919, (S. 212: „Hätte man mich nicht aus der Wöhlerschule herausgeekelt, so wäre ich jedenfalls mein ganzes Leben Schulmeister geblieben.")

Rufe nach Dorpat, Basel, Karlsruhe. Vor der Habilitation lag die Tätigkeit als Hauslehrer, Erzieher, Gymnasiallehrer und Redakteur in Bad Godesberg, Amsterdam, Dortmund, Frankfurt. Büchers wissenschaftliche Tätigkeit ist noch weiter gefaßt als die von Plenge. Sie umfaßt Wirtschaftsgeschichte, Statistik, Sozialpolitik, Sozialversicherung. In seinen Lebenserinnerungen spielt der Weltkrieg eine erstaunlich untergeordnete Rolle. Sein Erlebnis reicht nicht über das Persönliche und Familiäre hinaus (vgl. S. V.). Vom Handel verstand er noch in mittleren Mannesjahren nach eigener Äußerung so gut wie nichts (vgl. S. 185). In seiner Selbstdarstellung ist er nicht frei von Selbstbemitleidung, Eitelkeit und Selbstlob, z. B. im Hinblick auf die Auflagenzahl seiner „Entstehung der Volkswirtschaft" oder auf seine Besorgnis, sich schon als Kind und als Erwachsener von niemand etwas schenken zu lassen. Sein Gebrauch des Begriffs der Organisation ist ebenso häufig wie völlig subaltern und nebensächlich.

Anders Plenge. Bei ihm werden die kritischen Jahre vor dem ersten Weltkrieg zum Anlaß ernstester Prüfung der Volkswirtschaft und der staatlichen Wirtschafts-, Handels-, Finanz- und Währungspolitik. Das Kriegserlebnis wird für ihn aufwühlend, die Prüfungen der Nachkriegsjahre führen zu einer geistigen Kraftanstrengung über das gewöhnliche Maß und zu einer Intensität der geistigen Produktion ohnegleichen.

Für beide — Bücher und Plenge — ist aufschlußreich, daß sie sich mit Propaganda, mit dem Buchverlag und dem Buchhandel mehrfach intensiv beschäftigt haben[39]. Bücher und Plenge waren dem Beruf des Professors gegenüber kritisch eingestellt, ebenso gegenüber der Hochschulorganisation, Fakultätspraxis, dem Berufungswesen und der Stellung des Privatdozenten.

Zwischen Plenges Schrift über die Propagandalehre und seinem Leipziger Studium unter Karl Bücher besteht ein kausaler Zusammenhang, der aber von ihm selbst nie nachgezeichnet oder aufgezeigt wurde. Noch in seiner Leipziger Antrittsvorlesung (System der Verkehrswirtschaft, 1903) leistet Plenge die schuldige Dankabstattung an seinen Lehrer, der ihm das richtige historische Verständnis als damals führender Wirtschaftshistoriker vermittelt hat (Entstehung der Volkswirtschaft, Arbeit und Rhythmus, Wirtschaftsstufen), während er Heinrich Dietzel im gleichen Atemzug als den Vermittler theoretischer Kenntnisse und seinen Erzieher zu systematischer Arbeitsweise nennt. Aber schon vor

---

[39] K. Bücher: Der deutsche Buchhandel und die Wissenschaft, 3. Aufl., Leipzig 1904 (1. Aufl. 1903).
J. Plenge: Zur Frage der Pflichtexemplare, in: Börsenblatt für den deutschen Buchhandel v. 25. 8. 1908; ders.: Für die Pflichtexemplare, hrsg. im Auftrage des Akademischen Schutzvereins, Leipzig 1908.

seiner Wegberufung von Leipzig nach Münster (1913) entstanden Spannungen zwischen dem Ordinarius Bücher und dem von ihm habilitierten Privatdozenten Plenge, zunächst über so nebensächliche Fragen wie die Überlassung einer Hauptvorlesung, die oft genug von jungen Anfängern mit allzu großer Ungeduld erwartet werden. Dann aber entstand eine ernste Kontroverse über die Priorität der Wirtschaftsstufen bei Georg Schönberg und Karl Bücher, die zu einem Prioritätenstreit mit all den üblichen und häßlichen Begleiterscheinungen unter Einmischung von Herausgebern und Fachkollegen führte. In der Sache selbst dürfte heute kein Zweifel mehr bestehen, daß die Ursprünglichkeit der Gedanken von Georg Schönberg durch Johann Plenge richtig erkannt und gewürdigt worden ist. Die Art jedoch, wie Plenge die Verdienste Schönbergs verteidigte, war für seinen Lehrer Karl Bücher kränkend und aufs tiefste verletzend. Zudem sind frühere Spannungen wieder aufgetreten und verschärft worden. In Karl Büchers Lebenserinnerungen[40] ist unter dreihundert Namen des alphabetischen Namenregisters Plenge nicht genannt. Im Vorwort heißt es: „Wozu Menschen hier eine Freistätte gewähren, die nur Anspruch auf Vergessenheit haben?"

Die Gelehrtenrepublik hat das Verdienst Plenges, die Leistungen Schönbergs ins rechte Licht gerückt zu haben, so gut wie nicht honoriert, auch seine eigenen Abhandlungen[41] nicht sehr hoch bewertet, dafür sein Verhalten gegenüber Karl Bücher um so gründlicher verurteilt. Nach meiner Ansicht dürfte in diesem Sachverhalt — und er spricht weder für das geistige Niveau noch die sittlichen Grundsätze der deutschen Gelehrtenrepublik von damals bei noch soviel sachlich-wissenschaftlichen Eigenleistungen und ihrer vollen Anerkennung — einer der Hauptgründe für Plenges wissenschaftliches Scheitern liegen neben all den sonstigen Gründen, die in der Originalität des Denkens, der Härte seiner Kritik, der Unbeugsamkeit seines Willens und der Befassung mit heiklen Fragen der Staatspolitik und der Staatsführung, der Wirtschaftspolitik und der Wirtschaftsführung liegen mögen.

Darin dürfte zugleich auch der Grund liegen, weshalb Plenge in seiner Schrift über die Deutsche Propaganda Karl Bücher und seine Leipziger Lehrjahre überhaupt nicht erwähnt. Im Fach jedoch, vor allem in dem seit der Jahrhundertwende durch Karl Bücher eigentlich erst begründeten Fach der Publizistik und der Zeitungswissenschaft, ist es hinlänglich bekannt und auch bei den Wandlungen der letzten Jahre, die die Zeitungswissenschaft und Publizistik in den Hintergrund gedrängt und die Politischen Wissenschaften einschließlich der Informations- und

---

[40] K. Bücher: Lebenserinnerungen. 1. Bd.: 1847—1890, Tübingen 1919.
[41] J. Plenge: Grundlegung der vergleichenden Wirtschaftstheorie, in: Annalen für soziale Politik und Gesetzgebung, 5. Bd., 1917, auszugsweise in: Cogito Ergo Sumus, S. 41—51.

Kommunikationslehre bis hin zur Kybernetik nach vorne treten ließen, noch unvergessen, welche Verdienste Plenges Lehrer Karl Bücher auf dem Gebiet der Propaganda hat.

Plenges Leipziger Lehrer gilt als Mitbegründer der Zeitungskunde (Zeitungswissenschaft, Publizistik) — ein aufschlußreicher Tatbestand im Hinblick auf Plenges Verständnis für Propaganda. Otto Groth widmet ihm neben A. Schäffle, M. Weber einen größeren Abschnitt[42]. Er datiert Büchers akademische Lehrtätigkeit über das Zeitungswesen seit 1884 (Basel), seine journalistische Tätigkeit vor 1878 (Redaktion der Frankfurter Zeitung) und würdigt ihn als „Schöpfer der ersten modernen Zeitungsvorlesungen, als Gründer des ersten Zeitungsinstitutes an einer Universität und als Vorkämpfer einer akademischen Vorbildung der Journalisten"[43].

Karl Bücher hielt in seinem Seminar Praktika über Zeitungswissenschaft. Er ließ seine Studenten schlichte Tatsachenberichte so abfassen, wie sie je nach der politischen Färbung der einen oder anderen Zeitung erschienen wäre, von der äußersten Linken über die bürgerliche Mitte bis zur extremen Rechten. Diese akademischen Übungen hatten noch zur Folge, daß nach dem Ausscheiden von Johann Plenge aus der Rechts- und Staatswissenschaftlichen Fakultät der Universität Münster i. W. (1925), aber immerhin unter seinem Einfluß, mein Ordinarius Werner Friedrich Bruck, Professor der Wirtschaftlichen Staatswissenschaften an der gleichen Fakultät, während seiner gesamten Lehrtätigkeit bis zu seiner 1933 erfolgten Emigration jedes Semester ein sog. Zeitungsseminar abhielt, worin er neben einem wiederkehrenden Programm aktuelle Tagesprobleme behandeln ließ. Jedesmal sprach Bruck über den Ursprung und das Bildungsziel seines Zeitungsseminars und wies dabei auf Johann Plenge und dessen Lehrer Karl Bücher und auf die Art hin, wie dieser Zeitungswissenschaft und Publizistik betrieb.

Zu dem ständigen Programm dieses Zeitungsseminars gehörten der Handelsteil der Tageszeitung, die Börsen- und Marktberichte, Gesellschaftsberichte, der Reichsbankausweis, einschlägige Währungs- und Kreditfragen des In- und Auslandes[44]. Den damaligen Vertretern der Zeitungswissenschaft in Berlin (E. Dovifat), München (K. d'Ester), Heidelberg (H. v. Eckardt) und Münster (H. Bause) ist der ursprüngliche Zusammenhang zwischen der Entwicklung dieses neuzeitlichen aka-

---

[42] O. Groth: Die Geschichte der deutschen Zeitungswissenschaft, München 1948, 10. Kapitel: Die Hochschulgelehrten, S. 282—296.
[43] O. Groth: a.a.O., S. 284.
[44] Vgl. die Veröffentlichungen aus dem Zeitungsseminar: Probleme der Kredit- und Währungsreform in der Weltkrise, mit Beiträgen von K. Böckenhoff, L. Lueb und H. Linhardt, Münster i. W. 1932.

demischen Lehrfaches und seinem Leipziger Ursprung noch durchaus geläufig gewesen. Aus dem gleichen Zusammenhang erklärt sich die Gründung des Zeitungswissenschaftlichen Instituts an der Universität Münster in den zwanziger Jahren, welches lange Zeit unter der Leitung des aus der Zeitungspraxis stammenden ehemaligen Redakteurs Dr. Heinz Bause stand. Natürlich war ein solches Zeitungsinstitut mit einem Zeitungsarchiv ausgestattet, welches von künftigen Zeitungswissenschaftlern wie auch von der Zeitungspraxis reichlich in Anspruch genommen wurde. Als eine Art Sondereinrichtung hierzu hatte Prof. W. F. Bruck für seinen Lehrstuhlbereich ein eigenes Zeitungsausschnitt-Archiv angelegt, welches nicht nur für seine eigenen Vorlesungen und Seminare als Materialquelle verwendet wurde, sondern den Studierenden, insbesondere Diplom- und Doktorkandidaten, unter der Obhut eines wissenschaftlichen Assistenten und einer Schreibkraft bei üblicher Beratung zur Verfügung stand. Die Verwaltung dieses Archivs lag noch mehrere Jahre in Händen des wissenschaftlichen Assistenten Dr. Emil Brücher, der vorher bei J. Plenge als Assistent tätig war.

So hat auch hier noch die geistige Initiative von Karl Bücher und die Tätigkeit seines Schülers Johann Plenge lange Jahre an der Universität Münster nachgewirkt, wie dies auch von der weiteren Leitung des von Plenge gegründeten Staatswissenschaftlichen Instituts und seiner damals einzigartigen Bibliothek gelten darf, zu einem erheblichen Teil unter Beibehaltung des unter J. Plenge beschäftigten Personals, nicht minder von der Gründung des Sozialpolitischen Seminars und des Gewerkschaftsseminars nach Plenges Ausscheiden (vgl. Vorwort zu Cogito Ergo Sumus und die dort enthaltenen Hinweise). Damit hängt auch zusammen, daß aus den Münsterschen Universitätskreisen ein Mann hervorging, der der Zeitungswissenschaft entscheidende Impulse verlieh, Prof. Dr. Karl Bömer, Herausgeber des „Bibliographischen Handbuchs der Zeitungswissenschaft"[45]. Er war der Sohn des Professors für Bibliothekswissenschaft an der gleichen Universität, Alois Bömer, lange Jahre der persönliche Referent bei Reichsleiter Alfred Rosenberg, Leiter des Außenpolitischen Amtes der NSDAP, und Joseph Goebbels, Reichsminister für Propaganda und Volksaufklärung, und regelmäßiger Berichterstatter über die Presse des In- und Auslandes bei dem Reichskanzler Adolf Hitler.

III.

Erst nach der äußeren Beruhigung der politischen Szene mit Überwindung der Inflation und Stabilisierung der Wirtschaft nach dem

---

[45] Leipzig 1929.

1. Weltkrieg wendet sich Plenge wieder streng theoretischen Fragen, geschichtlichen Themen und neuartigen Gedankengängen im Bereich der Wirtschafts- und Kulturgeschichte, der Soziologie, der Wirtschaftstheorie zu. In dieser Zeit entsteht sein Tableau Economique, seine Abhandlung über „Kapital und Geld" (1926), seine Grundlegung einer Ontologie der Beziehungslehre (1931). So leicht die Begründung einer Organisationslehre Gefahr laufen mag, in Analogien zum Organischen stecken zu bleiben und aus der Natur Organisationsprinzipien zu gewinnen vermeint, so wenig ist Plenge bei seinen Versuchen jemals einer solchen Gefahr ausgesetzt gewesen. Dazu war ihm der Gegensatz von Natur und Geist in philosophischer Sicht genügend klar. So schreibt er 1918 in „Die Geburt der Vernunft": „Wir haben von der ‚Natur', von der ‚Entwicklung', vom ‚Leben' mehr als genug. Die Natur ist menschliche Bestialität geworden, die Entwicklung Weltkatastrophe, das Leben Tod und Vernichtung." Härter kann man Natur und Leben dem Geist und der Gesellschaft als dem eigentlichen Wirkungskreis menschlicher Organisation nicht entgegenstellen, deutlicher als bei Plenge kann nicht ausgesprochen sein, „daß unsere bewußte Herrschaft nicht nur über die toten Dinge geht, sondern daß unser bewußter Wille auch das Gesellschaftsleben durchdringt" (Cogito ergo sumus, S. 58). In seiner 1919 veröffentlichten Aufsatzsammlung „Zur Vertiefung des Sozialismus" steht: „Wart aber Ihr Ästheten vor dem Kriege nicht die ärgsten ‚Lebens'-Schwärmer und ‚Lebens'-Schwätzer? Fandet Ihr das ‚Leben' nicht in allen seinen ungehemmten Äußerungen gleich bewundernswert und schön? Nun gut, jetzt habt Ihr die ungebändigten Gewalten, die Ihr rieft..." (Cogito Ergo Sumus, S. 81).

Die seit Jahrzehnten übliche Art, wie mit dem Organisationsbegriff operiert wurde, indem er eine hundertfältige Verbindung einzugehen gezwungen wird, ohne selbst geklärt zu sein, läßt sich mit den unbegrenzten Wortverbindungen und Themen vergleichen, die das Leben betreffen oder zum Gegenstand haben. Man spricht vom Familienleben, vom Liebesleben, vom Leben auf dem Land, vom Leben der Pflanzen und Tiere, der primitiven Völker und diskutiert das Leben physiologisch, philosophisch, medizinisch, theologisch und anderswie. Es ist aber doch ein Unterschied, wenn vom Leben hier und von der Organisation dort die Rede ist, denn im einen Fall geht es um die Realität, die wir überall in unserer Umwelt antreffen, an der wir selbst teilnehmen und die mit oder ohne unsere Reflexion im Wesen unverändert bleibt. Im anderen Falle geht es um eine geistige Schöpfung des Menschen, über deren Sinn und Form auf allen Gebieten, wo sie Anwendung findet, Klarheit erstrebt wird.

Darum war es Plenge in seiner Allgemeinen Organisationslehre zu tun. Für ihn ist Organisation geistige Schöpfung, nicht Nachäffung, aus

Inspiration, nicht aus Imitation entsprungen, ursprünglich wie die Idee, anders als die Kopie — Kreatur nicht Karikatur, aus Glut und Feuer, nicht aus Pappe und Kleister. Plenge kannte seinen Lorenz von Stein und dessen mehrbändige Verwaltungslehre. Er wußte die ältesten Soziologen und Nationalökonomen wie Albert Schäffle, Friedrich List und Bruno Hildebrand zu schätzen, oft genug hat er sie genannt und gewürdigt, während er umso entschiedener die Langatmigkeit und die fehlende Orientierung und Systematik bei W. Sombart und G. Schmoller hart kritisiert, schon als junger Privatdozent in seiner Probevorlesung (1903) und später noch mehr (Cogito ergo sumus, S. 182).

Sein Abstand gegenüber dem Leben wird bedeutsam, wenn man die neueren Ausstrahlungen der Phänomenologie, des Existentialismus und der Ontologie von Edmund Husserl über Martin Heidegger bis Nikolai Hartmann bedenkt und bei letzterem auf die neu formulierte Forderung stößt: „Zurück zur Erde, zum Leben"[46].

Hier wird nicht unterstellt, Plenges kleine Schrift sei ein Wendepunkt in der gesamten Organisationsliteratur. Immerhin lohnt sich, nachzuprüfen, was unmittelbar nach ihm geschrieben wurde und wer von den Volks-, Betriebswirten und Soziologen seit 1919 seine Gedankengänge aufgriff, genauso wie vorhin gezeigt wurde, welche Art vor seiner „Allgemeinen Organisationslehre" üblich war[47]. Es berührt einigermaßen merkwürdig, wenn jüngere Autoren mit einer Art Mitleid von seinem vergeblichen Versuch sprechen, der Organisationslehre Geburtshilfe zu leisten. So schreibt Pleiß in einem fast ausschließlich mit Kosiols Organisationslehre befaßten Aufsatz[48]: „Von Bedeutung für den Stand der Forschung dürfte auch sein, daß an deutschen wissenschaftlichen Hochschulen die Organisationstheorie nicht als autonome Disziplin vertreten ist, obwohl ihr Plenge 1919 mit ‚Drei Vorlesungen über die allgemeine Organisationslehre' zur Geburt verhelfen wollte."

In dem dreibändigen Werk von Willi Prion ist der umfangreiche, von Riester verfaßte Beitrag über die Organisation in unserem Zusammenhang von Interesse, da Riester Plenge und Nicklisch gleichwertig nebeneinander stellt und beiden eine ungewöhnliche Gründlichkeit bescheinigt[49]. Riester stützt sich in seiner Darstellung der Organisation wesent-

---

[46] H. Kloidt: Zur ontologischen Grundlegung der Betriebswirtschaftslehre, in: Zeitschrift für Betriebswirtschaft, 33. Jg. 1963, S. 493—508; vgl. dazu Kritik von H. Linhardt, ebenda, S. 687—692.
[47] Vgl. hierzu Leo Schuster: Die lexikale Darstellung von Organisation und Propaganda seit Johann Plenge, in: Betriebswirtschaftliche Forschung und Praxis, 17. Jg., 1965.
[48] U. Pleiß: Die Forschungsrichtungen der Organisationstheorie, in: Zeitschrift für Betriebswirtschaft, 33. Jg., 1963, S. 665.
[49] W. Prion: Die Lehre vom Wirtschaftsbetrieb, 3. Bd.: Der Wirtschaftsbetrieb als Betrieb (Arbeit), Berlin 1936, S. 111.

lich auf Bogdanow und zieht in einem damals schon nicht mehr verständlichen Umfang Hugo Münsterberg und H. Moede heran.

K. W. Hennig zitiert Plenge (Allgemeine Organisationslehre) bereits auf S. 5 seines Werkes „Einführung in die betriebswirtschaftliche Organisationslehre"[50]. F. Nordsieck nennt ihn in seinen „Grundlagen der Organisationslehre"[51].

Zur neueren Literatur über betriebswirtschaftliche Organisation zählt E. Kosiol: „Organisation der Unternehmung"[52]. Die Literaturauswahl „beschränkt sich auf einige wichtige Schriften, die sich ausschließlich mit Organisation befassen". Genannt sind 20 Bücher „in deutscher Sprache", sieben „in französischer Sprache", 17 „in englischer Sprache". Unter der deutschen Literatur erscheint H. Linhardt „Grundlagen der Betriebsorganisation"[53] sowie H. Nicklisch „Der Weg aufwärts! Organisation, Versuch einer Grundlegung"[54], jedoch nicht J. Plenge, dem die Arbeit von H. Linhardt gewidmet ist. Auf S. 171 erscheint die Fußnote: „Vgl. hierzu Nicklisch, Heinrich, der die Ausdrücke Einen und Gliedern (= Teilen) verwendet, Der Weg aufwärts! Organisation, a.a.O. S. 77 ff.".

Hier findet sich wieder die gleiche Bezugnahme auf H. Nicklisch in Unkenntnis oder Ablehnung von J. Plenge wie bei P. Deutsch, Prion-Riester u. a., obwohl Kosiol (S. 15) — auf Linhardt Bezug nehmend — „J. Plenges Drei Vorlesungen über die allgemeine Organisationslehre, Essen 1919, S. 7" zitiert und dessen Definition wiedergibt.

Wie er dann noch — nach solcher Kenntnis (ohne Erkenntnis) und aus solcher Sicht (ohne Einsicht) — seine Definition des Organisationsbegriffs als „integrative Strukturierung von Ganzheiten" (s. Vorwort S. 5) bieten kann, würde Plenge allerdings mit Staunen und Verwunderung erfüllen.

Der Kosiolsche Begriff von der Organisation als „integrative Strukturierung von Ganzheiten" muß zum äußersten Widerspruch herausfordern. Es ist eine gewollt kurze Konstruktion, hinter der nichts steckt. Damit ist Kosiol so wenig gelungen wie Gutenberg mit dessen Zentralbegriff der „Faktorkombination". Im einen wie im anderen Fall werden hier Ausdrücke verwendet, mit denen alles und eben deshalb nichts gesagt und darum nur scheinbar etwas erklärt wird. Der Gutenbergsche Ausdruck der Faktorkombination könnte noch eher als Erklärung der Organisation dienen, wenn die Natur der Faktoren und die Art ihrer

---

[50] Berlin 1934.
[51] Stuttgart 1934, S. 42.
[52] Wiesbaden 1962.
[53] Essen 1954.
[54] 2. Aufl., Stuttgart 1922.

Kombination in Betrieb, Unternehmung und Markt je nach Art der Größe unterschieden und behandelt würde[55], während die drei zusammengepreßten Wörter der Kosiolschen Definition dem nachdenklichen Leser Qual und Unbehagen verschaffen. Jedes dieser drei Wörter ist falsch gewählt, falsch gebildet und falsch verbunden. Wäre wenigstens „integrierend" statt „integrativ" gesagt, dann könnte darunter noch das Geschehen, die Formgebung und Gestaltung verstanden werden. Aber das Wort „integrativ" wird man sprachlich und sinnlogisch als unerträgliche Zumutung zurückweisen müssen, ganz gleich wie seine Konstruktion begründet und hergeleitet wird.

Unvereinbar ist diese Definition mit dem auf die Unternehmung bezogenen Thema, auch mit der auf S. 16 f. erhobenen Forderung — gegen Bogdanow und Stefanic-Allmayer — den Organisationsbegriff auf das Lebendige, sogar nur auf den menschlichen Handlungsbereich (S. 21), zu beschränken. Vor allem aber: Auf Unternehmungen bezogen versagt die Kosiolsche Definition vollständig, denn sie verfehlt die Gestaltung der Betriebe innerhalb der Unternehmung (der Konzernglieder innerhalb des Konzerns), der Betriebsteile innerhalb des Betriebes usw. usw. Außerdem ist Gestaltung (S. 19) nicht identisch mit Strukturierung, erstere bezieht sich auf zweck- und willensbestimmte Formgebung und Verhältnisbestimmung im Humanbereich, letztere auf jede Form im ganzen Naturbereich.

Originalitätssucht führt im Bereich der Wissenschaft immer von objektiver Erkenntnnis weg, zumal wenn, wie bei Kosiol, keine Sprachbegabung vorliegt und die Kraft der Anschauung und Vorstellung völlig fehlt und auch durch noch soviel Mißhandlung der Sprache und Mißbildung der Wörter nicht eingeholt werden kann. Was soll das Wort Strukturierung in Verbindung mit Ganzheiten? Wenn die Ganzheiten schon vorhanden sind, was ist da noch zu strukturieren? Höchstens könnte an einer Ganzheit die Struktur erkannt und analysiert werden, die Erdrinde, die Erdoberfläche, Pflanze und Tier jeder Art oder ein Kunstwerk jeder Art, ein Mechanismus, eine Maschine. Aber in jedem Fall liegt bereits eine Ganzheit vor und an ihr ist nichts mehr zu strukturieren, es sei denn, umzustrukturieren. Und dann geht es um die Frage des Verhältnisses, welches Kosiol geflissentlich außer acht läßt, nachdem es in zahlreichen anderen, ihm durchaus bekannten und von ihm auch erwähnten Definitionen enthalten ist, um das Verhältnis der Teile untereinander und zum Ganzen, welches aus diesen Teilen besteht. Organisation kann niemals unter Beiseitelassung von Verhältnis, Ver-

---

[55] Vgl. H. Linhardt: Weder Begriffsrigorismus noch Begriffsanarchismus in der Objektbestimmung!, in: Der Betrieb in der Unternehmung. Festschrift für Wilhelm Rieger zu seinem 85. Geburtstag, hrsg. v. J. Fettel und H. Linhardt, Stuttgart 1963, S. 27—67.

hältnisgestaltung und Verhältnisregelung definiert werden. Was Kosiol später von der Trennung zwischen den Organismen in der Natur und den Organisationsgebilden im Humanbereich ausführt, widerspricht diametral seiner Definition.

Außerdem fehlt die Zwecksetzung als Voraussetzung der Zweckverfolgung, ohne die es keine Organisation geben kann. Der Gegensatz zwischen dieser gequälten und qualvollen Definition und dem Inhalt der Kosiolschen Darstellung ist eklatant. Außerdem wäre noch das Verhältnis von Unternehmung und Betrieb bei denjenigen Fachvertretern zu klären, die bisher unter Betrieb auch den Haushalt und Betrieb und Unternehmung als wesentlich identisch verstanden haben. Wo dies zutrifft, wie bei Kosiol selbst, ähnlich bei Gutenberg, kann die Unternehmensforschung nicht heimlich in die nach einem Universalbegriff vom Betrieb aufgefaßte Betriebswirtschaftslehre eingeschmuggelt werden. Dazu müßte vor der Fachwelt die Begriffsklärung der Unternehmung als Gegenstand der Betriebswirtschaftslehre aus dem Verhältnis der Unternehmung zum Markte und dem Verhältnis der Unternehmung zum Betriebe vorgenommen werden[56].

Auch die 2. Auflage von H. Nicklischs Organisation, 1922, enthält keinerlei Hinweis auf Plenge. Im Vorwort heißt es: „Daß viele andere sich mit den gleichen Problemen beschäftigen und möglicherweise bereits im Besitze gleicher Erkenntnis sind, kann mich nicht mehr davon zurückhalten, es zu tun, habe ich doch im Laufe des Lebens gefunden, daß so mancher vor mir an der Pforte war und offenbar schaute, was ich schaute, ohne aber für sich und seine Mitmenschen gerade das darzustellen, was ich darzustellen für wertvoll halte oder ohne es so darzustellen, in der Ordnung und dem Zusammenhange wie mir es nötig erscheint, es darzustellen." Dieser Wortschwall wirkt wie der Ausdruck eines gequälten Gewissens. Die Übereinstimmungen mit Plenge sind handgreiflich bei Nicklischs Formulierungen des Freiheitsbegriffs, der Organisationsgesetze, seinem Hinweis auf I. Kant, vollends in seinem Abschnitt „Das Volk der Organisation" und der Rolle der Organisation im Kriege. Wer die beiden Schriften in die Hand nimmt — Plenge 1919 (Vorabdrucke 1918!), Nicklisch 1920 — und beide unvoreingenommen liest, muß zu der Überzeugung kommen, daß die Übereinstimmungen kein Zufall sind und wer nicht an ungewöhnliche Eingebungen bei Nicklisch glauben will, muß Plenge die geistige Urheberschaft zuschreiben, nicht nur aus Gründen der Stilkritik und der Diktion, sondern auch aus unwiderleglichen Gründen der Vorleistungen Plenges durch mehrere

---

[56] Vgl. dazu E. Kosiol: Betriebswirtschaftslehre und Unternehmensforschung. Eine Untersuchung ihrer Standorte und Beziehungen auf wissenschafts-theoretischer Grundlage, in: Zeitschrift für Betriebswirtschaft, 34. Jg., 1964, S. 743—762.

Jahrzehnte, denen Nicklisch nichts an die Seite zu stellen hat. Solche Zitate wie die aus Paul Deutsch (1963), E. Kosiol (1962) und Prion-Riester (1936) rechtfertigen wohl den hier unternommenen Klärungsversuch.

IV.

Propaganda ist nach Plenge Anruf und Appell, ihr Wesen ist Antrieb, Bewußtmachung, Heranbringung, ihr Ursprung ist die vergleichende Ideenlehre, ergänzt durch die Organisations- und die Konjunkturlehre. Ihr Träger, zugleich ihre verschiedenen Arten betreffen in erster Linie Staat, Religion, Wirtschaft, Kultur und Wissenschaft. Die Mittel, deren sich die Propaganda bedient, sind Wort und Bild, Zahl und Symbol, aber auch die Demonstration. Die Wirkungen, die sie erstrebt, gehen von einem Wirkungszentrum aus, erreichen eine soziale Durchdringung und bilden einen Geltungskreis, dem entgegengesetzte Kräfte im Entwertungskreis entsprechen, der seinerseits nach außen durch einen Organisationskreis abgeschlossen wird.

Voraussetzung für die Wirksamkeit der Propaganda sind Wissen und Wollen, Bildungsstand und Empfindlichkeit. Die Technik der Propaganda geht aus von der Kenntnis der Situation, sie bedient sich der Taktik wie der Strategie, bildet sich zum System und manifestiert sich im Stand und in der Bewegung. Ihre Aufgaben und Ziele schließlich entspringen aus der Idee, richten sich auf Sachen und Personen, auf deren Leistung allein und in der Gruppe und manifestieren sich schließlich auch im Geschäft. Aber welch ein Abstand zwischen dem Anwendungsfall der Geschäftspropaganda der Unternehmung und dem, was vor Plenge unter Propaganda verstanden wurde. In seiner programmatischen Schrift über „Die Lehre von der Propaganda als praktische Gesellschaftslehre" wird sogleich im ersten Satz der Versuch angekündigt, die Propaganda soziologisch zu fundieren. Aber erst auf S. 49 erwähnt Plenge die „bekannten Alltagserscheinungen der Geschäftspropaganda und der Geschäftsreklame", die Kundenwerbung, die wirtschaftliche Machtpropaganda und weist (S. 61) auf die ersten amerikanischen Systemversuche der geschäftlichen Propaganda hin.

Es ist ein weiter Weg von der heutigen Fachliteratur über Werbung mit allen ihren Arten und Abarten der Verkaufswerbung, Kundenwerbung, des Einsatzes der Werbemittel und der Ermittlung des Werbeerfolgs usw. usw. bis zurück zu Plenges Propaganda von 1922. Wenige Fachautoren kennen Plenges Schrift über „Die Lehre von der Propaganda als praktische Gesellschaftslehre" und noch weniger von denen, die sie kennen, wissen etwas damit anzufangen. Und doch ist durch Plenge das Tor zur soziologischen Behandlung der Propaganda jeder

Erscheinungsform aufgestoßen worden, seit Plenge die Wirtschaftspropaganda mit ihrer Absatz- und Kundenwerbung in den großen Kreis jeglicher Propaganda, somit auch den von Plenge genannten, der religiösen Propaganda (congregatio de propaganda fide, 1622) der kirchlichen Mission, mit aufgenommen hat. Und auf der gleichen Seite der Schrift über „Deutsche Propaganda. Die Lehre von der Propaganda als praktische Gesellschaftslehre", auf der der Hinweis zu Plenges Allgemeiner Organisationslehre steht, ist zu lesen: „Organisation und Propaganda gehören also zusammen. Nur durch Propaganda, Werbung neuer Glieder! Nur durch immer erneute Propaganda wird der Geist der Organisation in immer erneuter Kräftigung und Belebung alle Glieder der Organisation dauernd gleichmäßig durchdringen" (S. 13).

Wir Heutigen sind daran gewöhnt und durch die Werbeliteratur darüber belehrt, daß Wirtschaftswerbung auf Einfluß beruht und größeren Einfluß sucht, von der Macht ausgeht, um Macht zu gewinnen. Marktpositionen gilt es zu erobern, zu sichern und zu verteidigen, den Marktanteil gegen die Konkurrenz zu behaupten oder zu vergrößern. Plenge als Soziologe sieht die Natur der Propaganda in allen ihren Schattierungen und Variationen auf dem gesamten Gebiet menschlichen Zusammenlebens. Hier trifft sich die Grundauffassung mit derjenigen der Organisation, nicht nur im geistigen Ursprung, sondern auch im weiten Geltungsbereich, im Reichtum der Formen, in der Anwendung soziologischer und psychologischer Erkenntnisse, in der Wirkung auf Individuum, Gruppe und Masse.

Es ist zur stehenden Redensart geworden, von der industriellen Massengesellschaft zu sprechen, gekennzeichnet durch die Einheitlichkeit des Massenverbrauchs, der seinerseits wieder bestimmt wird durch die Verbrauchslenkung, die ihrerseits wesentlich beeinflußt wird durch die Wirtschaftswerbung. Aber wer hat so eindringend auf das Phänomen der Masse[57] hingewiesen wie Plenge in seiner Veröffentlichung „Die Zukunft in Amerika" (1912), wo er sagt: „Der Amerikaner lebt schon heute schematischer wie wir, auf schematischen Farmen, in schematischen Staats- und Bezirksgrenzen oder in schematischen Großstädten ohne historische Verschiedenheit, schematischer in dem Erzeugnis seiner Arbeit, schematischer im Verbrauch seiner Güter" (Cogito Ergo Sumus, S. 27). Wer hat es deutlicher ausgesprochen als Plenge in seinem „System der Verkehrswirtschaft" (1903), daß der Mensch als Träger wirtschaftlicher Leistung wie eine Schachbrettfigur in immer größeren Wirtschaftsräumen hin- und herbewegt wird? Niemand seit Adolph Wagner

---

[57] Vgl. G. le Bon: Psychologie der Massen. Aus dem Französischen (Psychologie des foules, 1895) übers. v. R. Eisler, Leipzig 1908; J. Ortega y Gasset: Aufstand der Massen. Aus dem Spanischen (La Rebelión de las Masas) übers. v. H. Weyl, Stuttgart 1949.

hat dem Kreditphänomen als einem erstrangigen Gefahrenmoment der modernen Verkehrswirtschaft größere Beachtung geschenkt als Plenge in seiner Diskontpolitik (1913) und seinen finanzwissenschaftlichen Abhandlungen.

Es gibt namhafte Autoren der modernen Werbeliteratur, die Plenges Lehre von der Propaganda als praktische Gesellschaftslehre kennen und die Weite des Blickfeldes daraus gewonnen haben, auch wenn die Spezialisierung der Fachliteratur immer wieder Einschränkungen erzwingt[58]. Plenges universalem Geist verdankt die moderne Werbeliteratur die innere Unabhängigkeit von der Technik wie von der Psychologie, daher auch die Unabhängigkeit von äußeren Formen wie inneren Motiven. Was er über Propaganda zu sagen wußte, nimmt keinen eigenen Standort in Anspruch und will als Ergänzung zur Organisationslehre verstanden werden.

Dies ist der Grund, warum seine beiden Schriften hier zusammengefaßt und in einem Neudruck einem inzwischen organisationsmüden und propagandasatten, einem organisations- und propagandafeindlichen Publikum dargeboten werden. Mag sein, daß für die Organisation und die Propaganda aus einer neuerlichen Berührung mit Plenge eine renovatio einsetzt, eine Art Regeneration aus seinem universalen Geist und dessen universaler Betrachtungsweise. Sie könnte dem plakatmüden Städter, dem inseratmüden Leser, dem werbemüden Fernseher (13 Mill. Geräte in Westdeutschland 1964) eine Erfrischung, den Sinnen eine Beruhigung, dem eigenen Geist eine Bestätigung sein.

Aus seinen schriftlichen Äußerungen ist zu erkennen, daß Plenge einschlägige Veröffentlichungen von Walter Rathenau gekannt hat[59]. Bei seinem politischen Interesse und seiner umfassenden Kenntnis zeitgenössischer Literatur ist verständlich, daß ihm solche Schriften wie „Von kommenden Dingen"[60] oder „Vom Aktienwesen. Eine geschäftliche Betrachtung"[61] und auch die einschlägigen Schriften Rathenaus über Wirtschaft und Wirtschaftsorganisation vertraut gewesen sind. Rathenau war der fähige Kopf, der den Aufbau der Wirtschaftsorganisation während des Ersten Weltkrieges entscheidend mit durchgeführt hat. In der Würdigung seiner Persönlichkeit durch Emil Ludwig ist die

---

[58] C. Hundhausen, Wesen und Formen der Werbung, Essen 1954, erwähnt Plenges Propaganda S. 38 und nennt sie nochmals S. 200 unmittelbar vor dem glänzend geschriebenen Essay von Karl Bücher: „Die wirtschaftliche Reklame" ... Zeitschrift für die gesamte Staatswissenschaft 1917/18.

[59] Am Schluß seiner Vorlesung „Über den politischen Wert des Judentums", Essen 1920, nennt Plenge die Namen J. Law, Péreire und W. Rathenau in einem Atemzug.

[60] Berlin 1917.

[61] Berlin 1917.

innige Verbindung konkreten Wissens in praktischen Wirtschaftsfragen mit einem feinsinnigen Einfühlungsvermögen und ungewöhnlichen Kunstverstand hervorgehoben. Rathenau starb unter den Kugeln seiner Mörder (24. 6. 1922). Sein Tod war ein Warnzeichen für die Entwicklung der deutschen Politik zum Rechtsextremismus, der dann in dem verfehlten Hitler-Ludendorff-Putsch im November 1923 seinen Ausdruck und kläglichen Zusammenbruch erfuhr, bis die falsche Nachsicht der Regierungsparteien in den kommenden Jahren es zuließ, Hitler auf legalem Weg die Macht, „die ganze Macht", wie er sie forderte, zu überlassen.

Was das bedeutete, wenn einer solchen Forderung keine konstruktive Idee, keine Vorstellung über die Gestaltung des Kommenden entsprach, hatte Plenge 1911 gegenüber Karl Marx ausgesprochen, als er sagte: „Eins bleibt dabei freilich ein merkwürdiges Rätsel. Wie kommt es, daß der Begründer der materialistischen Geschichtsauffassung nicht sehen konnte, daß zwar in der atomisierten kapitalistischen Gesellschaft mechanistische Naturwissenschaft als Weltanschauung möglich ist, daß aber in einer etwaigen sozialistischen Gesellschaft als in einer Gesellschaft der planmäßigen Organisation und des höchsten sozialen Selbstbewußtseins der Standpunkt einer toten Mechanisierung innerlich unmöglich ist" (Marx und Hegel, S. 94; vgl. Cogito Ergo Sumus, S. 22 f.).

Die Organisationsprobleme sind auch heute noch nicht auf eine eigene Organisationslehre beschränkt. Sie werden in zahlreichen Disziplinen behandelt, darunter im Verwaltungsrecht, der Verwaltungslehre, der Anstaltslehre, den Kommunalwissenschaften, der Lehre von den öffentlichen Betrieben, darunter solchen mit reinen Verwaltungsfunktionen wie Behördenbetrieben, und solchen mit Wirtschaftsfunktionen wie den Versorgungsbetrieben (Gas, Wasser, Strom), den öffentlichen Verkehrsbetrieben (Eisenbahn, Straßenbahn, Binnenschiffahrt, Hafenbetriebe). Nicht zuletzt hat die Nationalökonomie und die Soziologie einen beachtlichen Anteil an der Behandlung und Klärung von Organisationsproblemen, am stärksten die historisch orientierte Nationalökonomie, wie sie von der sog. älteren Schule (Karl Knies, Bruno Hildebrand, Friedrich List) über die neuere historische Schule von W. Roscher bis G. Schmoller hinüberreicht.

Es gibt kein Lehrbuch der Nationalökonomie, das nicht ausführliche Kapitel über die Organisation im allgemeinen oder doch wenigstens über die Organisation des Verkehrs, der Märkte, der Arbeit, der Berufe usw. enthalten würde. Franz Eulenburg hat darüber eine monographische Studie verfaßt[62]. Soweit das Recht als Formung menschlicher

---

[62] F. Eulenburg: Das Geheimnis der Organisation. Ein Versuch über Arten und Formen, Bedingungen und Voraussetzungen, Zwecke, Folgen und Gren-

Beziehungen und Regelung menschlicher Verhältnisse gelten kann, und es wird weithin so verstanden und definiert (Gustav Radbruch), hat es einen unmittelbaren Zusammenhang mit Organisationsproblemen und hat selbst diejenigen Organisationsprobleme der menschlichen Gesellschaft im öffentlichen wie im privaten Leben und im wirtschaftlichen Verkehr zum Gegenstand.

Es ist deshalb berechtigt, zu fragen, warum bei einer solchen Zuständigkeit des Rechtes und Problemzuweisung an die Rechtswissenschaften überhaupt der Versuch zur Begründung einer eigenen Organisationswissenschaft gemacht werden kann. Negativ dürfte gelten, daß die schöpferische Tätigkeit der Rechtsgelehrsamkeit, menschliche Verhältnisse zu ordnen, lange genug weder ein akademisches noch ein praktisches Bedürfnis für die Schaffung einer eigenen, allgemeinen Organisationslehre aufkommen ließ. Daß es nach dem Ersten Weltkrieg dazu kam, dazu bedurfte es der tiefgreifenden Zerrüttung des Rechtsbewußtseins, der staatlichen Ordnung und ihrer wirtschaftlichen Grundlagen, wie sie nicht nur der Krieg mit seinen Zerstörungen, sondern vor allem die Inflation mit ihren verheerenden Wirkungen mit sich gebracht haben. Das Recht in der bis dahin gewohnten Handhabung und Weiterentwicklung konnte mit solchen Ereignissen nicht Schritt halten. Es konnte ihrer auch nicht durch Rechtsschöpfung Herr werden, denn der Staat muß als Rechtsquelle da versagen, nicht minder als Hüter der Rechtsprechung (Gold- und Valutaklausel in öffentlichen Darlehens- und privaten Kreditverträgen), wo er selbst der Ursprung bittersten und in Generationen nicht ausgeglichenen Unrechtes ist, wie im Falle der Kriegsgefallenen, Kriegsversehrten und Heimatvertriebenen gegenüber den Kriegsgewinnlern und Neureichen, wie im Falle der Inflation mit ihrer Umwälzung in Wirtschaft und Gesellschaft.

Erst die Degeneration des Rechtes[63], der die Regeneration zu lange versagt blieb, machte die Ansätze zu einer eigenen Organisationslehre möglich; zu einer weiteren Verselbständigung ist es seit dem Versuch von Plenge nach mehr als vier Jahrzehnten nicht gekommen, so daß der jugendliche Autor Pleiß von Plenges gescheitertem Versuch der Geburtshilfe für eine solche Disziplin sprechen konnte (S. 32). In den Wirtschaftswissenschaften ist bisher außer von Plenge der Zusammenhang zwischen Organisation und Propaganda nicht gesehen worden. Er würde sonst zu zahlreichen Erörterungen in der Behandlung der innerbetrieb-

---

zen der Organisation. Aus dem Nachlaß hrsg. v. G. Jahn, Berlin 1952; ferner R. Pflaum: Die formale und die informale Organisation in Betrieben und ihre Wechselbeziehungen, Diss. Berlin 1953.

[63] V. Tomberg: Degeneration und Regeneration der Rechtswissenschaft, Bonn 1946.

lichen Organisation, der unternehmerischen Entscheidungen und der Marktforschung, zugleich auch der Pflege der öffentlichen Beziehungen (Public Relations) Anlaß gegeben haben. Wohl bestehen umfassende Veröffentlichungen, wie die von C. Hundhausen über Public Relations[64], aber es fehlt die geistige Verbindung zu den Organisationsproblemen von Betrieb, Unternehmung und Markt, nicht zuletzt auch die Unterscheidung der jeweiligen Organisationsbereiche, die mit diesen Wirtschaftsbereichen gegeben sind.

V.

Für den Herausgeber ist es reizvoll, für den Leser gewinnbringend, die originellen, aber doch nur flüchtig gefaßten Gedanken Plenges zu ergänzen und fortzuführen. Plenges Schrift über die Propaganda — diese von ihm als Anruf und Appell verstanden — war selbst Anruf zur Beachtung und Appell zur Benützung eines geistigen Mittels der Aussage und zugleich der Auseinandersetzung, dessen sich früher wie heute die Religion, die Kultur, nicht minder die Politik, die Wirtschaft und die Wissenschaft bedient und heute mehr denn je bedienen muß. Sah Plenge zu seiner Zeit noch Möglichkeiten, deren praktische Anwendung teils noch gar nicht von anderen gesehen, auch nicht von maßgeblichen Personen und Instanzen verstanden oder bestenfalls von gegnerischer Seite bestritten wurde, so bildet unsere Gegenwart nach 1933 eine Teilphase in einer Periode der Beunruhigung, der inneren Erschütterung, der geistigen Unsicherheit nach den Geschehnissen während des Dritten Reiches, das sich wie kein anderes Land, kein Staat und keine Macht zu keiner früheren Zeit der Organisation bedient und zugleich der Propaganda bemächtigt, also gerade das in Pervertierung getan hat, was Plenge als erstrebenswertes Ziel einer Verbindung von Organisation und Propaganda in Freiheit und ausdrücklich in geistiger Gesundheit bezeichnet und in dieser Formulierung erstmalig vor Augen gestellt hatte.

Für die religiöse Propaganda nennt er selbst die 1622 gegründete congregatio de propaganda fide (Propaganda, S. 13), ohne die religiöse Propaganda weiter andeuten und über das Christentum ausdehnen zu wollen. Zur christlichen Propaganda gehören ohne Zweifel die kirchlichen

---

[64] Carl Hundhausen: Werbung um öffentliches Vertrauen — Public Relations —, 1. Bd., Essen 1951; ders.: Industrielle Publizität als Public Relations, Bd. 5 aus der Buchreihe: Grundriß der Werbung, hrsg. v. C. Hundhausen, im Auftrage des Wissenschaftlichen Beirats des Zentralausschusses der Werbewirtschaft, Essen 1957; ders.: Wesen und Formen der Werbung, Teil 1: Wirtschaftswerbung, Bd. 3/1 der Buchreihe: Grundriß der Werbung, Essen 1963.

Veranstaltungen im Kirchenraum selbst, noch mehr aber diejenigen, die bei Prozession, Wallfahrt, Festgottesdienst unter freiem Himmel den kirchlichen Raum verlassen. Nirgendwo sind Organisation und Propaganda so eng verknüpft und voneinander abhängig wie bei den im Abstand von mehreren Jahren durchgeführten Katholikentagen, denen nach 1945 auch evangelische Großkundgebungen an die Seite traten. Die Bewegung „Una Sancta" trägt ebenso starke organisatorische Elemente wie propagandistische Impulse. Das 2. Vatikanische Konzil seit 1962, eingeleitet durch die starken Anregungen von Papst Johannes XXIII., von seinem Nachfolger Papst Paul VI. fortgeführt, ist ein einzigartiges, den modernen Organisationsmitteln des 20. Jahrhunderts entsprechendes Zeugnis, wie auf religiösem Gebiet Organisation und Propaganda verknüpft sein können. Nicht nur die modernen und modernsten Verkehrsmittel, sondern auch die allerneuesten Kommunikationsmittel der Simultanübertragung, Lautsprecheranlage, Fernsehaufnahmen sind hier eingesetzt, auch in der Unterbringung, Mitwirkung und Betreuung der Konzilsväter ist überall Organisation vorhanden und Propaganda angewandt, nicht zuletzt in der Verbreitung, Übersetzung und Interpretation der Beratungen und Beschlüsse des Vatikanischen Konzils durch Simultanübertragung, Presse, Film und Funk.

Der Formenreichtum der katholischen Kirche, angefangen vom Baustil bis zur Liturgie, vom Schmuck der Altäre bis zur Missa Solemnis eines W. A. Mozart und L. v. Beethoven mit den dazugehörigen Vorbereitungen sind vollendeter Ausdruck des Zusammenwirkens von Organisation und Propaganda. Dies gilt auch für die geistigen Bewegungen, die Auseinandersetzung um die Ordensregeln und die Ordenstracht, um Arbeit und Besinnung der wichtigsten Orden von Benediktus und Augustinus bis zum Jesuitenorden (Cluny, Waldenser, Albigenser, Bernhard von Clairvaux). Es gilt aber auch für die schroffe Absage der Reformation an alle äußeren Sinneseindrücke und die Entfernung der Heiligenfiguren und Heiligenbilder, die Verbannung der Musik aus der religiösen Andacht, bis fast zweihundert Jahre später diese erzwungene Askese ihren reichen Ausdruck in der geistlichen Musik eines J. S. Bach und G. Fr. Händel, in der religiösen Dichtung eines Paul Gerhardt fand.

Der Protestantismus hat seine eigene Ausprägung der Organisation und seine eigenartige Verbindung zur Propaganda. Auch hier überwiegt die Abstraktion, wie etwa in den ersten protestantischen Bibeldrucken, die von jedem schmückenden Beiwerk, von Holzschnitt und Kupferstich befreit waren[65], bis eine spätere Zeit gewisse Zutaten wieder zuließ[66],

---

[65] Vgl. die Bibelausgaben der Evangelischen Bibelgemeinschaft Stuttgart und ihrer englischen und amerikanischen vergleichbaren Trägerorganisation (Bible Society).

[66] Vgl. J. Bunyan: The Pilgrim's Progress from this World to that Which

während vergleichsweise die in Nürnberg bei Anton Koberger gedruckte Weltchronik des Arztes Hans Schedel vom Jahre 1494 rund 28 000 Illustrationen enthält.

Die Predigt, die in der protestantischen Andacht eine wichtigere Rolle einnimmt als in der katholischen Sonntagsmesse, findet in der Buß- und Missionspredigt und in so gewaltigen Rednern wie Albertus Magnus (13. Jahrhundert), Savonarola (15. Jahrhundert), Abraham à Santa Clara (17. Jahrhundert) ihre propagandistische Steigerung und Massenwirkung, die es zu Massenzulauf und Massensuggestion kommen läßt. Die Heiligenverehrung der katholischen Kirche zum Unterschied vom Protestantismus knüpft Wunder, Heilwirkungen und überirdische Erscheinungen an Orte, die später zu Mittelpunkten ständiger Wallfahrten und oftmals zu dauernden Treffpunkten erst der Pilger, dann der Kaufleute und schließlich nur noch der Händler und ihrer Helfer werden, wie dies von St. Denis und von Paris selbst seit dem 8./9. Jahrhundert, von Lyon, Lourdes, Assisi und vielen anderen Orten gelten darf und schließlich zu der ständigen Begegnung der Kaufleute bei den sogenannten Champagnermessen des 12. und 14. Jahrhunderts führte.

Nicht von gleicher Bedeutung, aber auch nicht ohne organisatorische Leistung und propagandistische Wirkung sind im 19. Jahrhundert solche Anstalten wie Bethel (Pastor Bodelschwingh), Neuendettelsau (Wilhelm Löhe). Im gleichen Zusammenhang könnten auch die nach 1945 in schneller Folge errichteten evangelischen und katholischen Akademien, sei es bestimmter Orte oder Bezirke oder Länder genannt werden, wie die Evangelischen Akademien in Tutzing und Loccum, die Katholische Akademie der Diözese Rottenburg oder die Katholische Akademie in Bayern (Direktor Dr. Karl Forster). Allein die Tagungsprogramme, die Auswahl der Themen, der Redner und Orte, der jeweiligen Veranstaltungen sind Organisation und Propaganda in bester Verbindung, auch in der Art der Verbreitung des erarbeiteten Gedankengutes durch Druck und Verlag.

Außerhalb der christlichen Lehre, Tradition und Kultur finden wir im religiösen Bereich des Islam von jeher die stark nach außen gerichtete Propaganda, die schon in der Lebensgeschichte des Propheten Mohammed, der Flucht nach Mekka, seiner Ausstattung mit bemerkenswertem Besitz und der Art seines Einsatzes[67], aber auch in den vorgeschriebenen Pilgerfahrten nach Mekka ihren Ausdruck findet. Die Weisheitslehren des Konfuzius und Lao-Tse, die überlieferten Reden

---

is to Come, älteste Ausgabe 1. Bd. 1675, 2. Bd. 1684, spätere Ausgaben 18. und 19. Jahrhundert.

[67] Franz Altheim und Ruth Stiehl: Finanzgeschichte der Spätantike, mit Beiträgen von R. Göbl und H.-W. Hausig, Frankfurt 1957.

Buddhas und die mit seinem irdischen Wandel verbundenen Heiligtümer enthalten in der Art der Verehrung und der Pilgerschaften Elemente der Organisation und Kräfte der Propaganda, auch wenn man etwa in Übereinstimmung mit Hermann Keyserling[68] einen grundlegenden Unterschied zwischen abend- und morgenländischer Haltung zur Natur, zum Leben im Diesseits und im Jenseits (Lehre von der Wiederkehr) feststellt.

Die kirchliche Mission, sei es die auf die nächste Nähe gerichtete Innere Mission oder auf das ganze Ausland gerichtete Weltmission, ist ohne Propaganda nicht zu erklären und es bedarf im gegenwärtigen Zeichen des Anti-Kolonialismus und Anti-Imperialismus, vor allem wie sie von kommunistischer und afro-asiatischer Seite betrieben werden, der nüchternen Feststellung, daß ohne die christliche Mission seit den Aposteln und die Verschmelzung der römischen Antike mit der christlichen Frühkirche keine abendländische Kultur in andere Erdteile getragen worden wäre, mag man auch die Vernichtung autochthoner Kulturen wie in Mittelamerika noch so freimütig bekennen und das Auftreten solcher Eroberer wie Ferdinand Cortez und Pizarro noch so bedauern, mag man auch den Sklavenhandel des 16. bis Anfang des 19. Jahrhunderts als christliche Verirrung noch so ehrlich zugeben: Jedenfalls bedeutet „abendländische Kultur" die christliche Kultur mit ihren Licht- und Schattenseiten. Schließlich ist die Sklaverei keine christliche Erfindung, wenn auch Verirrung, und in nichtchristlichen Ländern bis heute nicht abgeschafft. Ohne die christliche Mission seit dem 15. Jahrhundert, erst durch die Portugiesen und Spanier, dann durch die Holländer und Engländer, wären die neuentdeckten Erdteile heute nicht im Besitz der echten Segnungen der Zivilisation, über die nur flache Köpfe spotten und über die auch angesichts ihrer Schattenseiten doch nicht anders als positiv geurteilt werden kann (Städtebau, Verkehr, Hygiene, Seuchenbekämpfung, Schulen, Presse und Funk).

Schließlich war das christlich-abendländische Jahrtausend von 800 bis 1800 in jeder Hinsicht durch eine starke Dynamik und Ausstrahlung auf andere Völker, Rassen und Erdteile einschließlich der chinesischen und indischen Kulturkreise gekennzeichnet[69]. Dem Priester folgt im 19. Jahrhundert der Ingenieur und Mediziner, der Architekt und Lehrer nach einer Entwicklung von Jahrhunderten, die andere Leistungen enthält und ein anderes Urteil verdient als in der kommunistischen Kari-

---

[68] H. Keyserling: Das Reisetagebuch eines Philosophen, 2 Bde., München 1919 (8. Aufl., Stuttgart 1932); ders.: Menschen als Sinnbilder, Darmstadt 1926.

[69] Arnold Toynbee: A Study of History. Issued under the auspices of the Royal Institute of International Affairs, 12 Bde., Oxford 1934—1961.

katur, die den Missionar zum Wolf im Schafpelz macht, gefolgt vom Massenmörder in Uniform.

Die von Plenge erwähnte Kulturpropaganda würde ihn heute nach vierzig Jahren zu einer Reihe weiterer als den von ihm genannten Beispielen anregen, in denen auch die zu seiner Zeit bekannten Zonen und Zeiten eine Vertiefung und für die spätere Zeit eine Ergänzung fänden. Namen wie die der noch lebenden Martin Buber, Albert Schweitzer und Bertrand Russell sind Verkörperung geistiger Prägungen und menschlicher Ideale, wie sie uns erst durch eine echte Kulturpropaganda im Sinn der Übermittlung von Informationen zugänglich gemacht sind. Namen jüngst verstorbener Repräsentanten des Geistes und der Forschung leben in uns als Erfüllung hoher menschlicher Ziele fort, sei es nun das Gelehrtenehepaar Sidney und Beatrice Webb oder George Bernard Shaw, Albert Einstein, Rutherford, seien es Industrielle und Wirtschaftskapitäne wie John D. Rockefeller, Henry Ford, Andrew Carnegie, seien es französische Dichter wie Anouilh, Cocteau, J. P. Sartre, oder Sänger, Musiker wie Enrico Caruso, Paul Robeson, Meinardi, Menuhin, Pablo Casals u. a.

Die Welt ist reich an großen Talenten; der Geringste unter uns kann an höchsten menschlichen Ausdrucksformen teilnehmen und ihren inneren Gehalt verspüren, wenn auch nur durch Funk, Fernsehen, Schallplatten und Reproduktionen. Ein Volksschüler mit wachen Sinnen wird Abbildungen von Albrecht Dürer, Michelangelo, Leonardo da Vinci unterscheiden, ein junger Mensch von etwas Musikalität kann Bach von Händel und Mozart, Brahms von Beethoven unterscheiden und in vielen nicht gestellten Fernsehsendungen ist dies immer wieder überraschend festzustellen. Woher kommt der Reichtum an den Kulturgütern der Gegenwart? Nicht so sehr von ungeheurer Vermehrung der Schöpferpersönlichkeiten und der Schöpfungen, sondern von der ungeheuren Verbreitung auch ihrer Spitzenleistungen wie der Dirigentenkunst eines Karajan, der höchsten Gesangskunst einer Maria Callas, der Sprachkunst und Darstellungskunst bedeutender Sänger und Schauspieler in Film, Oper, Schauspiel und Drama. Sie alle leben von dem Vorrat an Sprachschöpfungen der Klassiker und Nachklassiker, ohne den bis heute kein modernes Libretto und nicht einmal der billigste Schlagertext möglich wäre.

Erst durch die intensive Anwendung der Verbreitungsmittel erfährt die Kulturpropaganda die stärksten Anregungen. Neuerdings bestehen zwei- und mehrseitige Kulturabkommen, darunter solche zwischen der Sowjetunion und der westlichen Welt, zwischen Europa und Lateinamerika, zwischen dem Westen und dem Fernen Osten. Trotz zahlreicher Hindernisse und Erschwerungen sind internationale Begegnungen möglich und werden sogar häufiger, sei es im Sport, Film, bei Tagungen, Ausstellungen, Kursen bis herunter zum Schlagerwettbewerb.

Persönlichkeiten wie Mahatma Gandhi und sein großer Schüler, der im Mai 1964 verstorbene indische Ministerpräsident Pandit Nehru sind der ganzen Welt nach Erscheinung, Grundhaltung und Lebensphilosophie oder sogar durch bestimmte Äußerungen bekannt. Die Reden großer Staatsmänner und Politiker sind uns überliefert, früher durch das gedruckte Wort, heute durch Tonbandaufnahmen, aus denen sie zu unmittelbarstem Leben zurückgerufen werden können (J. F. Kennedy nach der Ermordung am 22. 11. 1963).

Es gibt eine Kulturpropaganda einzelner Staaten, Ideenbewegungen wie die Friedensbewegungen oder Gesellschaften zur Bekämpfung des Alkoholmißbrauchs, des Krebses (z. B. durch Aufklärung über Raucherschäden), zur Bekämpfung von Grausamkeit gegen Tiere (die englische Society for the Prevention of Cruelty towards Animals, die deutschen Tierschutzvereine) oder Bewegungen zur Verbreitung humanitärer Ideen und zur Bekämpfung von Barbarismen (Blutrache, Todesurteil).

Die öffentliche Meinung, von der man behauptet, sie sei präpariert und manipuliert, wird sicher durch den Einsatz der Massenkommunikationsmittel wesentlich mitbestimmt. Aber was wären alle diese Mittel ohne den Geist und seine Ausdrucksformen in allen Erscheinungen der Kunst. Hier erfährt die Kulturpropaganda eine seit Plenges Schrift vor Jahrzehnten unvorstellbare Bereicherung. An einer Stelle zitiert Plenge einen bekannten Ausspruch von Abraham Lincoln, dem großen Führer der amerikanischen Nation im Bürgerkrieg (1861/65), aus seiner Gettysburger Rede, die im Lincoln Memorial in Washington in Erz gegossen ist. Vielleicht entfiel Plenge bei seinem Zitat die Quelle. Wenn es der Fall wäre, dann wäre es ein nebensächliches aber doch lehrreiches Beispiel neben abermillionen anderer, die nur noch dem Philologen, Historiker und Liebhaber als echte Beispiele bekannt sind, während das allgemeine Publikum Gedanken und Formulierungen sich zu eigen macht, deren Ursprung ihm niemals bekannt wird. Tagtäglich bedient sich auch der einfache Mann dutzender Aussprüche, die vor ihm ein anderer erst geprägt haben mußte, ehe sie zur stehenden Rede, zur Redensart oder zum Sprichwort werden konnten.

Selbst unser Vorrat von Nützlichkeiten und Sachgütern trägt in tausend Wendungen die Namen von Menschen, sei es Erfindern, Urhebern oder Originalen, die eine Sache erfunden oder ihren Namen vielleicht unwissentlich dafür hergegeben haben. Wer weiß schon, daß Daimler und Benz Erfinder und Konstrukteure des Autos waren, so gut wie Henry Ford, Cadillac, Chevrolet und viele andere, wer weiß schon, daß die Litfaßsäule einen Erfinder dieses Namens, das Sandwich einen lebenden Menschen dieses Namens zum Urheber haben[70], ebenso die Namen Mackintosh, Schreber, Weck, Pasteur, Röntgen, Celsius, Volt, Ohm, Heinckel, Junkers, Messerschmidt — einst Namen von Personen, heute Namen für Sachen, Maße, Gegenstände. Neben solchen Verwendungen von Personennamen begegnen uns in der Kulturpropaganda Zeichen und Symbole von internationaler Geltung, Anerkennung und Verbreitung wie das Rote Kreuz, der Rote Halbmond oder in regionaler, ideologischer Begrenzung die Heilsarmee mit ihrer Propagandaform der Musikdarbietung auf Straßen und Plätzen, mit Uniform und quasi-militärischen Rängen und ihren Abzeichen, die Traditionspflege militärischer Verbände, Bürgermilizen, Schützengilden mit ihren Uniformen, Rängen und Abzeichen, die Formenreichtum enthalten, Tradition verkörpern, Kultur darstellen.

Politische Propaganda hat es im Altertum und im Mittelalter gegeben. In der Geschichte der politischen Propaganda begegnen uns Demosthenes, Sokrates, Thukydides bei den Griechen, Cicero, Cato, Cäsar bei den Römern[71]; die Soldatenkaiser wenden ihre eigenen Mittel zur Machtergreifung und Machtstabilisierung an. Um ein tüchtiger Soldatenkaiser für einige Zeit zu sein, dazu bedarf es mehr als nur des Dolchs im Gewande, auch dazu, Tyrannen zittern zu machen und sich ihrer zu entledigen. An die politische Propaganda knüpft sich der Mythos von ungewöhnlichen Kräften und Fähigkeiten, wie sie den griechischen Halbgöttern und Heroen, aber auch noch den durchaus realistisch und menschlich gesehenen Staatsmännern und Feldherren der Antike zugeschrieben werden.

Die Erfindung der Buchdruckerkunst liefert der politischen Propaganda die Flugschrift, den gedruckten Handzettel, das Pasquill, womit, wie im Bauernkrieg, in der Wiedertäuferbewegung, in der Reformation, das Volk aufgerüttelt, die Anhänger aktiviert, die großen religiösen und politischen Auseinandersetzungen, wie etwa die zwischen Martin Luther und Dr. Johannes Eck oder auch Thomas Münzer, zwischen den Hussiten und Katholiken, den Katholiken und Protestanten, ausgetragen werden.

Wie hätte sich ohne die Anwendung der Buchdruckerkunst die revolutionäre Bewegung der Wiedertäufer vom Süden bis zum Norden des Reiches, von der Schweiz bis nach Holstein, und vom Osten zum Westen, von Mitteldeutschland bis an die holländische Grenze (Thomas Münzer, Jan van Leiden), ausbreiten können. Die zwölf Artikel der Bauern, die

---

[70] H. Linhardt: Der Einfluß des technischen Fortschritts auf den Markt, in: Jahrbuch der Absatz- und Verbrauchsforschung, 6. Jg., 1960, H. 1, S. 10—27.
[71] Georg Bergler, Die Macht des Wortes, in: Jahrbuch der Absatz- und Verbrauchsforschung, 10. Jg. 1964, H. 4, S. 276—293.

in Memmingen im Jahre 1525 abgefaßt wurden, gingen als Flugblatt von Hand zu Hand und dienten als Mittel der politischen Agitation, ohne welches die Bauern kaum und trotz ihrer durch Dürre und Mißhandlung begründeten Empörung sich nicht zu wilden Haufen zusammengerottet und zum Landschrecken entwickelt hätten. Der Bundschuh war ihr Symbol. Sie trugen ihn auf ihren Fahnen; sie hatten ihre Parolen, ehe sie in Mord und Gewalttat versanken und dafür schrecklich büßten, wie die fränkischen Rotten durch die harten Maßnahmen des Bischofs von Würzburg, die westfälischen durch die nicht minder harten Maßnahmen des Bischofs von Münster, unterstützt durch den Landgrafen von Hessen.

Über den Gebrauch von Druckschriften zu Beginn des 16. Jahrhunderts als Träger religiöser und politischer Propaganda schreibt Bugenhagen, ein gebürtiger Westfale, der zu Luthers Schülern in Wittenberg und zu den entschiedenen Gegnern der Wiedertäufer gehörte[72].

Politische Institutionen, wie die amerikanische Unabhängigkeitserklärung, finden ihre Tradition und Verehrung in der Liberty Hall in Philadelphia, im Washington Obelisk, dem Lincoln Memorial in Washington, dem Triumphbogen in Paris, im Brandenburger Tor in Berlin. Die Politik bedient sich eigener Zeichen, wie es das Liktorenbündel des Faschismus in Italien (31. 10. 1922 Marsch auf Rom), wie es das Hakenkreuz der Nazi-Bewegung in Deutschland war (Machtergreifung am 30. 1. 1933) und wie es politische Bewegungen anderer Länder (Feuerkreuzler in Frankreich, Silver Shirts um 1932 in den USA) darstellen, wenn sie auch nicht immer mit dauerndem Erfolg verknüpft sind, wie die Reformbewegung von Kemal Pascha (Atatürk) in der Türkei, von Admiral Horthy in Ungarn, Salazar in Portugal und Franco in Spanien. Der Nationalsozialismus manifestiert sich schon vor der Machtergreifung in den Organisationen nicht nur der Partei und ihrer Presse (Völkischer Beobachter), der SA und SS, er wütet geradezu nach der Machtergreifung durch Ausbreitung seiner alle Lebensbereiche des Volkes erfassenden und alle vorherigen Vereinigungen und Verbände wie auch Parteien verdrängenden politischen und anderen Lebensformen. Der Fragebogen, den nach Kriegsende 1945 jeder Erwachsene auf Anordnung der Militärbehörden auszufüllen hatte, um dann durch deutsche Ausschüsse über die Einstufung als Kriegsverbrecher, Hauptbelasteter oder Mitläufer die weitere Entscheidung zu treffen, enthält ca. 60—80 Organisationen, von denen der Einzelne mit Leichtigkeit 10 und mehr an-

---

[72] Vgl. R. Stupperich: Bugenhagen und Westfalen, in: Westfalen. Hefte für Geschichte, Kunst und Volkskunde, 47. Bd., 1964, H. 4, S. 378—393; vgl. dazu den Schlüsselroman von Friedrich Reck von Malleczewen: Bockelson. Geschichte eines Massenwahns, Berlin 1937.

gehört haben mochte, sogar angehört haben mußte[73]. Die heutige Generation kennt nicht einmal mehr die Abkürzungen dieser NS-Organisationen. Damals aber verbreitete sich eine ungeheure Welle der Organisation und in der Art ihrer Handhabung eine Flut der Entrechtung und Unfreiheit im Zuge der „Gleichschaltung". Die DAF trat an die Stelle der Gewerkschaften, die NSDAP an die Stelle der politischen Parteien, die NSV an die Stelle der Wohlfahrtsverbände und so vollzog sich auf allen Gebieten des öffentlichen und privaten Lebens die organisatorische Erfassung vom Pimpf über den Hitler-Jungen und das BDM-Mädchen bis zu den Berufsorganisationen der Anwälte, Ärzte, Architekten und der Erfassung der Arbeitnehmer im Betriebe (NSBO=NS-Betriebszellenorganisation). „Wir haben uns gleichgeschaltet", hieß es nach 1933, oder wir wurden gleichgeschaltet.

Überall triumphierte die Organisation mit ihren hunderterlei Namen, Briefbogen, Straßenschildern, Transparenten und ihren ebenso zahlreichen Abkürzungen. Diese Art der Organisation galt als Grund, als Vorwand oder auch als Rechtfertigung und Entschuldigung für die Machtergreifung der einen, die Entmachtung und Entrechtung der anderen, als ob es nur um eine Namensänderung im Interesse der nationalen Einigkeit und inneren Stärkung gegangen wäre. Man ließ sich durch Worte täuschen, ohne den Inhalt und die politische Absicht der Namensänderungen und dieser neuartigen Massentäuschung durch eine einzigartige Begriffsschöpfung einzusehen. Jedesmal war mit einer neuen Organisation die bisherige Stellung der alten Organisation verloren gegangen, gleichgültig ob dies im belanglosen geselligen Verein der Jäger oder Taubenzüchter geschehen war oder in der freien Wohlfahrtspflege, in kulturellen, weltanschaulichen Gemeinschaftsformen oder in beruflichen Vereinigungen und in politischen Parteien. Nicht nur war die Blindheit gegenüber der politischen Zielsetzung hinter der äußeren Namensänderung völlig vorherrschend, es bestand noch obendrein die echte, wenn auch allzu kurze Schadenfreude der im Augenblick nicht oder noch nicht Betroffenen gegenüber den im Augenblick Betroffenen. Genau und konkret gesehen, war es erst die Schadenfreude der Studienräte und Pastöre gegenüber den Universitätsprofessoren, dann die Schadenfreude der noch nicht gleichgeschalteten Kommunalbeamten gegenüber den bereits gleichgeschalteten oder entlassenen und verhafteten höheren politischen Staatsbeamten usw. usw.[74].

---

[73] Vgl. die Glossierung der damaligen Ermittlungs- und Säuberungspraxis gegenüber den Mitgliedern der NSDAP und ihrer Gliederungen in dem umfangreichen Roman von Ernst von Salomon: Der Fragebogen. Hamburg 1951.
[74] Vgl. Hendrik de Man: Vermassung und Kulturzerfall, Eine Diagnose unserer Zeit, 2. Aufl. Bern 1952; Stefan Zweig: Die Monotonisierung der Welt, 1925, zit. nach C. Hundhausen: Produktgestaltung, Essen 1964.

Hierbei war zwischen der politischen Organisation und der politischen Propaganda ein Bündnis geschlossen, das keine frühere Zeit weder in dieser Art noch in diesem Umfang je gekannt hat. Mit Recht wurde vom SA-Mann als dem politischen Soldaten Hitlers gesagt, er sei eine großartige Erfindung gewesen. Er war ein Geschöpf der politischen Organisation und zugleich der politischen Propaganda. War der SA-Mann erst einmal erfaßt, dann wurde er geprägt und umgekrempelt durch das Einhämmern der politischen Parolen vom täglichen Flaggenhissen über „Die Parole der Woche" durch Spruch, Aushang, Anschlag, Gemeinschaftskundgebung, Kameraderie und sonstwie. Darin waren Nationalsozialismus und Faschismus einig, vielleicht mit dem Unterschied, daß Mussolini bessere Prägungen von größerer Wirkung und Ursprünglichkeit zustande brachte, wie die am häufigsten an Hauswänden und Spruchbändern sichtbaren: „Obbedire, combattere, vincere" oder „Vivere pericoloso" oder „La vittoria è un punto di partenza no di arrivo" oder die berühmten Stellen aus seiner über alle Sender Italiens verbreiteten Rede vom Oktober 1936 über die Achse Berlin—Rom und die Bedeutung des Mittelmeers für Italien: Für die anderen Länder eine Straße, für Italien das Leben.

Mit die eindrucksvollsten Formen politischer Propaganda der Neuzeit sind die ersten Verfassungen der englischen Kronkolonien (Virginia, Massachusetts u. a.), die Declaration of Independence 1776, die Bill of Rights 1791, die Erklärung der Menschenrechte zu Beginn der Französischen Revolution 1789, das Kommunistische Manifest 1848. Weniger spektakulär, aber nicht minder wirksam sind Anlaß und Wortlaut politischer Bündnisse, Friedensschlüsse, politischer oder finanzwirtschaftlicher Reformen. Sie bilden heute einen wichtigen Gegenstand der Fachliteratur und des Fachstudiums des Historikers, der politischen Wissenschaften und der Fachwissenschaften wie Finanzgeschichte, Politische Geschichte u. a. Sie bildeten bei ihrer Schöpfung den Gegenstand politischer Propaganda.

Abkürzungen wie NIRA, ERP, NATO, EZU, OEEC, Comecon, MLF, EWG beherrschen die politische Tagespresse, das politische Gespräch, ohne daß Hörer und Leser den Ursprung solcher Bezeichnungen wiedergeben könnten, auch nicht gebildete oder akademische Hörer und Leser.

Wie weit der Film als Propagandaträger wirksam wird, läßt sich negativ an Hand der von ihm bewirkten Entstellung und Verzerrung literarischer Erzeugnisse zeigen, wie dies in einem Artikel von René Drommert „Filme als Schmarotzer der Weltliteratur" in der „Zeit" vom 1. 1. 1965, Nr. 1, S. 16, dargestellt ist. Dort heißt es u. a.: „Die dichterische Sprache ist inkonvertibel. Also ist jeder Versuch, ein dichterisches Werk zu verfilmen, zum Scheitern verurteilt. ... In den meisten Fällen haben die Filme ... das Niveau der Literatur unterboten, und oft katastrophal.

Der Kultur, im großen gesehen, ist kein Dienst erwiesen. Der Rückgriff auf die literarischen Werke selbst ist ja jedem jederzeit möglich... Aus dem Dilemma der Verfilmungen von Weltliteratur gibt es keinen Ausweg." In der gleichen Wochenschrift (Zeit vom 1.1.1965, S. 23) findet sich eine für das Thema der Kulturpropaganda höchst aufschlußreiche Äußerung aus der Denkschrift des „Vorstands der Ärzteschaft des Kreises Ulm": „In der modernen Weltauseinandersetzung kann eine einzige Dirne und der dazugehörige Minister oder ein einziger Homosexueller an führender Stelle die Existenz unserer Völker gefährden." Wie hätte vor Einsatz der heutigen Informations- und Kommunikationsmittel — vor 1900 etwa — ein solcher Satz geschrieben werden können! Wie wäre ein solcher Gedanke ohne Propaganda möglich!

Vor etwa zwei Jahrzehnten hat ein namhafter amerikanischer Naturwissenschaftlicher geäußert, zur Herbeiführung des Endes aller menschlichen Zivilisation bedürfe es weder einer Erdkatastrophe noch der Entfesselung der vom Menschen geschaffenen Atomenergie, dazu genüge die Ablehnung der Schuljugend, Mathematik zu lernen. Dieser merkwürdige Ausspruch hat seine volle Berechtigung eingedenk der Tatsache, daß alle moderne Technik, nicht nur die der industriellen Produktion, sondern jeglicher Art der Kommunikation durch Film, Funk, Fernsehen auf der Anwendung der Naturwissenschaften beruht, die hierin wieder auf Mathematik beruhen. So wie nahezu jeder einzelne Mensch mit immer geringeren Ausnahmen an der Verbreitung von Kulturgütern teilnehmen kann, so wie Zivilisation, Wohnkultur, geistige und kulturelle Bedürfnisse weitgehend allen Menschen aller Farben, Rassen und Schichten in allen Erdteilen zugänglich gemacht werden oder werden können, so ist das Lebensschicksal der ganzen Menschheit heute von der Wissenschaft abhängig.

Die Verbreitung neuer wissenschaftlicher Erkenntnisse erfolgt in Sekundenschnelle über den ganzen Erdball. Bereits zu Beginn des Jahres 1929 veröffentlichte die New York Times auf mehreren Seiten die damals neuen Erkenntnisse des theoretischen Physikers Albert Einstein samt den darin enthaltenen Formeln, die wohl kein Dutzend der Zeitungsleser verstanden haben konnte. Der von der Sowjetunion gestartete Sputnik des Jahres 1957 (Geophysikalisches Jahr) kam sogleich der ganzen Menschheit, so weit Presse und Funk reichten, zur Kenntnis. Alle späteren Etappen und Ereignisse auf dem Weg der Erforschung und Eroberung des Weltraums wurden innerhalb weniger Stunden sofort der ganzen Menschheit zur Kenntnis gebracht unter genauer Angabe der Einzelheiten über Entfernung von der Erdoberfläche, Umlaufzahl, Bemannung und neue Fortschritte, wie die Entfernung eines der beiden Kosmonauten aus der Kapsel bei dem Umlauf am 18.3.1965. Wissenschaftliche Kongresse sämtlicher Disziplinen auf nationaler oder internationaler Ebene werden durch die Ausschüsse und Verbandsorgane jahrelang vorbereitet, die Referate werden vorher gedruckt, der Presse zugestellt; nicht nur die Fach-, sondern auch die Tagespresse berichtet über wissenschaftliche Veranstaltungen und über Probleme aller Art, wie es die Kinderlähmung, die Seuchenbekämpfung, der Lungenkrebs und seine Verursachung durch das Rauchen sein mögen, oder über Erörterungen des Römischen Konzils und seine Stellung zu nichtchristlichen Religionen und nichtkatholischen Konfessionen.

Kongreßberichte über wissenschaftliche Tagungen bilden einen unentbehrlichen Bestandteil wissenschaftlicher Bibliotheken, eine unentbehrliche Dokumentation des wissenschaftlichen Fortschritts.

Seit Anfang der Aufklärung sind in führenden Kulturländern, erst in Frankreich und England, dann auch anderswo gelehrte Gesellschaften, Akademien, wissenschaftliche Vereinigungen errichtet worden, die mitunter eine Geschichte von mehr als 350 Jahren aufweisen: die Royal Society in London, gegründet 1660, die Preußische Akademie der Wissenschaften, die Russische, Bayerische Akademie der Wissenschaften, das Institut de Paris. Während früher nur die Tapferkeit des Soldaten durch Orden ausgezeichnet wurde, gibt es seit Anfang des 19. Jahrhunderts Orden und Auszeichnungen von Staaten und privaten Vereinigungen und Stiftungen: Roter Adler Orden, die vier Kategorien des Nobel-Preises betreffend den Friedenspreis und den Literaturpreis neben den Auszeichnungen für Medizin und Naturwissenschaften. Gelehrte Gesellschaften vergeben Auszeichnungen, Geldpreise oder Medaillen. Beispiele dafür sind die Kulturpreise einzelner Städte wie der Frankfurter Goethe-Preis oder die Duisberg-Medaille, die Max-Planck-Medaille, die Rudolf-Diesel-Medaille und zahlreiche neuere, darunter auch solche für Leistungen auf dem Gebiet der Konsumforschung und der Werbung (V. Mataja, W. Vershofen u. a.).

Die Wissenschaft ist längst nicht mehr Sache des einzelnen im zurückgezogenen Winkel der Studierstube oder des Laborzimmers, wie bei Lavoisier, Boyle, Louis Pasteur, Robert Koch, Emil Behring. Sie ist wie für Niels Bohr, Elisabeth Meithner und Otto Hahn das Ergebnis engster Gemeinschaftsarbeit und seit den ersten Erkenntnissen, die zur Atomspaltung geführt haben, hat sich in der physikalischen Forschung soviel geändert, daß ohne die institutionelle Ausstattung von Millionensummen und ohne die strengste Ausrichtung der Forschungsziele keine weiteren naturwissenschaftlichen Erkenntnisse erhofft werden dürfen. Mit der Taschenlampenbatterie in der Versuchsanordnung von Otto Hahn und ein paar Drähtchen und Röhrchen ist es vorbei. Nicht umsonst nennt man heute Forschungsunternehmen nicht mehr nach dem persönlichen Namen einzelner Träger, sondern nach den in der Fachwelt bekannten

Arbeitsgruppen, sei es Universitäten, Forschungsinstituten oder deren Abteilungen. Aus dem gleichen Grund ist es in den letzten Jahren häufiger vorgekommen, daß der Nobelpreis für Naturwissenschaften und Medizin geteilt an mehrere Forscher für gemeinsame Leistungen vergeben wurde.

Zur wissenschaftlichen Einsicht der Gegenwart gehört schließlich die Erkenntnis, die Plenge so eindringlich in den Vordergrund gerückt hat, daß alle naturwissenschaftlichen Entdeckungen und Erfindungen zur sicheren Vernichtung der Menschheit führen, wenn nicht die Gesellschaftswissenschaft und die Geisteswissenschaften samt und sonders Schritt halten, um die Grundlagen menschlichen Gemeinschaftslebens in Wirtschaft und Gesellschaft, in Gesellschaft und Recht zu sichern. Dies bedeutet aber die Anerkennung menschlicher Werte und die Geltung philosophisch begründeter oder überhaupt nicht weiter begründbarer Wertinhalte und Wertvorstellungen, ohne die menschliches Zusammenleben unmöglich ist.

„Jene Identität des Subjektiven und des Objektiven ist im exakten Sinne von vornherein unmöglich ... Das heißt, da wir eine gesellschaftliche Gegenwart notwendig nur als Entwicklungsübergang aus einer Vergangenheit in eine Zukunft hinein begreifen können: es ist für alle Zeiten durch die Natur der Aufgabe formal unmöglich, eine exakte Wissenschaft von der Gesellschaft zu entwickeln" (J. Plenge: Marx und Hegel, S. 107; vgl. Cogito Ergo Sumus, S. 23).

Nicht zufällig erfährt die wissenschaftliche Propaganda in einer neuerdings in Deutschland eigens gepflegten und durch Institute und Lehrstühle vertretenen Disziplin, der Politischen Wissenschaft, einen angemessenen Ausdruck. Plenge war einer der ersten, der im Anschluß an die angelsächsische „Political Science" auf die selbständige Ausbildung der Politischen Wissenschaft hinwies (vgl. Cogito Ergo Sumus, S. 13, 21, 53, 61, 68), wie er auch der Privatwirtschaftslehre, deren Anfänge er bei Schmalenbach, seinem Leipziger Kommilitonen, kennen lernte, diejenige Entwicklung voraussagte, die damals noch niemand sah und später noch die wenigsten sehen wollten (Cogito Ergo Sumus, S. 17, 34, 86, 101, 130 f., usw.).

Heute wird in den neu begründeten Disziplinen der Politischen Wissenschaften, der Kommunikationsforschung, der Informationstheorie, an denen die Naturwissenschaften und die Geisteswissenschaften gemeinsam beteiligt sind, ernsthaft gearbeitet, um gemeinsame Grundlagen innerhalb dieser Disziplinen zu gewinnen. Insbesondere sind es die Teildisziplinen der angewandten Mathematik, der experimentellen Physik, die hier auf neue gemeinsame Arbeitsbereiche mit der Biologie, der Medizin, der Statistik, aber auch der theoretischen Wirtschaftswissenschaften stoßen. Ein durch die modernen Rechenzentren eröffnetes neues Forschungsgebiet (Kybernetik) macht es künftig möglich, Millionen Daten zu ermitteln, aufs Genaueste zu unterscheiden und in beliebiger Fragestellung untereinander zu verbinden und auf diese Weise auszuwerten. In ganz neuartiger Weise erfüllt sich dadurch das Wort von Wilhelm Hegel: „Die Quantität schlägt in Qualität um". Die quantitative Forschung wird noch für geraume Zeit den Vorrang vor der Erfassung und Würdigung der Qualitätsmomente haben, aber mittlerweile wird sich die Erkenntnis durchsetzen, daß jede Quantitätsveränderung eine Qualitätsänderung mit sich bringt, so wie schließlich jeder Ton auf dem einzelnen Musikinstrument durch die Länge einer Schwingung quantitativ und zugleich qualitativ bestimmt ist und die gleiche Tonhöhe je nach Instrument und Anschlag eine andere Klangfarbe und akustische Wirkung haben kann, so auch jede Tondichtung je nach Art der Instrumentierung.

Im Bereich der Organisation, insbesondere derjenigen der Unternehmung und der Wirtschaft, sind Quantität und Qualität wohl zu trennen, hängen doch auch hier alle echten wissenschaftlichen Fortschritte von quantitativen Unterscheidungen und ihnen folgend von quantitativen Bestimmungen und Messungen ab. Die eigentlichen Erfolge sowohl in der wissenschaftlichen Erkenntnis wie in der praktischen Anwendung organisatorischer Grundsätze im Sinne einer echten Gestaltungslehre und Kunstlehre werden da gewonnen, wo die Einsicht Platz greift, daß die Hinzunahme oder Wegnahme von kleinsten Partikelchen der Materie, sei es in der Atomphysik oder in der Chemie, sei es durch Umgruppierung der innersten Bauelemente unter äußerlich kontrollierbaren und wiederholbaren Voraussetzungen vor sich geht. Dies geschieht innerhalb der Naturwissenschaften, seitdem das Tor zum Mikrokosmos aufgestoßen wurde. Es kann zwar nicht in Analogie, aber doch in geistesverwandter Weise da geschehen, wo menschliches Zusammenleben in Politik und Wirtschaft, in Unternehmen und Betrieb geordnet und gestaltet werden soll. Überall da geht es um Organisation und Propaganda.

Die Wirtschaft ist durch Interessenkollisionen aller Art gekennzeichnet, wenigstens durch die Gegensätze von Arbeitnehmern und Arbeitgebern, Beschäftigten und Sozialrentnern, Industrie und Banken, Handel und Industrie usw. usw. Es ist deshalb verständlich, daß jede Interessentengruppe ihre eigene Propaganda betreibt und hieraus wiederum verständlich, wenn diese Interessenpropaganda, sei es eingeschränkt oder korrigiert wird durch eine vom Staat und von der Wirtschaftswissenschaft getragene Wirtschaftspropaganda, die die allgemeinen Interessen im Auge hat und eine zuverlässige Information ermöglicht, wie z. B. über den Lohn, Preis, Lebenshaltungsindex, die Entwicklung des

Außenhandels, der Industriefinanzierung, der Wohnungsversorgung, des Energieverbrauchs usw.

Tatsächlich hat die Bundesrepublik sich eine solche Wirtschaftspropaganda zu eigen gemacht. Sie hat Wirtschaftsberichte von neutraler Seite veranlaßt (W. Röpke, H. C. Wallich). Dies ist schon seit etwa 1950 der Fall. Bereits früher hat nicht nur das Deutsche Reich, sondern jedes größere Land im jeweiligen Ausland Handelsmissionen oder Handelsattachés bei den Botschaften errichtet, wie dies gegenwärtig zwischen der freien westlichen Welt und den Satellitenstaaten als politisch unbedenklich erachtet und verfolgt wird. Denkt man an Ausdrücke, die das 18. und 19. Jahrhundert beherrscht haben, wie King Cotton, King Coal, Tabakpflanzer, Maisgürtel als Bebauungszone, oder an Ausdrücke wie Monokulturen (Kaffee in Brasilien, Öl in Venezuela), so ist auch hier die zunehmende Bedeutung der Wirtschaftspropaganda angedeutet, einmal zur Information der Bürger des eigenen Landes und dann zur Information und Geschäftsanbahnung mit dem Ausland. Wie stark Wirtschaftsinteressen von Propaganda gelenkt und genährt werden, zeigen die negativen Einrichtungen des Lobbyismus, insbesondere in den USA, oder die Auseinandersetzungen um das sog. Energieprogramm, um die Reinhaltung von Luft, Boden und Wasser in der Bundesrepublik.

Die kaufmännische Werbung ist nur ein ganz enger Bezirk innerhalb der Wirtschaftspropaganda. Sie wird von privaten Unternehmungen der Industrie, des Handels betrieben, überwiegend als Werbung um Firmenname, Markenartikel, Gütezeichen. Das Gütezeichen findet sich schon vor Jahrhunderten, z. B. in der Solinger Stahl- und Eisenindustrie, in der süddeutschen Textilmanufaktur oder als Firmenzeichen bei den Fuggern, den hanseatischen Kaufleuten und bei Firmen wie A. Krupp. Als Markenartikel dienen Orts-, Personen- oder Phantasienamen, Ortsnamen wie Champagner, Steinhäger, Schweizer, Brüsseler, Personennamen wie Mackintosh, Ford, Cadillac, Chevrolet, Phantasienamen wie Persil, Imi, Ata, Omo und zahlreiche andere.

Die Wirtschaftspropaganda ist von Plenge in seiner Schrift nur kurz erwähnt, denn es war sein Bestreben, Propaganda nicht mit kaufmännischer Reklame gleichzusetzen, wie bis dahin allgemein üblich, sondern die kaufmännische Reklame als Sonderfall innerhalb der Propaganda jeder Art zu verstehen, da allerdings mit der gleichen Absicht des Anrufs und der Auslösung von Willensimpulsen. Darin steckt zweifellos ein echtes wissenschaftliches und literarisches Verdienst.

Schaubild zu Johann Plenge: Drei Vorlesungen über die allgemeine Organisationslehre (s. S. 22 f.)

1. VORLESUNG (Die Aufgabe der Organisationslehre)

Beispiele dauernder Organisationen:
- Staat
- Kirche
- Kultur
- Wirtschaft (Unternehmungen)

Beispiele von Organisationen mit wechselnder bzw. vorübergehender Zugehörigkeit:
- Jugendorganisation
- Schülerorganisation
- Studentenorganisation
- Berufsorganisation

2. VORLESUNG (Die Organisationslehre im Reich der Wissenschaft)

GEISTESWISSENSCHAFTEN:
- Rechtswissenschaft
- Philosophie
- Geschichte
- Sprachwissenschaft
- Kunstwissenschaft
- Psychologie
- Pädagogik
- Theologie
- etc.

→ ORGANISATION

NATURWISSENSCHAFTEN

TECHNIK

3. VORLESUNG (Das Urgesetz der Organisation)

1. Wesung (Aufbau) — Gesetz der Gliederung
2. Auflösung (desorganisatorischer Vorgang)
3. „Ausgekochtes" Chaos (Ende jeglicher Einheit)
4. Gestaltlose Bewegung KONJUNKTUR — Chaos, Masse, Verwesung

Gerichtete Bewegung (Einheit) — Struktur — Gesetz der Einheit

Schaubild zu Johann Plenge: Deutsche Propaganda (s. S. 22 f.)

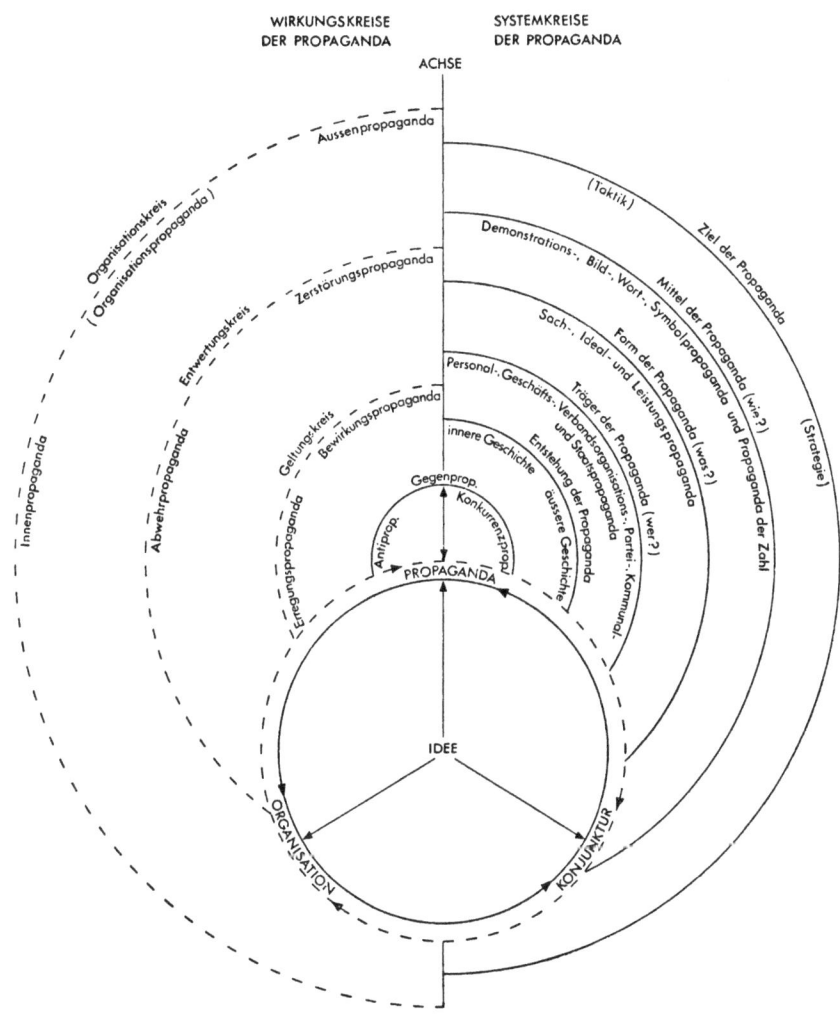

Drei Vorlesungen
über die allgemeine Organisationslehre

Von
Johann Plenge

Inhalt

Geleitwort 63
I. Die Aufgabe der Organisationslehre 65
II. Die Organisationslehre im Reich der Wissenschaften 79
III. Das Urgesetz der Organisation 101
    1. Das Gesetz der Ineinigung 101
    2. Die bewußte Ineinigung 113

Geleitwort

Von den drei folgenden Vorlesungen wurden die beiden ersten im Oktober 1918 gehalten und noch im gleichen Monat niedergeschrieben, die dritte am 6. November 1918 und am 7. bis 9. November, den Tagen der Revolution, zur Selbstbehauptung gegen die Zeitereignisse aufgezeichnet und diktiert. Sie werden, von geringen Kleinigkeiten abgesehen, hier so veröffentlicht, wie sie damals zur Einführung der neuen Wissenschaft der „allgemeinen Organisationslehre" in den regelrechten Lehrbetrieb der deutschen Universitäten gehalten wurden.

Die Veröffentlichung dient zunächst den eigenen Unterrichtszwecken, soll aber über den unmittelbaren Hörerkreis hinauswirken, weil die Zeit nur durch die innerste Erfassung des Organisationsgedankens gesunden kann. Gleichzeitig ist nur auf dem Unterbau der Organisationslehre ein allgemeiner Fortschritt der Staats- und Gesellschaftswissenschaften und mit ihm der Weltgeschichtsbetrachtung möglich. Mir scheint sogar, daß sich in der Organisationslehre unsere abendländische Philosophie vollenden wird.

Für diese Aufgaben können die „drei Vorlesungen" Vorarbeit leisten, weil sie gerade die alleralgemeinsten Fragen der Organisationslehre behandeln und dadurch auch in ihrer zunächst äußerlichen Zusammenfassung doch ein Ganzes bilden.

Auch die Zeit ihrer Entstehung rechtfertigt ihre Veröffentlichung in der damaligen Form. Damals hat das Geheul der Straßenrevolution sie übertönt. Und doch wird der Organisationsgedanke siegen! Und mit ihm wird Deutschland siegen! Unüberwindbar ringen wir uns unter dieser Idee empor! Sie ist die Sonne über dem Kreuz der Gegenwart! Nur möglich über die Selbstüberwindung im Dienste der Gemeinschaft! Gefordert durch das Licht der aufklärenden Erkenntnis, die uns unser Leben zu gemeintätiger Arbeit macht!

Es ist vorgesehen, daß das ausgeführte System der allgemeinen Organisationslehre den 3. Band der im „staatswissenschaftlichen Verlagsprogramm" angekündigten staatswissenschaftlichen Lehrbibliothek bildet.

Münster i. W., den 19. September 1919 *Der Verfasser*

I.

Die Aufgabe der Organisationslehre*

Meine Herren!

Mit dieser Vorlesung über „Allgemeine Organisationslehre", die ich dieses Semester zum ersten Male angekündigt habe, gedenke ich eine neue Wissenschaft an unseren deutschen Universitäten einzuführen, die wohl schon längst hätte vertreten sein sollen und von der zu erwarten ist, daß sie für unsere Zukunft und namentlich für den Wiederaufbau unserer deutschen Zukunft nützen wird. In einer Zeit, wo Desorganisation droht, ist das Bedürfnis doppelt groß. — Zunächst denkt man bei dem Wort „Organisation" ja an allerhand praktische Einrichtungen, und diese ganz praktischen Fragen sollen gewiß nicht fehlen. Wir wollen uns nicht in lebensfremde Theorien verlieren. Aber ich brauche Ihnen nur mit einer einfachen Wendung zu sagen, was Organisation im Grunde eigentlich heißt, und Sie erkennen die Tiefe und Bedeutung unseres Gegenstandes: *Bewußte Lebenseinheit aus bewußten Teilen.* Das heißt klar, daß Organisation etwas Geistiges ist, und daß es stets auf ihre innere Seele ankommt. Das zeigt gleichzeitig, daß es sehr kurzsichtig ist, wenn man einen unüberwindbaren Widerspruch zwischen denen finden will, die in der „Freiheit" das Wesen der Menschheit und das Wesen ihrer Geschichte finden, und denen, die dafür „Organisation" sagen. Organisation muß Freiheit haben und muß aus der Freiheit herauswachsen, wenn es gesunde Organisation sein soll. Es soll ja Lebenseinheit bewußter Teile sein. Das heißt: Freiheit!

---

* Anfang und Schluß der Vorlesung wurden unter der Überschrift „Organisation und Freiheit" in der „Norddeutschen Allgemeinen Zeitung" vom 19. und 20. Oktober 1918 (Nr. 535, 537) mit dem folgenden Geleitwort der Schriftleitung veröffentlicht: „Zum ersten Male wird in diesem Wintersemester an einer deutschen Universität über ‚allgemeine Organisationslehre' gelesen. Professor Dr. *Plenge* hat diese *neue Wissenschaft* an der Universität Münster eingeführt. Seine Eröffnungsvorlesung beweist, daß wir in der Wissenschaft unbeirrt fortschreiten und geistige Leistungen zu begründen suchen, die ebensosehr die Tradition der Dichter und Denker wieder aufnehmen, wie unsere wirtschaftliche praktische Arbeit fortsetzen. Wir brauchen Organisationslehre und Organisationsbewußtsein ebenso für unsere Gegenwart, um auf alles gefaßt zu sein, wie für unsere Zukunft. ‚Ich glaube', sagt Professor Plenge selbst in einem Briefe, ‚daß in der Organisationslehre das Beste vom alten Preußentum weiterleben kann, und daß auf der anderen Seite erst in ihr die Freiheitslehre zur Vollendung kommt.' "

Es gab eine Zeit, das war zu Anfang des Weltkrieges, wo man sich ganz dem Gedanken hingeben und es aussprechen konnte, daß wir Deutsche das vorbildliche Volk der Organisation seien und durch die einheitliche Zusammenfassung aller Volkskräfte den Sieg und Zukunft unserer gerechten Sache erkämpfen würden.

Ich habe es gewagt, das damals die „Ideen von 1914" zu nennen, weil es ein höheres weltgeschichtliches Prinzip bedeutet als das, was 1789 die Geister auflösend in Bewegung setzte. Wir Deutsche waren durch unsere ganze Geschichte zu dieser Zusammenfassung unserer Kräfte erzogen, weil wir durch den Dreißigjährigen Krieg so lange in unserer Entwicklung zurückgeworfen waren. Nur die Einheit konnte uns starkmachen, wenn wir im 19. Jahrhundert die großen wirtschaftlichen Fortschritte der anderen Völker einholen wollten. Durch die Kunst der Vereinigung aller unserer Kräfte waren wir groß. Wer etwa die Weltausstellung von 1900 in Paris oder die Weltausstellung von 1904 in St. Louis gesehen hat, der weiß, auch wenn ihm manches zu schwer und zu prunkvoll war, was für eine Stärke und was für eine Kraft, was für eine bewundernswerte Geschlossenheit und Vollendung durch diese Einheit in unsere Leistung kam. Wir wollen gewiß nicht behaupten, daß wir allein organisieren könnten. Es ist eine allgemein menschliche Lebensanlage! Alle Völker haben sie mehr oder weniger und haben sie durch die ganze Geschichte hindurch mehr oder weniger bewährt. Wir selber haben aufmerksam von anderen gelernt, um das Höchste in dieser Kunst zu erreichen. Namentlich etwa Amerika hat uns manches darin gezeigt, und ich selbst bekenne gern, daß ich für die folgenden Ausführungen manches dort gelernt habe. Aber zu Beginn des Krieges schien es doch, daß wir den größten, dauernd vorbildlichen Fortschritt in der Vereinigung aller Volkskräfte vollbringen würden, und daß der Gedanke an diesen großen vorbildlichen Fortschritt möglich war, zeigt schon, wie tief der Grundsatz der Organisation, in seiner Tiefe erfaßt, mit der Überwindung all der Reibungen und Gegensätze unserer gesellschaftlichen Entwicklung zusammenhängt. Der Zusammenhang zwischen Organisation und Sozialismus taucht auf.

Die unmittelbare Gegenwart zeigt ein anderes Gesicht. Die anderen haben uns nachgemacht, was wir voraushatten. Der riesige einheitliche Wirtschaftskörper, den Amerika in den Dienst seiner Kriegszwecke gestellt hat, ist bewunderungswürdig. Wir können uns nicht enthalten, auch als Gegner mit bitterer Achtung anzuerkennen, wie erstaunlich viel England unter seinem Munitionsgesetz und bei der Ausbildung seines Heeres geleistet hat, und was es der wilden, unvergleichlichen Entschlossenheit eines Lloyd George verdankt. Wir sehen auch, wie England die Organisation in den Dienst seiner Zukunft stellt, wenn wir etwa von der englischen Kartothek über die Welthandelsbeziehungen seiner Kriegsgegner lesen. Eine gefährliche Drohung!

Bei uns selbst ist das einigermaßen heruntergewirtschaftet, was uns den größten Erfolg hätte sichern sollen. Wegen der allzu vielen Organisationen, die wir haben schaffen müssen, weil wir mit unserer Rohstoffversorgung und unserer Nahrungsmittelzufuhr vom Ausland abgeschnitten waren. Zum Teil haben wir das eigentliche Wesen der Organisation gröblichst verkannt. Für uns wurde Organisation zu äußeren Zwangsvorschriften der Behörden! So griffen wir nach der äußeren Schale und verkannten den inneren Kern. Deswegen bekamen alle Triebe der Selbstsucht mehr Freiheit, als sie hätten bekommen sollen. Kriegsgewinne und Schleichhandel! Übermäßiger Verbrauch in der Einzelwirtschaft! Nur ein Teil dieser Übel ist im Kriege unvermeidlich! Aber ein Teil ist durch den verhängnisvollen Irrtum großgezogen, daß man immer wieder nach den Zwangsmaßnahmen der Behörden rief und die unermüdliche Werbearbeit der Pflicht aller Bürger viel zu sehr vergaß. Fast wirkt es wie ein Spott, wenn man demgegenüber sieht, wie darum geworben wird, daß die Leute 5 Prozent Zinsen an der Kriegsanleihe verdienen sollen. Hätte nur ein kleiner Teil dieser Reklame der steten Mahnung an die vaterländische Pflicht gegolten. Hätten die Zeitungen da über den Tag hinaus gewirkt. Organisationen brauchen eine Führung, die ihre Mitglieder stets im rechten Geist zusammenhält. Das hat bei uns gefehlt.

Und wir haben leider erkennen müssen, daß gerade der mittelste Teil unserer Kriegsorganisation, unser Staat, nicht kriegsgerecht in Ordnung war. Man hat unseren Militarismus angegriffen, aber dieser „Militarismus" fehlte so sehr, daß keine der wirtschaftlichen Kriegsmaßregeln richtig vorbereitet war, und daß unser Reich nicht einmal das Steuersystem besaß, um das Geld für den Krieg sachgemäß aufzubringen. Vor allem aber versagte die Kriegsorganisation des Staates selbst. Es war ein Grundfehler, daß der genossenschaftliche Charakter des Staates und seiner Leitung bei uns nicht so durchgebildet war, um die vertrauensvolle Einheit aller dauernd zu begründen. Aber diejenigen, die mit einigem Recht die Verstärkung der genossenschaftlichen Volksrechte fordern konnten, verkannten in unbegreiflicher Blindheit, daß ein Staat im Kriege auch in einer Demokratie etwas ganz anderes sein muß, wie ein Staat im Frieden. Kriegsorganisation verlangt in allen Verbänden, die zu kämpfen haben, schärfste Betonung der Einheit und manches Schweigegebot. Das wissen auch unsere Gewerkschaften. Aber die Befürworter der Demokratie in Deutschland haben aufs schwerste dagegen gesündigt, obwohl sie bei unseren demokratischen Gegnern wahrhaftig das Gegenteil lernen konnten. Noch kann es anders werden. Vielleicht wird es jetzt anders, wo wir die Demokratie haben und man sich zu dem Satz zu bekennen beginnt, daß es nur von ihrem inneren Geist abhängt, ob eine straff gehandhabte Einheit schädlich ist oder nicht. Schon verlangt die „Frankfurter Zeitung", die von unseren deutschen Zeitungen mit am schwersten gegen die Gesetze der inneren Kriegsdisziplin gesündigt hat, im Namen der Demokratie von allen eine Disziplin, die die Maßregeln der Volksführer nicht stört. Schon beklagt der „Vorwärts", der sich freilich auf diese Frage versteht, die „maßlose Demagogie" der Freikonservativen. Das sind vielleicht lehrreiche Zeichen, wie mit der Verantwortung die Einsicht kommt. Ein Beitrag zur Lehre von der Organisation. Hoffentlich eine neue Verheißung für die so dringend notwendige Einheit Deutschlands.

Sehen wir aber über die schwere Gegenwart hinaus, in die Zukunft, so heißt es wieder: Organisation. Was ist der „Völkerbund" anders, als die höchste Einheit und Zusammenfassung der Menschheit. Eine Ausreifung ihres inneren Organisationsgesetzes. Man darf diese Völkerorganisation aber keinen Augenblick als eine bloß politische Einheitsform sehen. Die schwersten wirtschaftlichen Fragen stehen dahinter. Wie ich aus einer Zeitungsnotiz entnommen habe, hat Walter Rathenau in einer neuen Schrift die deutsche Jugend aufgefordert, sich für einen wirklich gerechten Völkerbund einzusetzen, der eine Weltorganisation der Rohstoffversorgung sichert. Jedes arbeitswillige Volk muß Arbeitsgelegenheit haben. Das ist ja gerade unsere gerechte Sache in diesem Weltkriege, daß man uns, ein großes arbeitswilliges Volk, auf den allerengsten Raum einengen wollte, und darüber hinaus unsere Lebenssicherheit bedrohte. Nur, wenn dem abgeholfen wird, bekommen wir einen „gerechten" Frieden, und wenn dieser Friede uns diese Gerechtigkeit nicht verschafft, so muß der angebliche Urteilsspruch im Namen der weltgeschichtlichen Gerechtigkeit dereinst wieder umgestoßen werden, nicht notwendig mit Gewalt, aber dann durch den Sieg der Wahrheit und unserer gerechten Sache. Denn wir werden dafür sorgen müssen und sorgen können, daß das wahre Deutschland im Urteil der befriedeten Völker wieder zur Geltung kommt. Wir werden unsere Auferstehung haben. Siegt der Organisationsgedanke unter den Völkern, so bedeutet das einen neuen Aufstieg des deutschen Volkes und des deutschen Geistes.

Mit dieser Weltorganisation und der Rohstoffverteilung hängen die Fragen unserer inneren Organisation aufs allerengste zusammen. Auch wenn wir möglichst viel Selbständigkeit für alle Teile unseres Wirtschaftslebens wollen, müssen wir doch das Ganze einheitlich zusammenfassen. Wir kommen um die Organisation nicht herum. Und selbst wenn man diese schwere Frage nicht sehen will, und meint, daß sich alle Dinge nach dem Frieden sehr viel leichter abwickeln werden, als wir jetzt meinen, so brauchen wir doch aus Sparsamkeitsgründen nach dem

Kriege eine große Verwaltungsreform. Auch das ist eine Organisationsfrage. —

Hier, wo wir uns der gemeinsamen wissenschaftlichen Untersuchung widmen, dürfen wir für einen Augenblick den Krieg vergessen. Sehen Sie sich in Gedanken in einer wieder befriedeten Welt um. Überall „Organisation". Sie werden sich wundern, an wie vielen Dingen Sie vorbeigegangen sind, obwohl sie offen daliegen, und wie ganz merkwürdig es ist, daß die allgemeine Organisationslehre unter unseren Hochschulwissenschaften noch fehlt. Der Staat! Die Organisation der Organisationen! Die älteste, wenn man ihn richtig sieht und bis in seine Anfänge zurückverfolgt. Die größte und ausgebildetste! Diejenige, die durch ihre Rechtsbildung und durch den Schutz ihrer Macht das ganze übrige Organisationsleben trägt. Im Staat das Heer! Dann die Kirche! Namentlich die katholische Kirche, ein bewundernswertes weltweites Organisationsgebäude, das sich durch Jahrtausende erhalten hat und in weltgeschichtlicher Stärke weiterlebt. Die moderne Unternehmung mit ihrem Riesenbetrieb, der, aufs feinste gegliedert und zur schnellsten, genauesten wirtschaftlichen Arbeit angespornt, vielleicht das durchgebildetste Kunstwerk der Organisation darstellt, wie das Geräder einer kunstvollen Uhr.

Die Gewerkschaften der Arbeiter, die Kartelle der Unternehmer! Tausende und Abertausende von Vereinen der verschiedensten Art. Wenn Sie in eine Bibliothek gehen, so müssen Sie fragen, wie macht man das, daß jedes Buch schnell und übersichtlich gefunden wird? Sehen Sie eine Kunstausstellung, so ist die Frage, wie kommen die Bilder zusammen, und nach welchen Grundsätzen werden sie aufgehängt? Der Parteitag der Sozialdemokratie, ein Katholikentag, ein großer wissenschaftlicher Kongreß! Wie wird da die manchmal unabsehbar reiche Tagesordnung aufgestellt und durchgehalten? Wie werden die Massen untergebracht, wie wird für ihren schnellen, zuverlässigen Zusammenhalt gesorgt. Ja, auch wenn Sie in ein großes Café kommen oder die Kellnerscharen in den Vergnügungsstätten einer Großstadt an der Arbeit sehen, um Tausende von Besuchern zu bedienen, so ist die Frage, wie werden diese Scharen gegliedert und wie ist für die Zufuhr gesorgt, die sie immer wieder verteilen. Noch viele Beispiele wären zu nennen! Straßenbahnverkehr und Warenhäuser! Überall „Organisation".

Damit Sie nicht vergessen, was in allen diesem Treiben an Lebenswerten steckt, möchte ich die Arbeiterorganisation, die ich eben schon genannt habe, noch einmal besonders herausheben. Was haben sie nicht im gemeinsamen Kampf ums Dasein für die wirtschaftliche und politische Hebung der Arbeiterschaft bedeutet! Was bedeuten sie nicht geistig! Wie unendlich viel haben sie für die Selbsterziehung und Selbstdisziplinierung unserer Massen ausgemacht. Das hat die Kraft unseres Volkes für das Durchhalten in diesem Kriege unendlich gesteigert.

Aber wir wollen nicht bei diesen Einzelheiten bleiben. Denken Sie wieder an das ganze unendlich reiche Leben zurück, an das ich Sie erinnert habe. Die Gesundheit und die innere Kraft einer Zeit zeigt sich in ihrem reichen Organisationsleben, und es ist unzweifelhaft richtig, wie Franz Klein bemerkt, daß für die Lebensstärke der ganzen Gesellschaft die gesunde Regsamkeit jedes ihrer vielen Glieder von Bedeutung ist. —

Und wir brauchen nicht ins Weite zu schweifen, wir können uns auf den allerengsten Kreis der Hochschule beschränken, um zu erkennen, daß die Organisationsfragen überall wiederkommen.

Wie mannigfaltig und lebendig ist das Organisationsleben in der deutschen Studentenschaft! Wir wollen uns hier nicht mit den bunten Äußerlichkeiten seines Treibens beschäftigen. Auch hinter diesem bunten Spiel muß ja ein tieferer gesellschaftlicher Sinn stecken. Suchen wir es also wissenschaftlich zu bestimmen.

Studentenorganisation ist charakteristisch Jungmännerorganisation, Organisation nach einer bestimmten Altersklasse und setzt darum eine der Urformen aller menschlichen Organisation in unserer Zeit fort. Denn Altersklassenorganisation findet sich schon im urtümlichen Hordenzusammenhang. Jugendorganisation ist natürliche Organisation für den Jugendgenuß, um ein Erleben fröhlich auszukosten, das nur dieser Blütezeit des Lebens beschieden ist. Gemeinsame Mahlzeiten, gemeinsame Spiele, gemeinsame Gesänge! Mit selbstverständlicher Natürlichkeit gemeinsame Kampfspiele, gemeinsamer Drang, sich auszutoben, der sich freilich auch, dumpf und schwer, in Lärm und Roheit verirren kann. Tiefer gesehen ist Jugendorganisation Organisation zu gemeinsamer Lebensfestigung, freier Selbsterziehung und Auseinandersetzung mit all den geistigen Grundfragen der Welt in gegenseitigem Wettkampf und zu gegenseitiger Förderung. Deshalb wird Jugendorganisation zur inneren Lebensgemeinschaft, die durch das ganze Leben als Gesinnungsgemeinschaft durchhalten kann.

Man muß die verschiedenen Jugendorganisationen untereinander vergleichen. Schülervereine haben nicht die Freiheit und Selbständigkeit wie die Vereinigungen der Studenten. Bei Vereinen junger Arbeiter sollten wir weniger hochstrebende Geistigkeit erwarten dürfen, wie bei den Studenten. So sollte es wenigstens sein! Aber die Arbeiterschaft ist eine jüngere Klasse mit starkem geistigen Hunger und großem Bildungsstreben, während in der Studentenschaft nur zu viel mühsam hochgetriebenes Mittelgut ist, das einzig durch den Schulzwang zur geistigen Arbeit angehalten wird und im freien Zusammenleben nur stumpfsinnig genießt.

Charakteristisch für die Jugendorganisation ist weiter, daß sie Durchgangsorganisation ist. So ergibt sich eine Verdoppelung der Organisationszwecke und der Organisationsgliederung. Die Jugendorganisation sucht zum Teil für ihre abtretenden Mitglieder Stellenvermittlung und Versorgung zu übernehmen, die Neigung, die persönlichen Beziehungen zur Versorgung auszunutzen, kann sogar gefährlich überwuchern. Neben die eigentliche Jugendorganisation aber wird die Organisation der Alten Herren gestellt, die die Gemeinschaft fortsetzen soll und die Jugend stützt. So zeigen sich im kleinen allerhand Organisationsgesetze.

Noch interessanter wird die Frage, wenn man überlegt, warum so vielerlei verschiedene Organisationen miteinander um die Gunst des jungen Studenten kämpfen. Die Studentenschaft ist bei aller jugendlichen Unfertigkeit eine hochindividualisierte Gesellschaftsgruppe. Von allen Seiten her, aus den verschiedensten Kreisen und Orten und von den verschiedensten Schulen strömt es auf der Universität zusammen. Man verlangt nach tätigem Zusammenschluß. Das Interesse ist nach den verschiedensten Seiten lebendig. Aber immer wieder ein neues Gemenge, und jahraus, jahrein müssen neue Generationen ihre Einheit finden. Deshalb ist es schon rein persönlich und gesellig so verständlich, daß immer neue Zusammenschlüsse entstehen und überall gleichgerichtete Vereinigungen miteinander wetteifern und sich nebeneinander behaupten. Gesellschaftliche Schichtungen wirken sich aus. So treten die Corps neben die Landsmannschaften. Alle gesellschaftlichen Ideen kämpfen um die Jugend. Konfessionelle Richtungen! Vaterländische Richtungen! Liberalismus und Freiheitsgedanken, die einst die Burschenschaft entstehen ließen; Sozialismus, der manche Bestrebungen in der großstädtischen Studentenschaft kennzeichnet. Alle Wissenschaften führen zum besonderen Zusammenschluß und gleiten doch wieder nur zu leicht aus dem Fachinteresse heraus und in das leichte und heitere Wesen der Jugendorganisation hinüber. Sport, Gesang, alles das wirkt in Turnerschaften und Sängerschaften organisationsbildend. Und das ist typisch für die Organisationsentwicklung! Überall wo eine Gesellschaftsschicht so durch das Zusammenströmen vieler aus ihren alten Verbindungen gelöster Einzelner entsteht, entfaltet sich ein besonders reiches und in sich bewegtes Leben neuer Organisationen und Verbindungen. Bei den Studenten kann dabei wieder an die Ähnlichkeit mit jener anderen Jugendorganisation der Handwerksgesellen erinnert werden. Die Wanderung von Ort zu Ort führt hier wie dort notwendig zu zwischenörtlichen Verbandsbildungen, und damit kommen naturgemäß verwickeltere Fragen der Organisationspolitik und der gemeinsamen Arbeit, die eine gute Schule für das politische Leben werden können. Überhaupt lernt man viel in den Vereinigungen, in die man mit frischer jugendlicher Kraft und Begeisterung hineingeht. Nur soll man sich nicht drin verlieren und nicht vergessen, daß Jugendorganisation Übergangsorganisation ist, die man rechtzeitig hinter sich bringen muß. Sonst verträumt sich manche wertvolle Kraft dauernd im Kleinen und Engen.

Das Bild wäre aber noch nicht vollständig, wenn nicht darauf hingewiesen würde, wie Standesfragen, wirtschaftliche und soziale Fragen, wie das Wohnungswesen, das gemeinsame Interesse an Spiel- und Sportplätzen usw. die Studentenschaft einer ganzen Universität auch bei der deutschen akademischen Freizügigkeit einheitlich zusammenhält und eine einheitliche Organisation verlangt. Und von Zeit zu Zeit fühlt die akademische Jugend als Ganzes das Heraufsteigen einer neuen Zeit, und dann gehen tiefgehende Bewegungen durch die ganze Studentenschaft, in denen der Drang nach einer geschlossenen Gesamteinheit der Jugend, die die Kraft zur Erneuerung des Lebens in sich spürt, zum Ausdruck kommt. So war die Zeit der Entstehung der Burschenschaft. So kann die Zeit werden, wenn ausgemacht werden muß, was für Aufgaben in der Welt der straffen Arbeitsgemeinschaft unseres Volkes, die nach dem Kriege aufsteigt, den akademischen Berufen zufällt. Da gibt es Gegensätze zu den Alten, die noch nicht umgelernt haben, und Gegensätze über das Verhältnis der arbeitenden Massen zu der geistigen Führerschaft. Diese Fragen werden die Studentenschaft tief ergreifen müssen und vielleicht ganz neue Bewegungen in ihr auslösen.

Doch jeder einzelne geht durch die kurze Zeit der akademischen Jugend immer wieder schnell hindurch und findet dann seine Berufsorganisation, Ärzteverband, Richterverein usw., und muß sich überhaupt so oder so in eine Organisation eingliedern, um seine Arbeit im Leben zu verrichten.

Aber auch die Universität als solche, diese Hochschule, die Sie besuchen, ist eine „Organisation". Deutlich genug verschieden von den Schulen, die Sie hinter sich haben, mit ihrem Lehrerkollegium und ihrem Direktor. Die Gliederung in Fakultäten, die die Promotionsbedingungen festlegen und die neuen Lehrer vorschlagen, der ganz lose Zusammenhalt des Ganzen durch Rektor und Senat mit ihrem kleinen Geschäftsbereich und ihrem schnellen Personalwechsel, die Handwerksmeisterfreiheit des einzelnen Professors, der in dem, was er liest und treibt, oft nur zu sehr seinen persönlichen Neigungen folgt, dieser ganze althergebrachte Apparat mit seinen Vorzügen und seinen Schwächen hat auch für Sie seine Bedeutung. Seine lockere Einheit ist eine der besonderen Gefahren bei dem so leicht irreführenden Prinzip der akademischen Freiheit. Es ist klar, daß Sie durch diese ungegliederte Welt von Einzelheiten durch Ratschläge für Ihren Studiengang hindurchgeführt werden müssen, und daß die akademischen Lehrfächer über die Vereinzelung der Professuren hinaus zu einheitlichen Fachorganisationen zusammengeschlossen sein sollten, die das Ganze der wissenschaftlichen Arbeitszwecke und der Ausbildungsaufgaben dauernd einheitlich vor Augen haben. Die Chemiker z. B. haben so etwas. Selbstverständlich hat der Krieg uns auch vor die Aufgabe gestellt, wie wir unsere Hochschuleinrichtungen den Anforderungen einer neuen Zeit anpassen. Auch das ist, so sehr es auf die geistige Kraft der einzelnen Forscher und Lehrer ankommt, heute wesentlich eine Organisationsaufgabe.

Fassen wir zusammen!

Nach der drängenden Not der Gegenwart und den dunklen Fragen der Zukunft ein Blick auf das reiche Organisationsleben in allen Teilen der Gesellschaft und schließlich die unmittelbar beteiligte Umschau über das, was uns in unseren engsten akademischen Kreisen an Organisationsformen und Organisationsaufgaben umgibt! Alles das wächst zusammen zu einem Gesamteindruck von unbeschreiblichem Reichtum, und wenn wir diesen Gesamteindruck klären und begreifend festigen wollen, so wird uns die ganze Menschheitsgeschichte im Großen und im Kleinen zu einem Aufbau von Organisationsformen. Von den ersten verstreuten Horden des Urmenschen zu dem riesigen Ganzen des heutigen Weltstaatensystems, das aus seinem schwersten Zusammenbruch jene Völkergemeinschaft der Zukunft als höchste Organisationsform gebären will. Wir denken an das biblische Gleichnis vom Senfkorn. Dabei ist von Anfang an klar, wir dürfen diesen Wunderbau immer größerer und reicherer, immer schärfer und bestimmter gegliederter menschlicher Lebensverbände nicht als ein friedliches Aufblühen harmonischer Daseinformen ohne Hemmung und Gegensatz sehen. Gerade die Organisation verschärft den Kampf und den Gegensatz, steigert die Interessen und Bestrebungen, reißt sie empor und treibt sie zum schärfsten Widerspruch, um dadurch die Entwicklung des Ganzen zur Zusammenfassung neu zu beschleunigen. So wird die Geschichte zu einem Schauspiel von Nationenkämpfen und zu einem Schauspiel von Klassenkämpfen. Beides Organisationsformen, die die Einheit der Menschheit zunächst zerreißen, und aus denen die Einheit der Menschheit trotzdem wieder gerettet wird. Man muß „Das nationale System der politischen Ökonomie" von Friedrich List lesen und das „Kommunistische Manifest" von Karl Marx dagegensetzen, um diese ungeheuren Entwicklungskämpfe stark und kräftig zu sehen. Das sind Schriften, die in den Anfang aller politischen Ausbildung gehören.

So ist das, was man die äußere Lebenshülle der Menschheit nennen kann, eine Aufeinanderfolge von Organisationsformen. Das deutet nun auf unseren inneren Lebenswillen, auf das innere Lebensgesetz, nach dem wir unsere Geschichte aufbauen. Das erste Wort für uns Menschen heißt nicht „Ich", sondern „Wir". „Wir" sind ein zwecktätiges Gesellschaftswesen. „Wir" vergliedern unsere Lebenszwecke und gestalten damit unsere lebendige Einheit. Das meint Aristoteles mit dem „Zoon politikon" oder Thomas von Aquin mit dem „Animal sociale". Deshalb muß der Keim des Organisatorischen in dem stecken, was uns von den übrigen Lebewesen unterscheidet, in unserer bewußten Vernunft. Wir nannten Organisation bewußte Lebenseinheit aus bewußten Lebensteilen. Bewußte Einheit bilden ist das ständig geübte Geschäft der Vernunft: durch Analyse, die das Einheitliche aus dem Unterscheidbarem herauslöst, und Synthese, die höhere Einheit neuschafft. Und alle Vernunftbetätigung ist mehrpersönlich. Geist ist nur mehrpersönlich denkbar. Sprache, Recht, Glaube, Wissenschaft wird gemeintätig erschaffen, wächst gemeintätig aus der Wurzel der Organisation.

So kommen wir in die Tiefe der Welt und sehen gleichzeitig das weite Leben der Geschichte. Ein Schauspiel von Tätigkeit! Die Grundeinsicht, daß die Dinge sich nicht von selbst machen, sondern durch unsere Arbeit aufgebaut werden müssen!

Danach ist es klar, daß die „Allgemeine Organisationslehre" auf die Hochschule gehört, und zwar nicht nur als notwendige Wissenschaft, die als Fundament für alle Gesellschaftswissenschaften unentbehrlich ist, sondern schon deshalb, weil die Hochschule ganz vor allem auch *Schule* sein muß. Wir haben auf den deutschen Universitäten über der reinen Wissenschaft vielfach sehr vergessen, daß wir auch erziehen müssen, und zwar die Hochberufe der Nation erziehen sollen. Gewiß, wir stimmen gerne zu: Freie Bahn dem Tüchtigen. Kein ausschließliches Vorrecht für die durch irgend ein Examen Abgestempelten. Aber die Hochschule würde ihre Aufgabe verkennen, wenn sie nicht den Ehrgeiz hätte, für die eigentlichen Führerberufe in der Nation zu erziehen. Zum Führertum gehört aber das Organisationsverständnis, und namentlich zum Führertum im Staat, der Organisation der Organisationen. Führertum auf der sittlichen Grundlage des Gemeinwesens und der Gemeintätigkeit der Menschen, nicht Herrenmoral. Dabei freilich auch ein gut Teil nüchterner Menschenkenntnis. Denn durch die Beobachtung des Organisationslebens lernt man den Menschen in seiner ganzen Größe und in all seinen Schwächen kennen.

Allerdings muß man sich darüber klar sein, was die Schule, und wenn es die Hochschule ist, in solchen Fragen allein geben kann. Stegerwald hat neulich in seiner Kölner Rede gesagt: Organisatorische Erfahrung und eigenes Erleben können nicht durch Vorträge und Schriften ersetzt werden. Das ist gewiß richtig. Von der Organisation gilt wie von der Volkswirtschaft: das, was wir eigentlich studieren, ist nicht hier im Hörsaal und in den Büchern unserer Bibliothek, sondern draußen im Leben. Wir könnten vielleicht mehr in den Hörsaal hineinholen, als bisher geschieht, wenn uns die nötigen Mittel und Kräfte für den Lehrbetrieb endlich zur Verfügung gestellt würden. Aber auch dann würde es nicht das Leben selbst sein, und so bleibt es bei der Aufforderung, daß Sie sich selbst im Leben umtun und beobachten, im Kleinen, in dem, was Ihnen schon Ihr Studentenleben gibt, und im übrigen überall da, wo sich die Gelegenheit bietet. Übrigens ist schon jede Zeitungsnummer eine Fundstätte für allerhand Organisationsfragen! Hier im Hörsaal kann nur das gegeben werden, was sich an allgemeinen Einsichten und Regeln aus der Beobachtung gewinnen läßt. Nur die Theorie. Sie wird vielleicht den Vorwurf hören müssen, daß in ihr die Gedanken leicht beieinander wohnen. Es soll Ihnen aber jedenfalls von Anfang an gesagt sein, daß es in der Wirklichkeit des Organisationslebens vielfach hart auf hart geht.

Unsere „Allgemeine Organisationslehre" soll eine neue Wissenschaft sein. Wir wollen damit freilich nicht zu viel für uns beanspruchen. Über fast alle einzelnen Teile der Organisationslehre ist selbstverständlich viel gearbeitet. Betriebsorganisation, Arbeiterorganisationen, Kartelle, jedes davon hat eine ganze Literatur. Ebenso ist selbstverständlich über die organisatorische Seite von Staat und Kirche viel geschrieben. Aber die einheitliche Zusammenfassung, die grundsätzliche Durchdringung fehlt, und die muß gewagt werden, auch wenn es vorläufig nur ein kühner Versuch ist.

Soviel ich sehen kann, sind nur zwei Vorläufer zu nennen. Der frühhere österreichische Justizminister Franz Klein hat im Wintersemester 1912—13 über Organisationswesen gelesen und diese Vorträge 1913 unter dem Titel „Das Organisationswesen der Gegenwart" veröffentlicht. Aber er bleibt bei den freien Organisationen, die sich neben dem Staat bilden, der Staat selbst und alle Fragen der Betriebsorganisation fehlen. Die durchgebildete, zu feinster Technik gesteigerte Kunst der menschlichen Zusammengliederung bleibt unberührt. Es fehlt die ganze große Hälfte der herrschenden Organisation, die für das Verständnis des Organisationsaufstiegs der Menschheit gewiß nicht entbehrt werden kann. Dazu ist Klein Jurist, und die Behandlung wird darum gelegentlich zu formal. Er liebt das Differenzierte, Verschwommene, Schillernde der modernen Gedankenlinie, ohne in seinen eigenen geistigen Stoff die straffe Gliederung der Organisation zu bringen. Mehr Österreicher, als der Gegenstand eigentlich erlaubt! Aber die Schrift ist äußerst nützlich und lehrreich, weil auch schon so sehr verschiedene Organisationsformen zu einheitlicher Betrachtung zusammengefaßt sind und viel von dem gemeinsamen Wesen der Organisation damit herausgebracht wird.

Dann hat der verstorbene Straßburger Philosoph von der Pfordten ein kleines Büchlein über „Organisation" geschrieben, so wie ein sittlich gerichteter Philosoph ohne große praktische Lebenskenntnis in freudiger Verwunderung über einen neuen wichtigen Lebensbegriff ein solches Büchlein schreibt. Nützlich durch seinen Versuch, durch den Vergleich mit anderen gesellschaftlichen Begriffen und Ideen das Wesen der Organisation zu erklären, zeitgemäß durch die Betonung des Führertums und den Versuch, den Begriff der Aristokratie umzudeuten. Eine Schrift, die namentlich auf den Mittelschulen und für Anfänger allerhand Nutzen haben kann.

So wie die Organisationslehre weiterhin gegeben werden soll, ist sie aus der notwendigen Doppelrichtung des Nationalökonomen heraus gewachsen. Einerseits Betriebsorganisation, Kartell, Gewerkschaft usw., die Organisationen des Wirtschaftslebens, für die der Aufbau und die Tätigkeit des Staates immer bedeutsamer wird, so daß der Staat selbst notwendig immer wieder zum Forschungsgegenstand wird. Andererseits die großen gesellschaftlichen Ideen, namentlich die sachnotwendige Auseinandersetzung mit dem „Sozialismus". Was bedeutet dieses schicksalsvolle Wort, wenn man seinen innersten Gedanken zu fassen sucht. Sozialismus verhält sich zur Sozialwissenschaft wie Technik zur Naturwissenschaft. Er fordert praktische Selbstgestaltung der menschlichen Gesellschaft auf Grund der Wissenschaft und in den Grenzen der Wissenschaft. Damit verlangt er wissenschaftliche Durchdringung der Organisationslehre und wissenschaftliche Feststellung der Tatsache, daß in jeder organisierten Gesellschaft diejenigen, die organisieren können, die Führer, die wichtigste und entscheidende Gruppe sind, die vor allem gebildet und erzogen werden muß. Mehr philosophisch habe ich das schon in meinem „Marx und Hegel" (1911) ausgesprochen. Das Buch „Von der Diskontpolitik zur Herrschaft über den Geldmarkt" (1913) war eine Studie über den Fortschritt der wirtschaftlichen Organisation in ihrem kapitalistischen Mittelpunkt. Daraufhin war die Erkenntnis möglich, daß der Weltkrieg eine höchste Erprobung der organisatorischen Kräfte unseres Volkes bedeutet, daß er dem alten marxistischen Sozialismus die Aufgabe zur bewußten Hinwendung auf das Organisationsprinzip stellt und schließlich einen gewissen Abschluß in der weltgeschichtlichen Organisationsarbeit der aufbauenden Menschenvernunft bedeutet. So sind diesen Fragen eine Reihe von Kriegsschriften „Der Krieg und die Volkswirtschaft", "1789 und 1914", „Die Revolutionierung der Revolutionäre", „Die Geburt der Vernunft" gewidmet. Ihre Gedankengänge sind ein Unterbau der „Allgemeinen Organisationslehre".

Als wissenschaftliche Zusammenfassung ist Allgemeine Organisationslehre aus den Seminarübungen der letzten Semester entstanden.

Jetzt kann eine geschlossene, in sich abgerundete Darstellung versucht werden. Wir haben zunächst die Notwendigkeit der „Organisationslehre" allgemein begründet. Wir werden nun zunächst nach der Stellung der Organisationslehre zu den älteren Wissenschaften fragen müssen. Dann ist die Stellung der Organisation im ganzen Bereich des Lebens und der Wirklichkeit festzulegen, ihr Unterschied vom Organismus und vor allem von anders bestimmten menschlichen Lebenszusammenhängen, wie Masse, Gesellschaft, Schichtung, politisches Kräftesystem usw., die alle in der Organisation selbst wiederkehren und ihr Leben bestimmen. Dann das „Wesen" der Organisation mit ihrer Verfassung, ihrer äußeren Technik und ihrem inneren Geist, ihren Kreisen und ihren Kräften, ihrer Pathologie und ihren Grenzen. Dann die Organisationszwecke und die wesentlich dadurch und durch die verschiedenen Aufbauformen gegebenen Organisationsarten. Weiter das ganze System der Ursachenzusammenhänge der Organisation mit ihren Voraussetzungen, Quellen, Motiven und Triebkräften. Weiter noch die geschichtliche Entfaltung der Organisationsformen und das wechselseitige Verhältnis der Hauptorganisationsformen zueinander, wobei die Stellung des Staates zu den übrigen Organisationen den eigentlichen Mittelpunkt bildet und auch die Frage der „Durchorganisierung" der Gesellschaft klärt. Endlich „die Organisation und der Einzelne", die Abhandlung der Fragen, wie das Individuum als Teil im gegliederten Ganzen lebt, und was es dabei verliert und gewinnt.

Die Organisationslehre führt uns durch alle Höhen und Tiefen der Wirklichkeit. Vom Wesen unseres Geistes bis zur Büroeinrichtung und Kartothek! Vom Bau der ganzen Weltgeschichte bis zum harmlosen Kegelverein! Vom Ameisen- und Bienenstaat bis zu den Versuchen der Bolschewiken! Denn was sehen wir in Rußland? Einfachste Genossenschaftsformen, in denen die Arbeitermasse als solche handeln soll, nur für ganz primitive Lebensverhältnisse gemacht und nun auf ein Millionenvolk übertragen, die zur wirklichen Verwaltung in roher Nachahmung nach den Mustern unserer deutschen Kriegsorganisation greifen und im übrigen mit dem leidenschaftlichen Fanatismus ihrer Zwangsmaßregeln darum für einen kurzen geschichtlichen Augenblick einigen Erfolg haben können, weil ein arbeitsteilig geschichteter Gesellschaftsorganismus mit einer merkwürdigen Unzerstörbarkeit in seinen alten Formen weiter beharrt und den Antrieben seiner Gewaltherren notdürftig zuckend weitergehorcht.

So schaut die Organisationslehre über ein ungeheures Meer von Leben. Aber es ist unermeßliche Wirklichkeit. Es befreit uns von der Not der Gegenwart, weil wir von dem Zug des geschichtlichen Lebens ergriffen werden und in eine neue Zukunft hineinwachsen. Das macht leicht und stärkt die Kraft, und so kehren wir gestählt zur Arbeit an der Gegenwart zurück.

Fast erscheint es unmöglich, dieses weite Ganze zu übersehen. Aber alle seine Formen sind aus der Vernunft geboren, und so kann die Vernunft sie auch erkennen und, wie wir hoffen, meistern.

II.

Die Organisationslehre im Reich der Wissenschaften*

Wenn wir die neue Wissenschaft der „Allgemeinen Organisationslehre" an den deutschen Universitäten einführen wollen, so ist zunächst die Frage, wo gehört sie hin? Denn auch die Welt der Wissenschaft ist zunächst eine verteilte Welt. Wenn eine neue Wissenschaft ihren Platz erobern will, können die alten Wissenschaften sie wieder fortbeißen wollen. So muß diese Gebietsfrage reinlich erledigt werden. Und dann muß untersucht werden, was für Verkehrsbeziehungen gehen von Wissenschaft zu Wissenschaft über die Grenze? Das ist namentlich auch für Studenten eine sehr praktische Frage! Wie ergänzen sich die verschiedenen Fächer? Wie kann das, was man hier und dort hört, wechselseitig fruchtbar angewendet werden?

Ganz im großen gesehen, unterscheiden wir die Wissenschaft in Natur- und Geisteswissenschaft. Da ist es klar, daß die allgemeine Organisationslehre zu den *Geistes-* oder *Gesellschafts*wissenschaften gehört. Besser ist freilich, wenn man sagt, zu den *Willens*wissenschaften. Das gibt erst die lebendige Wirklichkeit! Mit Willensbeziehungen fangen wir an, wenn wir von Organisationen und gesellschaftlichen Lebenszusammenhängen sprechen. Es kommt für unsere deutsche Zukunft sehr darauf an, daß wir künftig ganz genau wissen, daß Geisteswissenschaft schlechthin *Willens*wissenschaft heißt. Die Zeit der *geistes*wissenschaftlichen Verträumtheit muß jetzt vorüber sein.

Was wir in der Gesellschafts- und Willenswissenschaft finden, sind zunächst lauter Einzelwissenschaften. Das *Gesetz der wissenschaftlichen Spezialisierung*, daß jedes selbständige Sondergebiet der Wirklichkeit auch zu einem eigenen Wissenskreis gemacht werden soll, hat sich darin ausgewirkt. Darüber ist das *Gesetz der wissenschaftlichen Generalisierung oder Totalisierung* zu Schaden gekommen, daß das, was ein einheitliches Ganzes bildet, auch als Ganzes und Allgemeines im denkenden Geiste zusammengefaßt werden soll. Darüber, daß beides zu seinem Recht kommen muß, kann Schopenhauer, im Eingangssatz zur „vierfachen Wurzel des Grundes", als Zeuge angeführt werden, der sich

---

* Die Vorlesung wurde zuerst im Maiheft 1919 (Band 176) der Preußischen Jahrbücher abgedruckt.

seinerseits auf Plato und Kant beruft. Die Willenszusammenhänge der menschlichen Gesellschaft sind ein solches Ganzes, das auch als Einheit wissenschaftlich dargestellt werden muß. Man verlangt von den verschiedensten Seiten her nach einer *allgemeinen Gesellschaftslehre* oder Soziologie, ohne daß die praktische Notwendigkeit dieser Wissenschaft immer klar herauskommt. Wenn wir aber sagen „allgemeine Organisationslehre", so wissen wir gleich, woran wir sind. Es ist einleuchtend, daß das sozusagen die *allgemeine Anatomie des menschlichen Gesellschaftslebens* bedeutet. Denn überall in Staat und Gesellschaft, im Wirtschaftsleben und in der Kultur, finden wir Organisationen, die die Menschen zusammenfassen. Diese Organisationen haben durchgehende und gemeinsame Züge und bilden ein zusammenhängendes Organisationsganzes.

Allerdings dürfen wir den Unterschied zwischen allgemeiner Anatomie des Gesellschaftslebens und Organisationslehre nicht übersehen. Denn es gibt ja wichtige Zusammenhänge der menschlichen Gemeinbetätigung, die nicht Organisation im engeren Sinne sind. Der große Gegensatz der Organisation: *„die Masse".* Masse in Rußland, Organisation in Deutschland! Massenpsychologie, die sich mit der verhängnisvollen Wucht der Entmutigung und Herabstimmung über den einzelnen legen kann, daß er sich kaum dagegen zu wehren vermag. Wir kennen das alle. Aber auch Massentrotz und Massenbegeisterung! Ebenso ist *„die Gesellschaft"* im besonderen Sinne ein Gegensatz zu „Organisation": Äußere Verkehrsbeziehungen selbständiger Menschen, die in bestimmten Formen miteinander umgehen und geistig und wirtschaftlich austauschen. Also im weiteren Sinne vielleicht auch „Organisationsformen" des Verkehrs, aber im engeren Sinne von der bewußt gegliederten Lebenseinheit der Organisation stark verschieden. Aber alle diese Fragen müssen in der allgemeinen Organisationslehre mitberücksichtigt werden. Einmal, um diese anders gearteten menschlichen Lebenszusammenhänge den eigentlichen Organisationen gegenüberzustellen! Dann aber, weil alle Arten des menschlichen Zusammenwirkens auch innerhalb der Organisationen wiederkehren. Die „Masse" tritt innerhalb der Organisationsform des Staates wieder auf. Durch das gegliederte Heer können unabhängig von seiner Gliederung und sie sogar zerstörend reine Massenstimmungen einheitlich hindurchzucken. Und auch das „Gesellschaftsleben" im engeren Sinne ist in jeder Organisation von größter Bedeutung. Es kommt sehr darauf an, in was für Formen die Organisationsglieder untereinander verkehren und ob unnötige Reibungen dadurch vermieden werden. Wenn in Deutschland der Ruf nach Volksstaat und Demokratie in unserer Bevölkerung einen so tiefen Widerhall gefunden hat, so liegt das nicht zum wenigsten daran, daß wir in unserem Staat, der seiner Natur nach die Genossenschaftlichkeit betonen muß, unerwünscht herrische, hochmütig überlegene Umgangsformen der Behörden bekommen hatten. So werden alle diesen Fragen der Formen des sozialen Zusammenhangs in der Organisationslehre ganz praktisch. Aber wir nennen unsere allgemeine Organisationslehre darum doch nicht aus Bedürfnis nach wissenschaftlicher Genauigkeit etwa „allgemeine Lehre von den Formen des menschlichen Gesellschaftslebens" oder „allgemeine gesellschaftliche Anatomie". Dem Inhalt nach ja! Aber es soll eine praktische Wissenschaft sein. Keine Entgleisung ins Literarische! Darum sagen wir ganz bewußt: „Allgemeine Organisationslehre."

So verspricht die allgemeine Organisationslehre die glückliche Erfüllung eines Teils der Hoffnungen, die man mit der Forderung nach der allgemeinen Gesellschaftslehre verbindet. Aber wir sehen auch, daß die allgemeine Organisationslehre den Gegenstand der allgemeinen Gesellschaftslehre nicht vollständig erledigen kann. *Neben der Anatomie steht ein für allemal die Physiologie.* So ist die Frage: ist nicht auch *eine allgemeine Lehre von der Bewegung und Entwicklung des Gesellschaftslebens erforderlich?* Denn z. B. die *Revolution,* die Erneuerung mit der Schnelligkeit des Umsturzes, ist eine ganz allgemeine gesellschaftliche Erscheinung. Als Reformation finden wir sie auf kirchlichem Gebiet. Im staatlichen Leben kennen wir sie als zerstörende und als aufbauende Revolution. Im Wirtschaftsleben, in der Wissenschaft kommt sie vor, wenn sich eine neue Arbeitsweise mit stürmischer Beschleunigung durchdrängt. Ebenso ist *der Kampf und die fördernde Not des Kampfes* ein ganz allgemein gesellschaftliches Lebensprinzip. Neben den Völkerkämpfen stehen in der Geschichte die Klassenkämpfe. Neben den materiellen Kämpfen die geistigen Kämpfe. Und auch ein Schlagwort, womit wir zunächst rein wirtschaftliche Vorstellungen verbinden, bezeichnet in Wirklichkeit eine ganz allgemeine gesellschaftliche Lebenstatsache: *die Konjunktur!* Das heißt: die aus dem Zusammenwirken zahlloser Einzelkräfte in ewiger Erneuerung ungewollt herausgeborene Gesamtverumständung um uns herum, mit der wir rechnen müssen. Die handelnde Umwelt des Handelnden! Für den Volkswirt sind *Organisation und Konjunktur* ja ohne weiteres die beiden großen Wissensgebiete. Organisation zur straffen Zusammenfassung der Kräfte im Betrieb! Konjunkturkenntnis, um über die wechselnden Vorgänge des Marktes die vorausschauende Herrschaft zu behaupten! Aber diese wechselnde Gesamtverumständung, die aus tausend Quellen in verwirrendem Wechsel immer neu entsteht, haben wir ebensogut innen und außen im politischen Leben, wie im geistigen Leben der Gesellschaft, wo neue Ideen und Massenstimmungen auftauchen, durcheinanderwogen und so eine Gesamtverumständung des Zeitgeistes herbeiführen, mit der wir jeweils rechnen müssen. Es ist ganz tief im Wesen der Menschheit begründet, daß sie gleichzeitig in Konjunkturen und Organisationen lebt. In Organisationen, weil sie ihren Willen einheitlich zusammengliedert, bis der Bau einer höchsten Einheit gelungen ist, in

Konjunkturen, weil die vielen Einzelwillen immer auch selbsttätig aufeinander und ineinander wirken. Deshalb zieht sich auch durch das Leben aller großen Organisationen die Konjunktur mitten hindurch. Das Zufallsspiel, das die Begegnungen der einzelnen Menschen bestimmt. Für den einzelnen ist das das Glück. Die plötzliche Möglichkeit des großen Erfolges. Oder das beständige Pech, das die Gelegenheit des Gelingens immer wieder nimmt.

So wäre es lohnend, diese Lehre von der allgemeinen Physiologie des Gesellschaftslebens neben der Organisationslehre auszubauen. Wir haben sie noch nicht und müssen ihre Entstehung der Zukunft anheimstellen. (Vgl. S. 92, 105 f.)

Aber auch mit diesen beiden Wissenschaften ist die Aufgabe der allgemeinen Gesellschaftslehre noch nicht gelöst. Sie kennen gewiß den einst viel berufenen Satz von Albrecht von Haller: „Ins Innere der Natur dringt kein erschaffener Geist." Und Sie wissen auch, was Goethe daran angehängt hat: „Du prüfe Dich nur allermeist, ob Du Kern oder Schale seist." Nun! Bei der Lehre vom Willensleben der menschlichen Gesellschaften haben wir den Kern in uns. Das muß man ein für alle Male wissen! Wir haben auch das bewußte Innenleben der Gesellschaft zu zergliedern und darzustellen. Das ist die Aufgabe der *allgemeinen und vergleichenden Ideenlehre*. Sie wissen, keine Studentenorganisation kommt ohne Ideen, ohne Prinzipien aus: erst das gibt ihr die Stärke des Zusammenhalts und die Werbekraft. Jede *Nation* braucht Klarheit über ihre nationalen Ideen und die Rolle, zu der sie sich in der Weltgeschichte berufen glauben darf. Die *Menschheit* bildet sich, wie wir zu sehen glauben, nach einem inneren Gesetz Richtbilder über das geistige Zusammenleben ihrer bewußten Glieder: Ideen der Freiheit, Ideen der Organisation. Zur Darstellung dieser allgemeinen Ideenlehre sind bei der gegebenen Arbeitsverteilung des wissenschaftlichen Arbeitsstoffes die Nationalökonomen besonders berufen, weil sie sich mit dem Sozialismus beschäftigen müssen und von da zur „Organisationsidee" vordringen können. So kommt es zu der großen Gegenüberstellung von Individualismus und Sozialismus. Die Nationalideen, namentlich wirtschaftlicher Art, müssen herangezogen werden, und es ist leicht und natürlich, den Blick auch auf die großen Religionssysteme und ihre Ideenwelt auszudehnen. Man kann so sagen, daß auch die Wissenschaft der allgemeinen vergleichenden Ideenlehre, die als solche auf unseren Universitäten noch fehlt, entstehensreif geworden ist. Inzwischen müssen wir uns schon in unserer allgemeinen Organisationslehre notwendig mit dem Geist und den Ideen der Organisationen beschäftigen. Denn das ist das innere Einheitsband, ohne das keine Organisation verständlich ist.

So bilden die drei Teile der allgemeinen Gesellschaftslehre, die wir hier glauben unterscheiden zu müssen, eine innere Einheit. Sie setzen sich gegenseitig voraus und müssen gegenseitig verglichen werden. Das wird besonders wichtig, wenn man an die Fragen der „materialistischen Geschichtsauffassung" denkt. Das ist im Grunde die Frage, wie das innere Willensleben der Gesellschaft mit der äußeren Ausgliederung ihres Willenskörpers zusammenhängt, Idee und Organisation. So einfach und klar gesehen, ist eine beständige Wechselseitigkeit zwischen Kern und Schale selbstverständlich. Wir müssen es ohne weiteres zugeben, daß jeder von uns in seinem Denken und Wollen wesentlich dadurch bestimmt ist, wo und an welcher Stelle er in der gegebenen Gliederung des Gesellschaftslebens steht. Dann erst kommt die engere Frage, wie weit hängt die Gliederung des Gesellschaftskörpers vom Wirtschaftsleben, also vom Stoffwechsel des Gesellschaftslebens ab? Dabei ist wieder von vornherein klar, daß jeder Organismus alle seine Lebensformen ändert, wenn der Organzusammenhang seines Stoffwechsels umgebaut wird. Und wie der Organismus, so die Organisation! Es ist aber ebenso klar, daß der Umbau und die Umanpassung des wirtschaftlichen Stoffwechsels nicht die einzige ursprüngliche Veränderung ist, die wir am Willenskörper des menschlichen Gesellschaftslebens vollbringen. So verspricht die Durchbildung und Vollendung der allgemeinen Organisationslehre fortschreitende Erkenntnis über den ganzen Umkreis des menschlichen Gesellschaftslebens, die sich freilich erst vollendet, wenn die drei Teile der allgemeinen Gesellschaftslehre fertig sind.

Inzwischen erarbeiten wir mit der allgemeinen Organisationslehre das Grundgerüst der allgemeinen Gesellschaftslehre. Wir knüpfen dankbar an die Versuche von Soziologen wie Tönnies und Giddings an; freilich auch mit Vorbehalt, denn sie haben den Kern unserer Frage nicht erkannt. Vor der Soziologie Simmels dagegen sei im wesentlichen gewarnt. Literatenliteratur! Viel unnütze Rederei mit selbstgefälligem Schwelgen in Wortgelehrsamkeit und künstlichen Schwierigkeiten. „Denken in Spiralen!" Immer wieder um den Gegenstand herum, ohne ihn wirklich zu packen. —

Haben wir so die allgemeine Organisationslehre im Umkreis der allgemeinen Gesellschaftswissenschaft als Ganzes gerechtfertigt und ihren Platz bestimmt, so ist nun die Frage, wie sie sich gegenüber den besonderen Gesellschaftswissenschaften behauptet.

Warum genügt es nicht, daß die *politische Staatslehre* und die *Volkswirtschaftslehre* ihrerseits die besonderen Organisationen beschreiben, mit denen sie sich beschäftigen? Beide haben damit ja übergenug zu tun. Die politische Staatslehre ist freilich als regelrechte Wissenschaft auf unseren Universitäten noch nicht vorhanden, aber sie könnte doch da sein und den Staat in seinem Aufbau und in seiner Tätigkeit vollständig und ausführlich behandeln. Was ist das anders als Organisationslehre? Was ist es anderes als Organisationslehre, wenn der Volkswirt von der inneren Einrichtung der Großbetriebe, von den Aktiengesellschaften, von den Kartellen, von den Gewerkschaften usw. spricht? Es kann gar nicht anders sein, als daß diese Wissenschaften immer wieder über Gegenstände sprechen, über die die allgemeine Organisationslehre ihrerseits sprechen muß. Wozu also die Verdoppelung? Wesentlich deswegen, weil *durch die Organisation des Staates und die Organisation des Wirtschaftslebens gemeinsame Züge* hindurchgehen. Zwischen Arbeitergewerkschaft und Staat z. B. bestehen mancherlei Bauähnlichkeiten, weil beide äußere Kampfeszwecke und innere Wohlfahrtspflege vereinigen und dabei das Prinzip der genossenschaftlichen Selbstbestimmung zur Geltung bringen müssen. Freilich auch die größten Organisationsunterschiede, weil die Gewerkschaften einfache und allen Mitgliedern sofort einleuchtende Organisationszwecke haben, das im Staate zusammengefaßte Gesellschaftsleben aber eine solche Reihe von Einzelaufgaben und Sonderzwecken in sich trägt, daß das lebensgemäße Gleichgewicht aller staatlichen Organisationsteile über den Alltagsverstand des einzelnen Mitglieds, wenn nicht eine ganz besondere Schulung einsetzt, heutzutage weit hinausgeht. Ebenso bestehen zwischen der wirtschaftlichen Betriebsorganisation und dem Heere die mannigfachsten organisatorischen Beziehungen, weil hier wie dort zahlreiche verschiedene menschliche Kräfte, bei denen es auf die sachgemäße Arbeit eines jeden einzelnen ankommt, zur schnellsten unbedingt zuverlässigen und unbedingt einheitlich geführten Leistung zusammengefaßt werden sollen. Ein Hauptunterschied liegt in dem verschiedenen Grad rein ökonomischer Wirtschaftlichkeit, der hier und dort nach der Natur des Zweckes gefordert wird. So wird nur durch die Zusammenfassung der verschiedenen Organisationsgebiete die allgemeine Organisationslehre wirklich fruchtbar und geschmeidig. Und auch die *Universalität* des Organisationsaufbaus kommt nur so heraus, denn Staat und Wirtschaftsleben bilden ein Organisationsganzes. Das Wirtschaftsleben ist ohne den Staat nicht denkbar, der ihm sein Recht schützt und es regelnd ausgestaltet. Der Staat nicht ohne das Wirtschafsleben, das ihm die sachlichen Unterlagen gewährt, die er für seine ganze Arbeit braucht. So ist es eine notwendige Ausbildungsaufgabe, daß man dieses Organisationsganze als solches sehen lernt, um jeden der großen Teile richtig zu verstehen.

Man kann aber, glaube ich, auch beweisen, daß es zweckmäßiger ist, daß die allgemeine Organisationslehre *selbständig neben der politischen Staatslehre und neben der Volkswirtschaftslehre* entwickelt wird, als daß sie etwa sozusagen als Anhang in ihnen verschwindet. Nur eine gewisse Personalunion ist wohl sachgemäß und unvermeidlich. Jeder Vertreter der allgemeinen Organisationslehre wird je nach seiner Vorbildung mehr auf der politischen Staatslehre oder auf der Volkswirtschaftslehre aufbauen. So wie der allgemeine Biologe mehr Botaniker, Zoologe oder Physiologe sein kann.

Es steckt etwas Besonderes darin, wenn über der allgemeinen Staatslehre die allgemeine Organisationslehre steht, die auch den Staat einbegreift. Damit fällt sehr viel historisch-philosophischer Ballast von der Staatslehre ab. Sehr viel Verjuristung, die ihr besonders gefährlich ist. Die Staatslehre wird real und nüchtern wie eine Naturwissenschaft und behält stets den Blick auf die Praxis. So ungeheure Vorgänge, wie der große Funktionswechsel des Staates, wenn er jetzt, wie es scheint, im Völkerbund seine äußere Schutztätigkeit wesentlich verliert, kommen einfach und klar heraus, wenn wir es als Beispiel nach den Befunden der allgemeinen Organisationslehre behandeln. Freilich! Es bleibt ein so ungeheurer Vorgang, ein in seiner Reife so drückendes Endergebnis in der weltgeschichtlichen Organisationsentwicklung, daß wir seine ganze Bedeutung kaum schon zu ahnen vermögen.

Wir können aber jedenfalls objektiver vom Staate sprechen, wenn wir ihn in den nüchternen Formen der allgemeinen Organisationslehre behandeln. Es gibt da keine aufreizenden Schlagworte, über die man hin und her streitet. Man nehme etwa das „Volk" im Sinne der demagogischen Demokratie (es gibt auch die gesunde Demokratie der Volksgenossenschaft), wo nur das Volk den Staat bilden soll und alle, die ein Amt bekleiden, angeblich nicht zum Volke gehören. Es ist klar, daß es niemals Organisationen gibt, wo nur die einfachen Mitglieder die Gemeinschaft bilden und alle Organe ausdrücklich abzuziehen sind. Es ist im Sinne der Organisationslehre freilich ebenso klar, daß trotz ihrer Bedeutung für das Ganze auch die eigentlichen Organe niemals allein die Organisation bilden, wie unsere Beamtenschaft in kurzsichtiger Beschränktheit allein der eigentliche Staat sein wollte und dadurch zur Bürokratie entartete. Und noch eins gewinnen wir, wenn wir den Staat unter die allgemeine Organisationslehre unterordnen. Es kommt für den Aufbau nach dem Kriege endgültig darauf an, daß wir die Schichten, die vor dem Kriege durch den Geist des Marxismus staatsfremd erzogen waren, dauernd für den Staat gewinnen. Sie stehen fest in ihren Organisationen, ihren Gewerkschaften, ihrer Partei usw. Sie müssen es lernen, ganz vor allem vom Staat zu sagen: *unsere Organisation,* die darum standfest und gesund sein soll.

Würde man andererseits die allgemeine Organisationslehre ganz den Nationalökonomen überweisen, so würde sie zu sehr auf die engen wirtschaftlichen Interessen hinauslaufen und die geistige Größe verlieren, die sie als gesellschaftliches Lebensprinzip braucht. Auch die politische Seite würde leicht zu kurz kommen, die nun einmal zur Organisationslehre hinzugehört, das Rechnen und Arbeiten mit den beweglichen Willenskräften, die zur Einheit zusammengeführt werden sollen, und bei denen man immer wieder die Gefahr ausschalten muß, daß sie sich gegeneinander richten und das Ganze lähmen.

So ist es überwiegend zweckmäßig, daß sich über den großen Sondergebieten der Staatslehre und der Wirtschaftslehre die einheitliche neue Wissenschaft der allgemeinen Organisationslehre erhebt. *Wir erhalten so im höchsten Maße den doppelten Vorteil der „vergleichenden" Wissenschaft und der „konzentrierten" Wissenschaft von der Organisation.* —

Bleiben wir nun in unserem Überblick über die Wissenschaften zunächst im Kreise der rechts- und staatswissenschaftlichen Fakultät, so ist die weitere Frage, wie verhält sich die allgemeine Organisationslehre zur *Rechtswissenschaft*. Und es kann überraschen, wenn es heißt: auch da gilt dasselbe! Das Verhältnis des Allgemeinen zum Einzelnen! Des Ganzen zum Teil.

Machen Sie sich zunächst einmal klar, soweit Sie noch nicht darüber nachgedacht haben, daß im großen und ganzen die Rechtswissenschaft ganz dieselben Gegenstände behandelt, wie die politische Staatslehre und die Wirtschaftslehre auch, nur von einer anderen Seite her. Wenn wir Nationalökonomen die Betätigung und Bewährung der verschiedenen Unternehmungsformen behandeln, so behandelt der Jurist z. B. das Recht der Aktiengesellschaft und der G. m. b. H. Wenn wir die Vorgänge des Kapitalhandels und der Börse darstellen, so der Jurist das Recht der Wertpapiere. Hier Arbeiterfrage, dort Arbeiterrecht. Hier Aufbau und Tätigkeit des modernen Staates, seine Parteien, seine Staatsmänner, seine Willensbildung usw., dort die Bestimmungen der Verfassung und ihr rechtlicher Sinn. Wir beobachten und miterleben *das Tun und Wollen* der Menschen, zergliedern deren Zusammenhänge, wie der Naturwissenschaftler die Naturvorgänge zergliedert. Der Jurist untersucht die erzwingbaren Gemeinregeln, *das Sollen und Dürfen*, unter denen das Tun und Treiben der Menschen steht. Dabei ist von vornherein klar, daß alles menschliche Gesellschaftsleben, weil es Gemeinbetätigung ist, auch irgendwie unter Gemeinregeln stehen muß, damit ein Ausgleich zwischen den Willen ist. Wir können uns darum keine menschlichen Lebensbeziehungen denken, die nicht neben ihrem konkreten Inhalt auch eine formale Rechtsseite hätten. Das ist einleuchtend und einfach.

Nun könnte man ja glauben, dieses Nebeneinander bleibt auch nach oben hin erhalten. Gipfelt die politische Staatslehre und die wirtschaftliche Organisationslehre in der allgemeinen Organisationslehre, so gipfelt die Rechtswissenschaft in einer besonderen allgemeinen Rechtslehre. Aber so ist die Sache nicht. Wir haben in aller Kürze als den wesentlichen Inhalt der allgemeinen Organisationslehre erkannt: bewußte Lebenseinheit aus bewußten Teilen. Eine solche Lebenseinheit begreift die

Gemeinregelung ein. Aber nicht die Gemeinregelung ist der eigentliche Zweck, sondern die Gemeinbetätigung und die Gemeingesinnung. Es gehört schlechterdings zum Wesen der Organisation, daß sie in sich Recht entwickelt. Das weiß man schon in jeder Organisation, die man etwa im jugendlichen Drang gemeinsam mit anderen begründet. Gewiß, wenn es ein Verein ist, den man schafft, dann weiß man auch, daß er sich irgendwie an das Rechtsleben des Staates anlehnt und dadurch gestützt wird. Man schafft sich aber vor allem deshalb und in dem Umfang ein sachgemäßes Recht in dem neuen Verein, weil man den Verein, weil man die Organisation lebendig tätig *will* und darum eine entsprechende Gemeinregelung braucht. *Jede Organisation entwickelt so ihre Rechtssätze.* Große Organisationen, wie unsere industriellen Betriebe, ein ganzes System von Rechtsordnung: Gesellschaftsvertrag, Geschäftsanweisung für das Direktorium, Generalregulative für alle Angestellten und Arbeitsordnungen. Das macht z. B. für die Firma Krupp einen ganzen kleinen Band. Und die Rechtsfragen jeder Art stecken in dem Recht einer solchen großen Organisation notwendig drin. Ihr Recht als Gesamtkörper, gewissermaßen ihr Staatsrecht. Die Rechte der Mitglieder für ihren gegenseitigen Verkehr, als ihr Privatrecht. Dazu naturgemäß Verwaltung, Beschwerdegang und Strafe mit geordnetem Strafverfahren. So kann man schlechterdings in jeder ausgewachsenen Organisation alle Rechtsfragen des Staates wiederfinden.

Und umgekehrt, wo das Recht über das dumpfe Gefühl hinaus zur bewußten Gedankenbildung wird, muß irgendwie Organisation da sein, die dem Gesetzgeber und dem Richter seine Stelle gibt. Gierke freilich, mit dessen Auffassungen ich mich sonst vielfach in Übereinstimmung weiß, ich nenne Ihnen namentlich seinen Aufsatz „Die Grundbegriffe des Staatsrechts" von 1874, (1915 in Tübingen neu gedruckt), Gierke möchte es anders sehen, und meint, die Rechtsbildung liege tiefer. Sie liege in der bloßen inneren Willensgemeinschaft des Volkes und werde durch den Staat, der die hinzukommende Organisationsform des Volkes ist, nur ausgesprochen und nicht geschaffen. Aber ich meine, das heißt die Anfänge des menschlichen Gesellschaftslebens unklar sehen. Eine solche Willensgemeinschaft ohne alle Volksgliederung ist niemals da. Unterschiede des Geschlechts, des Alters, der Führerschaft usw. sind immer vorhanden. Aus dieser naturhaft-ursprünglich gegebenen Lebensgliederung wächst das Rechtsleben heraus und vervollkommnet sich in dem Maße, als höhere Organisationsformen entstehen.

Demnach muß das Rechtsverhältnis namentlich für den Anfänger durch das Organisationsverständnis wesentlich gewinnen. Ganz allgemein, seiner innersten Natur nach. Dann aber, weil jedes große geschichtliche Rechtssystem auf einem besonderen Organisationsboden gewachsen ist. Das römische Recht auf dem Boden eines erobernden Herrenvolkes, mit starken Herrenrechten des einzelnen. Das deutsche Recht aus den Gemeinschaftsformen unseres Mittelalters. Das ist bekannt und bekommt doch durch die Zusammenfassung der Organisationslehre noch eine neue Geltung. Und daß es für das Recht aller Arten von Vereinigungen, Genossenschaften, Gesellschaften, Vereinen usw. von der größten Bedeutung ist, wenn man die allgemeinen und besonderen Organisationsfragen solcher Vereinigungen verstanden hat, braucht nicht besonders betont zu werden.

Ebenso gilt freilich umgekehrt, daß die allgemeine Organisationslehre von der Jurisprudenz sehr viel zu lernen hat. In allen Organisationen kommt die Frage der Verfassung wieder, die im Staatsrecht so ausführlich abgehandelt wird. Die Organisationslehre weiß es freilich ein für allemal, daß es immer wieder lächerlich ist, wenn man sich mit doktrinärem Eifer nur auf die geschriebenen Sätze der Verfassung bezieht, und sich über das Mitwirken lebenskräftiger und lebenswichtiger, aber „inkonstitutioneller" Staatsorgane an der entscheidenden Willensbildung beschwert. Sie hat von Lassalle ein für allemal gelernt, daß als die wirkliche Verfassung einer Organisation die tatsächlich in ihr lebendigen Willenskräfte mit ihrer natürlichen Geltungsmacht anzusehen sind. Aber gleichwohl behalten alle formalen Verfassungsfragen, alle Erörterungen über verfassungsmäßige Gleichgewichte usw. ihren großen Sinn für die Organisationslehre, weil eben solche Vorschriften das Tun und Lassen der Organisationsglieder in Regeln fassen. Und die bestimmte Festlegung aller *Verantwortungsfragen* ist eine Frage der klaren Rechtsbildung. Verantwortung und Verantwortungsverteilung ist ein immer wiederkehrendes Organisationsproblem, ein wesentliches Stück des inneren Organisationsdienstes. Man muß daher seine Verantwortung klar und bestimmt kennen. Und dazu dient der scharfe juristische Begriff, der unvermeidlich in das Leben aller Organisationen hineinspielt. Jede Organisation braucht darum ihren Juristen oder doch Köpfe, die von Natur aus einen Advokatenverstand besitzen.

So bildet also die allgemeine Organisationslehre sozusagen die höhere Einheit der rechts- und staatswissenschaftlichen Fakultät. Wenn man „Philosophie" einmal fälschlich als bloße Herausarbeitung allgemeinster Lehren sehen will: die Philosophie der rechts- und staatswissenschaftlichen Fakultät! Also die Rechtsphilosophie im alleralgemeinsten Sinne. Und da kann ich Ihnen nun einen merkwürdigen Beweis geben, daß wir auf dem rechten Wege sind, ohne daß ich Ihnen freilich das Buch, das ich Ihnen nennen will, ohne weiteres zum Lesen empfehle. Es ist Hegels „Philosophie des Rechts"! Läßt man die Eigentümlichkeit seiner Methode beiseite — (Sie wissen, er hat die Auffassung, daß die Welt sich aus immer erneuten Gegensätzen aufgebaut hat, die immer wieder zu einer höheren Vereinigung führen, Bejahung, Verneinung und höhere

Zusammenfassung, und baut also unentwegt alle seine Bücher und das Aufeinander aller Paragraphen seiner Bücher nach dem eintönigen Rhythmus dieser Methode auf!) — Läßt man also diese Besonderheit beiseite, wischt man dieses graue Spinngewebe ab und fragt man, was bleibt? So heißt die Antwort: allgemeine Organisationslehre, in die auch die allgemeine Ideenlehre dem Keime nach stark hineinkommt. Also grundsätzlich das, was wir auch fordern. Hegel baut seine Rechtsphilosophie in drei großen Teilen auf. Den Hauptteil bildet das konkrete Organisationsleben der Wirklichkeit: die Darstellung des Staates in seiner Gliederung und im Staatensystem; und unter dem Staat das Gesellschaftsleben, das ihn trägt, und die Familie, aus der er herausgewachsen ist. Voran stehen die formalen Bestimmungen des Rechtes, wie sie als formale Gemeinregelung der Willen zwischen vernünftigen Menschen bestehen müssen. Also zu dem sachlichen Reichtum des menschlichen Zusammenlebens die äußere Form! Aber beides zusammen ist nur die Außenseite. Das Innen fehlt. Und so handelt Hegel zwischen beiden Teilen noch die moralische Zielbildung ab. Das sind gegenüber dem, was wir unsererseits anstreben, nur Ansätze und Versuche. Die allgemeine Organisationslehre und die vergleichende Ideenlehre ist ganz etwas anderes, als das, was Hegel aus den Voraussetzungen seiner Zeit zu geben vermochte, auch wenn dabei die beängstigenden Gänge seiner Dialektik beiseite bleiben. Aber es kommt darauf an, daß der grundsätzliche Charakter seiner Rechtsphilosophie mit dem zusammentrifft, was wir als allgemeine Gesellschaftslehre und im besonderen als allgemeine Organisationslehre verlangen. Es ist ein stolzes Bewußtsein, an den Höhepunkt einer großen Vergangenheit wieder anzuknüpfen. Und wenn wir jetzt wieder ein Volk der Dichter und Denker werden sollen, so wollen wir der Forderung entsprechen. Freilich in einem anderen Sinne, als diejenigen meinen, die uns das so freundlich raten. Von deutscher Kurzsichtigkeit zum Denken zurück! Es soll uns ein Boden von Kraft sein, für den Wiederaufbau unseres Volkes. Unsere Organisationslehre ist nicht nur theoretisch gedacht, sondern durch und durch für praktische Wirkung! Und diese Wirkung soll einen Sieg unseres Volkes im Kampfe der Geister bedeuten, der auch reale Folgen bringt. Wir werden doch die Weltstellung erringen, zu der wir uns nach der Geschichte unseres Volkes berufen glauben können. Wir werden sie neu mit geistigen Mitteln begründen und auch dadurch für unser Recht den Platz gewinnen können, den wir auf der Erde verdienen!

Freilich hier in unserer methodischen Betrachtung, hier müssen wir unseren Blick von der Gegenwart und der Zukunft weg mehr zur Vergangenheit hinwenden, denn bei unserem Überblick über die Wissenschaften stehen wir nun an der Fakultätsgrenze, und das, worauf wir in der *philosophischen* Fakultät zunächst stoßen, ist ja die *Geschichte*. Es lohnt auch für den Studenten, an dieser Fakultätsgrenze etwas zu verweilen, die so viel Merkwürdiges und Zufälliges hat. Denn gerade auch die Nationalökonomie könnte ja ihrerseits in der philosophischen Fakultät stehen und tut es noch an einigen Universitäten. Ich glaube aber gezeigt zu haben, was für eine gute Einheit sie zusammen mit der politischen Staatslehre in der juristischen Fakultät geben kann, und wie dann das Ganze durch die vergleichende Gesellschaftslehre gekrönt wird. Es ist sogar gut, wenn alle diese Wissenschaften von der Geschichte wesentlich getrennt werden. Denn es sind ihrem Kern nach Wissenschaften von dem, was in der *Gegenwart* ist und gilt, und sollen *für die Gegenwart* bilden. Deshalb können sie auch, das muß gesagt werden, einen Teil der peinlichen, übermäßig zeitvergeudenden Genauigkeit der geschichtlichen Aktenarbeit gar nicht brauchen. Die Gegenwart ist eine Schlacht, und keine Generalstabsgeschichte über einen vergangenen Krieg. Selbstverständlich müssen auch wir, und gerade wegen des harten Ernstes der Gegenwart, scharf und sicher, genau und bestimmt erkennen und uns mit kritischem Kopf in den wirklichen und vermeinten Tatsachen des Lebens zurechtzufinden wissen. Aber die ganze Einstellung der Arbeit ist doch eine andere, wenn es sich um den raschen Dienst für die Gegenwart handelt, oder wenn die besinnliche Ruhe der Beschäftigung mit der Vergangenheit gewidmet ist, bei der es niemals eilt. Das sind Grenzgedanken zwischen den Fakultäten.

Dann ist die Fakultätsgrenze ja auch eine Berufsgrenze; in den nicht naturwissenschaftlichen Teilen der philosophischen Fakultät handelt es sich ja wesentlich um künftige Lehrer, bei uns um Juristen und praktische Volkswirte. Aber gerade diese Berufsgrenze darf nicht zu Einseitigkeiten führen. Es ist von vornherein klar, daß die allgemeine Organisationslehre in vereinfachter Form auf alle Schulen gehört und alle Lehrer angeht. —

Jenseits der Fakultätsgrenze stoßen wir nun, wie gesagt, zunächst auf die Geschichte. Was der Gegenstand der Geschichte ist, ist sehr umstritten. Vielleicht treffen wir doch das Richtige, wenn wir uns möglichst einfach ausdrücken: Gegenstand der Geschichte ist das Denkwürdige, was *geschieht,* also die bemerkenswerten Taten der einzelnen oder der Völker oder Klassen, die auf uns Eindruck machen, und deren Kenntnis und Nacherlebnis uns menschlich steigern. Wir denken daran, daß wir vom Standpunkt der allgemeinen Organisationslehre aus gelernt haben, die Tätigkeit der Menschenwelt als einen immer gesteigerten Organisationsbau zu sehen, der sich vielleicht jetzt im Zusammenschluß der Völker, wenn auch unter großer Gefahr des Zusammenbruchs und mit gefährlicher Verstrebung, die Spannung seiner höchsten Kuppel schafft. Damit ist der Gegensatz des Gegenstandes klar. Die Geschichtsschreibung im gewohnten Sinne behandelt das Einmalige und Einzigartige. Die Organisationslehre das Allgemeine und die zusammenhängenden Formen, in denen viele Menschen zusammenstehen und durch die viele Menschen hindurchleben. Wie viele Generationen gehen nicht unter Umständen dahin, während dieselbe gesellschaftliche Organisationsform beharrt. Die Geschichte im gewöhnlichen Sinne behandelt den Helden als einzigartige Persönlichkeit, diesen Cäsar, diesen Napoleon. Die Organisationslehre sucht überall den Typ des gesellschaftlichen Organs, also des Monarchen im allgemeinen, oder des Reichsbegründers, des Usurpators usw. herauszubringen. So hat beides nebeneinander sein Recht.

Und beides ergänzt sich gegenseitig. Man kann sagen, daß man Geschichte überhaupt nicht versteht, wenn man die Organisationslehre nicht begriffen hat. Denn alle geschichtlichen Helden, einzelne oder ganze Klassen und Völker, handeln immer unter ganz besonderen organisatorischen Voraussetzungen und in ganz bestimmte Organisationen eingegliedert. Und jede geschichtliche Tat ist deswegen denkwürdig, weil sie eine geschichtliche Organisation weitergebildet oder den Kampf geschichtlicher Organisationsformen zum Zusammenstoß gesteigert hat. So können Sie erst verstehen, was ein Cäsar, was ein Napoleon, was ein Colbert oder ein Freiherr vom Stein geschichtlich war, wenn Sie sich in die Organisationslage hineindenken, aus der heraus jene handelten, und mit was für organisatorischen Kräften sie rechnen mußten. Ich verweise auf das nützliche Buch von Th. Litt, „Geschichte und Leben" (Teubner, Leipzig, 1918). Es kommt dem Sinne nach darauf hinaus, daß man nur durch die Organisationslehre, die man aus der Gegenwart heraus versteht, Geschichte begreifen lernt. Freilich kann Litt noch nicht auf einer fertigen Organisationslehre aufbauen, sondern knüpft an die Soziologie von Simmel an. Dadurch bekommt auch er eine leidige Vorliebe für die üblen Wendungen vom „Differenzierten" usw., die immer nur das Verschwommene und Verwaschene begünstigen, wo es auf das Klare und Bestimmte ankommt. Auch ein gewisses Übermaß von schwerem deutschen Grübeln steckt in dem Buch, das sehr viel leichter und klarer sein sollte. Aber der Kern seiner Ausführungen trifft ganz mit unserem Gedankengang zusammen.

Wir wenden wieder unsere Gedanken um. Ebenso notwendig wie die Organisationslehre für die Geschichtsauffassung, so notwendig ist die Geschichtsauffassung im üblichen Sinne für das Organisationsverständnis. Denn ganz vor allem das menschliche Gesellschaftsleben steht unter jenem Satz des Heraklit, daß alles fließt und sich gar nichts genau wiederholt. Jeder Mensch und jeder Vorgang ist eigenartig. Jede kleine Organisation als Glied eines größeren Organisationsganzen, die Filiale eines Geschäftes, ein lokaler Arbeiterverein als Teil eines großen Verbandes hat irgendwie seine ganz besonderen Verhältnisse, die sich bei den übrigen ähnlichen Gliedern nicht wiederholen, weil der Leiter oder

der Präses seine Eigenarten hat. Jede Organisation steht im Großen oder im Kleinen im Fluß des Werdens, hat im Tun und Treiben ihrer eigenen Mitglieder ihre eigene Geschichte, und überall wird mit mehr oder weniger Eifer über diese Geschichte, über die fortschreitenden Veränderungen und die besonderen Vorfälle berichtet und geschrieben. Hinter alledem steckt natürlich die methodische Grundaufgabe, daß wir dieselbe menschliche Lebensbetätigung einerseits als den Herausbau allgemeiner und dauernder Organisationsformen und andererseits als einen ganz eigenartigen Gesamtvorgang aus der Betätigung selbständiger Einzelglieder begreifen müssen. Diese Grundschwierigkeit ist da, weil der Mensch nun einmal „Ich" im „Wir", Einzelselbst in der Gemeinbetätigung ist. Wir werden seinem Wesen nur gerecht, wenn wir beide Seiten nebeneinander darstellen. Was als Gesamtverumständung *Konjunktur* wird, (S. 81) kann sich, als einzelne Handlung genommen, zur geschichtlichen Tat auswirken. Deshalb behauptet sich neben der allgemeinen Organisationslehre die Geschichte, und behauptet sich in der Weltgeschichte gerade da am stärksten und sichersten, wo aus einem Geschehen von höchster Einzigartigkeit die allgemeinsten Organisationsnotwendigkeiten herausspringen. Das ist die Lage des Weltkriegs. —

Sehen wir uns nun weiter in der philosophischen Fakultät um, so stoßen wir auf die *Sprachwissenschaft* und die *Kunstwissenschaft.* Fast könnte es scheinen, daß wir uns da mit der Bemerkung abfinden, daß auch für den Philologen und den Kunsthistoriker die Organisationslehre im bürgerlichen Leben nützlich werden kann. Aber es lohnt doch, näher zuzusehen.

Zunächst! Organisation ist ohne Sprache unmöglich. Die wechselseitige Mitteilung trägt die Organisation, und darum bedeutet alle Steigerung der Organisation Steigerung der Mitteilungsmittel von der Sprache zur Schrift, zum Druck, zur Botschaft, zur Drahtmeldung, zur Organisationspresse usw.! Mit einer höchsten Verfeinerung besonders verabredeter Mitteilungszeichen und Mitteilungsformen! Alle die Kunst der besonderen Formulare und Schemata, die Kunst des Befehls und die Kunst der Meldung gehört ja zur Organisation. Im modernen Fabrikbetrieb beinahe eine Wissenschaft für sich! So gehört vieles zur „Sprache", was wir zunächst nicht dazu rechnen. Aber es ist klar, die „Sprache" auch im ganz gemeinen Alltagssinne wird erst dem ganz verständlich, der weiß, warum und in welchem Zusammenhang sie zwischen Menschen gesprochen wird. Deshalb trägt das Organisationsleben einer Zeit auch ihr besonderes sprachliches Leben, und die Sprachwissenschaft muß das beachten. Die sprachlichen Fächer der Universität vermitteln uns aber auch den Zugang zu den fremden Völkern und ihrer Organisationswelt. Wo jetzt das „Auslandsstudium" die Lücken ergänzen soll, die wir in unserer politischen Weltkenntnis hatten, kommt es sehr darauf an, daß dieses Studium in den gesellschaftlichen Aufbau der fremden Völker, in ihren Staat und in ihre Wirtschaft einführt und sich nicht begnügt, rein literarisch über die sogenannte „Kultur" zu reden. Ziersprache gilt, wo Nutzsprache notwendig ist. — Und schließlich! Auch in der Sprache, in dem Kunstbau der grammatischen Formen, die die urwüchsig entstandenen Laute systematisch zusammengliederten, zeigt sich dasselbe vereinigende Prinzip, das sich in den gesellschaftlichen Organisationsbauten der Menschheit auslebt.

Das gilt nun in einem noch höheren Sinne von der Kunst. *Kunstwerke erzeugen und Organisationen errichten: beides ist schaffende Form.* Wenn wir fragen, was Organisation eigentlich ist, so ist sie gewiß einerseits eine besondere zweckdurchdrungene Art der menschlichen Lebensgemeinschaft. Andererseits aber ist sie eine besondere Art des menschlichen Formenbaus und muß mit allen anderen Arten dieses Formenbaus verglichen werden. So gehört sie zur Kunst! Organisation ist auch Kunst. Sie braucht schaffende Phantasie. Der große Organisator braucht eine strenge und nüchterne Phantasie, aber er braucht viel davon! Wenn Goethe seinen Prometheus sagen läßt: Hier sitze ich und schaffe Menschen nach meinem Bildnis, ein Geschlecht, das mir gleich sei, so gilt das auch vom Organisator. Er schafft am politischen Kunstwerk. Es ist in literarisch gestimmten Kreisen in Deutschland im letzten Jahrzehnt entsetzlich viel vom „Schaffen" die Rede gewesen. Das war ein schlimmes Modewort. Man soll sich in der Wirklichkeit umsehen, wo unter uns der schaffende Geist seine Arbeit tut, und sich da in ihn versenken, damit er weiterwirkt.

Ferner ist klar, daß jede Kunst nur auf der gesellschaftlichen Organisationsgrundlage möglich ist, auf der sie steht. Das ist eine alte Einsicht. Die wesentlich handwerklichen Verhältnisse des Mittelalters machen eine besondere Kunst möglich. Der Kapitalismus des 19. Jahrhunderts mit seinen schreienden Marktnotwendigkeiten, wo jeder den andern durch eine stärkere Sensation überbieten muß, bekommt eine ganz andere Kunst. Nicht zu vergessen, daß die Künstler selbst ihre Organisationen haben. Franz Klein hat in seinem Buch über das Organisationswesen schon auf die Meistersingerzünfte und die Lukasgilden hingewiesen und dem etwa den geschäftstüchtigen Tonsetzerverband unserer Gegenwart gegenübergestellt. Dann aber gibt es Kunstleistungen, die selbst in sich die höchste Organisation, bewußte Lebenseinheit aus bewußten Teilen, zur Wirklichkeit machen. Die Vollendung ist wohl, wenn in einem großen Musikstück, etwa in der Beethovenschen Symphonie, die vielen Stimmen des Orchesters zu einem reichen Klange werden und die Seele des Ganzen zu uns spricht. Vielleicht aber, daß in der polyphonen Musik eines Bach die innersten Beziehungen der Kunst zur Organisation, die Vereinigung lebendiger selbständiger Stimmen zum einheitlichen Ganzen, in aller Strenge freiste Bewegung und reichstes Leben, zum allertiefsten Ausdruck kommen. Auch die Kunst hat also ihre großen, geborenen Organisationsmeister.

Umgekehrt ist die Kunst vom Standpunkt der Organisationslehre Symptom und Ausdruck einer Gesellschaftsverfassung, dem man den Grad der inneren Gesundheit einer Zeit entnehmen kann. So ist alle Kunst Ausdruck, nicht nur der Expressionismus unserer Zeit, der in diesem Sinne selbst als Ausdruck unserer Zeit bewertet, wohl wesentlich die letzte Selbstüberbietung der kapitalistischen Marktkunst darstellt. Vordringliche einzelne, die mit einer neuen Sensation für das kleine Ich um den Erfolg kämpfen und sich mit den Schmerzen einer Zeit brüsten, deren geschichtliche Bedeutung über den kleinen, unreifen Kopf hinausgeht. Dieser anarchische Drang ist dem Geiste einer organisatorischen Zeit innerlichst zuwider. Ihr im Grunde kümmerliches Gegenspiel! — Freilich, diese Diagnose mag auf sich beruhen! — Hier ist noch zu erwähnen, daß für die Organisationslehre die Kunst nicht nur Ausdruck, sondern wesentlich Organisationsmittel ist. Die Kunst hält die Organisationsgemeinde zusammen. So hat sie immer wieder in der religiösen Organisation gedient, wenn sie in ihren Symbolen die Gottheit sichtbar verkörperte. So kann sie im Staate wirken. Man denke daran, wie mit kluger Politik ein Perikles durch die Bauten der Akropolis das Bewußtsein der Bürger Athens in einheitlichem Stolze zusammenfaßte. Große schöne Volkshäuser unserer Gewerkschaften können denselben Erfolg haben. So ist es natürlich auch die Frage, wie wir der Menschheit das Bewußtsein ihrer Einheit geben, wenn der Völkerbund wirklich entsteht. Auch da hat die Kunst mitzusprechen. Und vor allem die deutsche Kunst! Ich kann in diesem Zusammenhang eine Schrift von Paul Becker über die „Symphonie von Beethoven bis Mahler" erwähnen, bei der man freilich die wohl reichlich übertriebene Bewunderung für Mahler nicht mitzumachen braucht. Aber Becker sagt mit Recht, daß es bei jeder Kunst auf die Gemeinde ankommt, zu der sie sprechen will, und daß gerade Beethoven bei seinen großen Werken in höchster Steigerung unseres deutschen Humanismus an die ganze Menschheit denkt. Namentlich in der neunten Symphonie! Solche Werke werden in der Zukunft in neuem Sinne wirken müssen.

So sind wir darauf vorbereitet, daß wir vollends neue Klarheit finden, wenn wir über den Zusammenhang der Organisationslehre und der *Philosophie* selbst nachdenken. Freilich, wir müssen uns wieder darüber einigen, was wir unter Philosophie, dem vielumstrittenen Begriff, verstehen wollen. Dem allgemeinsten Sinne nach Wesenserkenntnis, Erkenntnis der Dinge oder des Geschehens, wie sie an sich oder in sich sind. Bei kritischer Überlegung und im Laufe der Geschichte darum notwendig auf das beschränkt, was dem Menschen innerlich zugänglich ist und was ihm das alte delphische Wort vorschreibt: Selbsterkenntnis. Es ist nun klar, daß die Organisationslehre als Lehre von der bewußten Lebenseinheit der Menschen der Selbsterkenntnis zu ihrer Ergänzung bedarf, und daß umgekehrt für die Selbsterkenntnis die Einsicht grundwesentlich ist, daß der Mensch stets und immer als zwecktätiges Gemeinwesen lebt. Man kann sagen, es bedeutet eine Revolution und einen Abschluß in der Geschichte der Philosophie, wenn damit vollkommen Ernst gemacht werden wird, daß das zwecktätige Gemeinwesen für uns Menschen die Grundtatsache alles Lebens und Seins ist und in der Geschichte seine Lebensformen aufbaut. Vom Ich zum Wir. Descartes hat gesagt: Cogito, ergo sum. Damit fängt die neuere Philosophie auf ihrem individualistischen Boden an. Ich habe schon in meinem „Marx und Hegel" angeführt, daß es dafür heißen muß: Cogito, ergo sumus. Ich denke, Wir sind. Denn ich könnte nicht denken, wenn nicht Wir, die menschliche Gemeinschaft, Sprache und Denkformen geschaffen hätte. Alles Geistige ist seinem inneren Wesen nach mehrpersönlich. Das ist die Grundvoraussetzung der Organisationslehre.

Es ist selbstverständlich, daß sich das nach allen Seiten in der Philosophie auswirken muß. Die *Psychologie* bekommt eine ganz andere straffere Aufgabe, wenn sie Organisationspsychologie treibt. Demgegenüber bleibt auch Sozialpsychologie verschwommen und unklar, gleichsam ohne Willen. Der Begriff des geistig Gesunden wird durch die Grundnotwendigkeit der Organisationspsychologie im tiefsten Sinne anders. Denn manche Unterdrückung und Hemmung, gegen die der einzelne sich als einzelner aufbäumt und die ihm seelische Beschwerden macht, ist eine notwendige Gesundheitsmaßregel des gesellschaftlichen Ganzen.

Aber man kann ja streiten, ob das schon eigentlich philosophische Fragen sind. Metaphysik und Erkenntnistheorie ist die Sache! Organisationslehre läßt nur eine *Metaphysik* als möglich erscheinen, die irgendwie die übergreifende Einheit aus verschieden gearteten Teilen verständlich macht. Also eine Metaphysik, die irgendwie das verarbeitet und zu nutzen weiß, was Hegel in seiner gewaltigen Lehre von den Gegensätzen und der Vereinigung der Gegensätze zu entwerfen wagte. Und für die *Erkenntnistheorie* macht man sich am besten klar, daß es vom Standpunkt der Organisationslehre nicht mehr heißt: Kritik der reinen Vernunft, sondern Kritik der Vernunft im gemeintätigen Erfahrungsbau der Menschheit. Kritik des „Wir", von dem Kant gelegentlich kleingeschrieben spricht, und das doch der eigentliche Träger der Erfahrung ist, deren Voraussetzungen Kant auseinanderlegen möchte. Es ist klar, daß damit auch der Logik von vornherein ihre richtige Fragestellung gegeben ist: wie muß gedacht werden, daß eine gemeintätige Erfahrung über alle Wirklichkeitsgebiete möglich wird, wie wir Menschen sie für unsere gemeintätige Praxis brauchen. Die Logik ist die Organisationslehre des Begreifens, der formenden Kunst des Gedankens, der im Innersten dasselbe ist wie Organisation: bewußte Einheitsbildung.

Das führt nun freilich vom unmittelbaren Leben zum Teil weit weg und in Hintergründe unseres Denkens, denen sich nicht jeder nähern will. Unmittelbar praktisch wird es aber bei der *Ethik*. Denn die Ethik bekommt durch die Organisationslehre erst ihr eigentliches Fundament. Wie kann man über die Gemeinbetätigung des Menschen innere Regeln geben wollen, wenn man die Formen und Bedingungen der Gemeinbetätigung nicht in einer grundsätzlichen Erkenntnis lebensgemäß zusammengefaßt hat. Unsere ethischen Systeme sind größtenteils von Einspännern des Willens geschaffen worden. Sittliche Notmaßregeln, um den einzelnen in stark individualistischen Zeiten eine innere Hilfe zu sein. So ist die Lehre der Stoa, die Pflichtmoral des Altertums entstanden. So die Lehre Kants vom kategorischen Imperativ, der darauf aufbaut. Das sind ungeheuer lebensfremde Doktrinen, und namentlich die Auffassung Kants eine naturwidrige Übersteigerung eines künstlich konstruierten inneren Sittengesetzes über die natürlichen Antriebe des miterlebten Gesellschaftszusammenhangs. Organisation lehrt das wahre Pflichtverständnis und den steten Dienst im Ganzen, auch wenn die starre Regel fehlt.

Daß schließlich auch der *Pädagogik* durch die Organisationslehre ihr eigentliches Ziel gestellt wird, ist ohne weiteres klar. Die Praxis hat das vielfach aus der unmittelbaren Wirklichkeit her schon aufgenommen. Viele dieser Bestrebungen werden heute unter dem Schlagwort der „Erziehung zum Führertum" zusammengefaßt.

Alles in allem, durch die Organisationslehre wird der Geist unseres 18. Jahrhunderts mit der Leistung unseres 19. Jahrhunderts vereinigt, die Philosophie wieder zum festen Stand für die Praxis unseres Lebens, die Praxis des Lebens zum Wirklichkeitsboden der Philosophie. —

Wir dürften es danach wagen, auch über den Zusammenhang der Organisationslehre und der *Theologie* ein Wort zu sagen, wenn das auch als eine bedenkliche Grenzüberschreitung erscheinen kann.

Organisation war für uns „bewußte Lebenseinheit aus bewußten Teilen". Aber Religion und religiöses Erleben ist Streben der Einzelseele, des bewußten Lebensteils, nach letzter Lebenseinheit in aller Wirklichkeit, nach einer Eingliederung in den Dienst eines höchsten Willens und nach gemeinsamer Lebensarbeit mit allen mitwirkenden Lebensgliedern. Organisatorisches Denken muß nach dieser Einheit greifen. Es ist der Drang unserer Vernunft, diese Einheit zu suchen. Und jede Art Organisation gibt in ihrer Weise Glaubenskraft, eine überindividuelle Lebensgewißheit, die über das Einzeldasein hinausführt, ist also eine Art Vorschule zu jener höchsten, leichtesten und freiesten Lebensgewißheit.

So ist auch da ein Grundzusammenhang, der anerkannt sein will. Mehr im einzelnen finden wir von beiden Seiten her reiche Beziehungen. Jede Kirche, namentlich aber etwa die katholische Kirche, ist selbst eine Riesenorganisation, an der sich das ganze Organisationsleben nach allen Seiten hin, mit all seinen Gefahren und all seinen Vorzügen, vollständig studieren läßt, und die man darum nur durch eine vergleichende Organisationslehre allseitig verstehen wird. Die Glaubensgesinnung einer Religion muß neben der Kirche in das weltliche Organisationsleben ausstrahlen. Sie hat sich im Christentum namentlich in dem reichen Organisationsleben des Mittelalters, aber auch in einer zahlreichen Vereinsbildung im 19. Jahrhundert entfaltet. Die Organisationsentwicklung neben der Kirche beeinflußt ihre Tätigkeit und ihren Aufbau. Jede Veränderung im Staate, jede Veränderung in der Gesellschaft, namentlich die Entwicklung der Arbeiterschaft etwa und ihre Organisationsbildung wirkt so auf die Kirche zurück. — Man kann sogar in der innersten Glaubenslehre solche Beziehungen finden, denn es ist klar, daß z. B. die Mehrpersönlichkeit des Geistes, wie sie das christliche Dogma lehrt, auf Grund der Organisationslehre und ihrer Voraussetzungen anders verstanden werden muß, als in einer Zeit des extremen Individualismus. So muß sich das religiöse Interesse der Organisationslehre zuwenden.

Umgekehrt aber, um auch hier diese Gegenüberstellung wieder vorzunehmen, ist für die Organisationslehre selbst die Kirchenbildung und ihre Auswirkung ein Gegenstand von allergrößter Bedeutung. Das Christentum hat durch seine Lehre von der Brüderlichkeit der Menschen den Urtrieb der menschlichen Solidarität zur höchsten Klarheit freigesetzt und damit den Boden für den menschheitlichen Zusammenschluß auch da vorbereitet, wo es nicht mehr unmittelbar wirkt. Es ist das Fundament der Völkerorganisation, auf dem heute aufgebaut werden soll. —

Und nun ein anderes Bild dagegen. Denn wenn wir so mit einiger Vorsicht und Zurückhaltung sagen können, daß die Organisationslehre als Geisteswissenschaft sich der Gotteswissenschaft nähert, so ist und bleibt sie auf der anderen Seite nüchtern und bestimmt *eine Naturwissenschaft unter anderen Naturwissenschaften*. Damit schlagen wir wieder die Brücke zwischen den beiden großen Teilen der Wissenschaft, die wir am Anfang dieser Ausführungen einander gegenüberstellen mußten. Denn selbstverständlich muß das menschliche Willensleben mit seinen **Form-**

bauten als Verlängerung und Fortsetzung der untermenschlichen Wirklichkeit und ihrer Formen aufgefaßt und gedeutet werden. Der Chemiker kann in der Organisation eine höchste Anwendung des Prinzips der Synthese finden, der Physiologe den Aufbau und Abbau von Verbindungen, namentlich wenn er Zeiten der Atomisierung des Gesellschaftslebens und des folgenden Wiedereinsetzens der Organisation ganz im Großen ins Auge faßt. Schon von vornherein erscheint ja alles *Organisationsleben* als der ganz natürliche Aufbau des *organischen* Lebens, aus dem es herausblüht. Und so können sich wegen dieser Übereinstimmung Vorzüge für die vergleichende naturwissenschaftliche Betrachtung ergeben, weil der Gesellschaftskörper so viel größer und gegliederter ist, daß man z. B. die Kreuzung seiner Leitungsbahnen so viel besser übersieht, als etwa in der Gehirnanatomie. Oder weil der Gesellschaftskörper seinen Formwandel unter unserer geschichtlichen Beobachtung vollzieht. Bei der Darwinfrage der Entstehung der natürlichen Arten kennen wir nur die fertigen Formen, und müssen die Übergänge in der Phantasie ergänzen. Bei den Organisationsarten der menschlichen Gesellschaft, den Wirtschafts- und Gesellschaftsstufen sehen wir die Metamorphose sozusagen mit an. Vor allem aber bei den gesellschaftlichen Umformungen können wir in das Innere der Kräfte tiefer hinein. Nicht alles ist dabei „Zweck". Vieles ist ungeplantes Massenwerden, das gleichsam organisch wächst. Aber der Zweck, die Idee, das bewußt erfaßte Richtbild ist da und kann in den Grenzen seiner Wirksamkeit festgelegt werden. So gewinnen wir hier ein Erklärungsprinzip mit zuverlässiger Gewißheit, dessen Geltung im bloßen Naturleben durch die strenge Kausaltheorie im engeren Sinne immer wieder bestritten wird. Darum bedeutet die Organisationslehre auch für die Naturwissenschaft einen eigentlichen Abschluß.

Was aber die Naturwissenschaft umgekehrt für die Organisationslehre bedeuten kann und muß, wurde wohl schon genügend klar gesagt. Die Organisationslehre ist ihrem innersten Wesen nach Geistes- und Willenserkenntis, aber sie kommt in die Gefahr der gefühlseligen Entartung, wenn sie es nicht lernt, mit dem nüchternen Realismus, ja Naturalismus der Naturwissenschaft in die Welt zu blicken. Man kann das auch so ausdrücken: Alle Organisationslehre muß zu einem Teil bewußt „marxistisch" sein. Sie muß neben ihrem innersten Kern von Idealismus auch ihren „Materialismus" haben und ihn durch den engen Anschluß an die Naturwissenschaft immer neu betätigen.

Diese innerste Beziehung zur Naturwissenschaft kommt besonders deutlich heraus, wenn zuletzt noch an die nahe und enge Verwandtschaft zwischen Organisationslehre und *Technik* erinnert wird. Es ist eine Verwandtschaft, die jeder Praktiker kennt und die auch in der Ausbildung der Techniker schon immer mehr betont wird. *Konstruktion* und

Organisation sind etwas Verschiedenes, aber sie gehören auch von Grund aus zusammen. Sowohl dem innersten Wesen nach, als zweckvoll vereinigendes Schaffen, wie in der Praxis der aufbauenden Arbeit. Und die Organisationslehre ihrerseits muß bei den Zielen, die sie sich stellt, diese Verwandtschaft stets vor Augen haben, auch wenn sie es für einen Teil ihrer Aufgaben hält, vor der Überschätzung der rein mechanischen, rein dinglichen Organisation zu warnen, und von der äußeren Natur wieder zum inneren Geiste zurückgeht. —

Damit sei der Überblick über die Stellung der Organisationslehre im Reiche der Wissenschaften geschlossen! Und doch haben alle Wissenschaften zusammen noch ein allen gemeinsames Interesse an dieser neuen Wissenschaft. Denn die Wissenschaft selbst ist Gemeinbetätigung, ist Organisation. Kein einzelner trägt sie, so hoch die Sonderleistung der großen denkenden Köpfe gewertet wird. Sie ist als gesellschaftlicher Aufklärungsdienst für die gemeinsame Lebenspraxis eine Arbeit der Gemeinschaft. Das hat man auch stets anerkannt, selbst wo man sich die innerste Bedeutung dieser Einsicht in individualistischer Selbstüberschätzung nicht klargemacht hat, und hat die Wissenschaft stets und immer organisiert. Alle wissenschaftlichen Schulen, Universitäten, Akademien, Herausgebervereinigungen usw. sind ja solche Organisationen. Aber in einer Zeit, wo es gilt, daß die deutsche Wissenschaft mit beschränkten Kräften gleichwohl noch mehr leistet, als sie bisher geleistet hat, kommt es darauf an, daß sie sich von Grund aus auf die Aufgabe ihrer eigenen Organisation in allen ihren Teilen besinnt. Es kommt darauf an, daß sie sich trotz aller tief im Wesen der geistigen Arbeit begründeten Neigung zur Vereinzelung und zur leidigen Selbstüberschätzung der Kleinigkeitskrämer, von der Gesinnung der Organisation und der richtigen Einschätzung jedes einzelnen Dienstes im gemeinsamen Erkenntnisamt durchdringen läßt, wenn sie nicht in einer Zeit altfränkisch und kleinbürgerlich wirken will, die als Ganzes organisatorisch denkt.

Und in einer Zeit, wo alle politischen Kräfte sich neu zueinander ordnen und ihren Geltungsbereich neu bestimmen, kommt es darauf an, daß sich die deutsche Wissenschaft darauf besinnt, daß sie gerade in ihrer Freiheit und Voraussetzungslosigkeit, mit der kühnen Weite ihres Blickes und der harten Gründlichkeit ihrer Arbeit eine politische Kraft ist, die sich zum Heil des Ganzen als solche selbständig behaupten muß, und die nicht irgendwie durch das neue Gegeneinander der Bestrebungen von ihrer Aufgabe abgelenkt und unterdrückt werden darf. Die Gefahr ist da! Auch darum ist es notwendig, darin stimme ich einem besonders verehrten Kollegen, der als Chemiker und Techniker schon die nötige Organisationsschulung hat, vollkommen zu, daß die Wissenschaft sich auf ihre eigene Organisation und die geschichtlich fest begründete Selbständigkeit dieser Organisation im freien Geiste besinnt. Allerdings zugleich, das füge ich hinzu, auf ihren Dienst als Glied im Ganzen. Sie ist das Hirn für unseren aufbauenden Willen.

III.

Das Urgesetz der Organisation

1. Das Gesetz der Ineinigung

1. Wesung

a) Wenn wir davon ausgehen, daß Organisation bewußte Einheit aus bewußten Teilen ist, so ist es leicht, den ganz allgemein Grundvorgang festzustellen: *Einheit aus der Vielheit*. Organisation ist das einleuchtendste Beispiel aller Einigungsvorgänge. Einheit aus der Vielheit! Das klingt sehr einfach und ist doch ein Wunderwort, wenn die tiefste Sehnsucht erfüllt wird und die Einheit entsteht. Wenn ein wieder in Hader zerfallenes Volk, oder wenn die Menschheit nach *Einheit* schreit. Aber auch nüchtern in seiner sachlichsten Bedeutung ein sehr bemerkenswerter Satz. Eine Grundfrage alles philosophischen Nachdenkens. Das tiefste Rätsel der Wirklichkeit, oder doch ein Hinweis auf ihr innerstes Geheimnis. Wo eine dauernde Einheit vorhanden ist, die allen verschiedenen Äußerungen zu Grunde zu liegen scheint, sprechen wir von einem *Wesen*. Bildung der Einheit aus der Vielheit ist also: *ein Wesungsvorgang*. Das ist der letzte Sinn. Und damit steigt auch schon das Gegenteil der Organisation vor unserem Auge auf: die *Verwesung*, der Zerfall. Wo eine Einheit verlorengeht, löst sich ein Wesen auf. *Wo ein Wesen bestehen und sich in der Welt behaupten soll, muß Einheit sein.* Das gilt auch vom Volkswesen und vom Gemeinwesen und geht uns Deutsche nahe an. *Im Bereich der bewußten Organisation behauptet nur der Wille die Einheit.*

b) Wir müssen das nun mit ruhigem wissenschaftlichem Auge betrachten und haben dabei festzustellen, daß die Wissenschaft an den Wesungsvorgängen bisher „wesentlich" vorbeigeht und ihre einheitlichen Reihen nicht zusammenstellt.

Was die *Naturwissenschaft* bisher will, ist Gesetze feststellen, in welchen genau berechneten quantitativen Verhältnissen Bewegungen in Raum und Zeit aufeinander folgen. Jeder Gedanke an eine übergreifende Einheit in diesem bloßen Nacheinander geht ihr so gegen die Gewohnheit, daß sie sogar den Begriff der Kraft am liebsten entbehren möchte. Sie sieht nur die gegebene Vielheit von Bewegungen und stellt ihre Veränderungen und ihre Auswechselbarkeit fest.

Dagegen die *Geschichtswissenschaft,* wie ihr die Aufgabe neuerdings meistens gestellt wird, soll, was sich als gegebene Einheit einzeln betätigt, nacherleben, weil alles im Ablauf des menschlichen Geschehens einzigartig und niemals wiederkehrend vorübergeht.

Aber *wie aus der Vielheit die Einheit wird,* das steht sozusagen bisher unerledigt zwischen den Wissenschaften und findet nur nebenbei Erwähnung, obwohl es eigentlich die Grundfrage des Weltaufbaus ist, der von der Vielheit zur Einheit geht. Was sich im Geschichtsbau der Menschheit wiederholt, bis die Einigung der Völker spruchreif geworden ist.

Selbstverständlich sehen wir also unter dem Organisationsbegriff *die Welt als werdende Gestalt,* nicht nur als System von Gesetzen, nicht nur als Flucht von Einzelheiten. Darin bewährt sich, daß *Organisation* ein *Weltgrundbegriff* ist.

c) Dabei ist jede einzelne Seite der Grundanschauung genau zu beachten. Das erste ist: Die Einheit *wird.* Unter dem Begriff der Organisation sieht man die Welt selbstverständlich als Form, aber ebenso selbstverständlich nicht als ruhende Form, sondern als *Bewegung,* die Menschenwelt in *tatkräftiger Bewegung.* Das ist jedem einleuchtend, der in einer Organisation wirkt. Aus Bewegung geht die Organisation hervor. Durch Organisation wird die Bewegung erhalten und baut schließlich die ganze geschichtliche Menschenwelt zur Organisation um, in der aber die Bewegung als Leben der Glieder immer weitergeht. Darum müssen wir auch am Ende der Lehre vom Begriff der Organisation wieder auf das Verhältnis von Organisation und Bewegung zurückkommen.

Das zweite ist: Aus Teilen wird *Einheit.* Eine Gesamtform greift über die Teile über und vereinigt sie zur festen Gesamtgestalt, die als solche in der Wirklichkeit besteht. Das dritte ist: Die Einheit wird aus *Teilen.* Teilen, die ihre Kraft behalten und nach ihrer eigenen Kraft, mehr oder weniger verschieden wirkend, im Ganzen zur Geltung kommen. Es ist nach diesen beiden letzten Sätzen darum von vornherein im Auge zu behalten, daß die obersten Sätze und Regeln einer *bewußten* Einheitsbildung die Art der Einheit und die besondere Stellung der Teile betreffen werden.

d) Folgerichtig greifen wir *die ganze Wirklichkeit* mit diesen Begriffen ab und fragen: Wo ist Ähnliches, wo ist Verschiedenes. *Wo Einheit aus Einheiten ist, da sind organisationsartige Verhältnisse.* Der Aufbau unseres Weltensystems, die ineinanderwirkenden Ringe des Atoms, so wie es als eine komplizierte kleine Dynamomaschine der moderne

Physiker sieht, stoßen uns auf, aber wir beschränken uns vorsichtig auf diese kurze Erinnerung. Was da ein kühner Vergleich ist, wird im organischen Leben zur selbstverständlichen Ähnlichkeit. *Leben ist Einheit, die sich übergreifend über wechselnde Teile und wechselnde Tätigkeiten erhält.* Leben ist als Stoffwechsel beständiges Hineinbilden fremdartiger Teile in die übergreifende, sich ernährende Lebenseinheit. Der Organismus wächst als Zellenstaat, als reichgegliederte Einheit, aus einfachen Einheiten zusammen. In allem also derselbe Grundvorgang.

Und beinahe verwunderlich merkwürdig wird die Zusammenstellung, wenn wir mit voraussetzungsloser Vollständigkeit fragen, *wo im Menschenleben Einheit aus Vielheit* entsteht. Wenn das neue Leben geboren wird, Zeugung durch die Vereinigung der Geschlechter, so entsteht Einheit aus der Vielheit. Das Einheitsgefühl von Mensch zu Mensch, das als Grundbewußtsein unseres Artzusammenhangs durchbricht und der religiösen Lehre von der Menschenliebe den unendlichen Widerhall schafft, wirkt Einheit in der Vielheit. Wo wir zu irgendeiner gemeinsamen Tat organisatorisch unsere Kräfte vereinigen: Einheit in der Vielheit. Und schließlich unsere ganze Vernunftbetätigung, wenn wir aus unseren Einzelempfindungen große Erkenntnisse, eine Weltanschauung, ein politisches Ideensystem, Sozialismus aufbauen, so bauen wir Einheit aus der Vielheit. Und dieses uns von Grund aus natürliche Gesetz der Einheitsbildung läßt uns sogar fragen: was für eine Einheit steckt hinter all diesen merkwürdig verschiedenen Formen, die wir da genannt haben. Auf was für eine *Grundenergie* läßt sich Zeugung, Menschenliebe, Staatsbildung und Vernunftentwicklung zurückführen. Die Philosophie hat danach gefragt, und am weitesten ist wohl Plato damit gekommen, namentlich wenn man die Darstellung seines „Gastmahls" durch die Darstellung seines „Staates" ergänzt, indem er in allem Eros, den *schaffenden Drang der Liebe* wiederfindet. Heutzutage wird eine solche Wendung leicht schmutzig-sexuell gefaßt. Das soll beiseite bleiben. Natürlich ist aber auch keine weiche Gefühlsseligkeit gemeint, sondern schaffende Liebe, die in ihrem Vereinigungsdrang überall bis zur Härte gehen kann. Man kann die Wendung auch so fassen: Diese Kraft der Vereinigung ist *schaffende Vernunft*. Aber dann muß man das Wort „Vernunft" als die Bezeichnung einer wirklichen Seinskraft verstehen, nicht als die Vernünftelei verkümmerter Denkwürmchen, die ihre kleinen Meinungen für die ganze Vernunft halten möchten.

Wie Liebe als der innere Schaffensdrang in all seinen Formen das stärkste Schicksal des einzelnen ist, so ist *Einheitsschaffung das stärkste Schicksal, das innerste Lebensgesetz der Menschheit. Wo wir den Weg der Einheit gehen, gehen wir im besonderen Sinne den Weg zu Gott.* Auch das muß freilich mit aller Vorsicht verstanden werden.

Einheitsbildung ist jedenfalls ein letztes und tiefstes Weltgesetz, das im Menschen lebt, aber nicht aus dem Menschen stammt, und das durch den Wechsel der menschlichen Geschlechter hindurchwirkt, um sich zu vollenden. *Wir sind Diener der Einheit. Wir stehen unter der Macht des Objektiven, das über uns hinausgeht.*

e) Diese Auffassung steht natürlich mit allen Lehren in Verbindung, die die Welt irgendwie als immer neu werdende Einheit sehen. Wir haben davon im wesentlichen zwei Fassungen. Eine mehr äußerlich naturwissenschaftliche und eigentlich ziemlich oberflächliche Wendung, die von Herbert Spencer stammt, und alles Geschehen als einen Wechsel von *Differenzierung und Integration* auffaßt. Ständige Besonderung, auf die die Wiederganzwerdung folgt. *Organisation ist so die höchste Integrationsform.* Eine tiefer gefaßte Lehre geht auf das Innere der Einheitsbildung und faßt das Wesen von Geist und *Vernunft als Synthese,* als Zusammenfassung. So sieht es Kant, namentlich wo er in dem Aufsatz über die „Idee einer allgemeinen Geschichte in weltbürgerlicher Absicht" die Vernunft als Kraft der grenzenlosen Erweiterung der natürlichen menschlichen Anlagen in ihrer geschichtlichen Arbeit sieht. Wenn Hegel dann lehrt, daß alle Vorgänge der ganzen, von Grund aus bewegt gesehenen Wirklichkeit immer wieder auf Bejahung, Verneinung und schließliche Vereinigung der Gegensätze hinauskommen, so ist das dieselbe Grundauffassung, daß Vernunft immer wieder Synthese, Einheitsbildung ist. Danach können wir *Organisation die höchstausgeprägte Form dieser Synthese* oder auch, um mit Hegel zu sprechen, *die höchstausgeführte Form der Bejahung* oder der Position nennen. *Die Lehre von der Organisation macht also die alten Lehren von der Entstehung der Einheit in der Welt äußerlich und innerlich erst vollständig.*

2. Chaos, Masse und Atomisierung

a) Ohne auf die tiefere philosophische Bedeutung eines solchen Verhaltens irgendwie einzugehen, gilt es uns als natürliche Grundtatsache unseres Denkens, daß wir einen Begriff seinem *Gegenteil* gegenüberstellen müssen, wenn wir ihn richtig begreifen sollen. Das wächst ohne weiteres aus dem gesunden Denken heraus und hängt innerlich zusammen. Wie unsere Rede bekanntlich neben dem Ja, Ja, das Nein, Nein haben muß.

Den Gegensatz zur Organisation kann man nun verfolgen als *Zustand,* der keine Organisation hat, als *Stoff,* der auf Organisation wartet, oder als *Vorgang,* der die Organisation auflöst. Als *Zustand* steht das *Chaos,* Tohuwabohu, Durcheinander, die Anarchie der Ordnung und dem Kosmos gegenüber. Als *Stoff:* die *Masse,* die gestaltlos durcheinanderwogt! Als *Vorgang: Verwesung* und *Atomisierung.*

Alles das ist natürlich innerlich dasselbe. *Masse ist der Haufen der Atome. Der Ruf nach der Masse ist im Grunde immer der Appell an die Anarchie. Desorganisation führt über die Masse zum Chaos.*

b) Aber genau so, wie die Organisation *gerichtete* Bewegung ist, so ist selbstverständlich auch das Chaos, die Masse, ständige Bewegung, aber in ungerichteter, *gestaltloser Bewegung*. Ein ständiges Ziehen und Zerren der Kräfte. Ein Ineinanderfließen der Strömungen zu immer neuen Verbindungen, bei denen im einzelnen die Grundgesetzlichkeiten der verschiedenen Kräfte nach ihrer Art wirken, das Ganze aber zu einem Wechselspiel stets neuer unübersichtlicher Zusammenhänge wird. Wir stoßen damit wieder auf einen Begriff, der für die ganze Organisationslehre außerordentlich wichtig ist: denn diese gestaltlose Bewegung der chaotisch gegeneinander wirkenden Kräfte ist *die Konjunktur,* die wir hier in ihrem allgemeinsten Sinne nehmen (S. 82). Wo das Chaos kommt, entsteht immer wildeste Konjunktur, in dem Sinne, daß die Teile in jähen Wechselfällen durcheinandergeworfen werden, aber auch in dem Sinne, daß an diesen Wechselfällen von Profitmachern sehr viel verdient werden kann. Die Kräfte, die diese Erfolgsmöglichkeiten suchen, sind die schlimmsten Feinde jeder Organisation. Kriegskonjunktur war ein solches Chaos, war solche Konjunktur. *Planlose* Welterneuerung kann es werden.

Neben aller Organisation und neben allen organisationsartigen Verhältnissen, wo und in welcher Form sie sich auch finden mögen, steht *immer Konjunktur,* weil immer Chaos und mancherorts sehr viel Chaos in der Wirklichkeit vorhanden ist. Und selbst innerhalb der Organisation wirkt dieses chaotische Durcheinander der Bewegung im einzelnen nach.

Aber es gibt ein *Grundverhältnis zwischen Konjunktur und Organisation.* Je mehr die Organisation fortschreitet, desto mehr treten die mehr zufälligen Möglichkeiten der Konjunktur zurück. So schränkte die beginnende Wirtschaftsorganisation vor dem Kriege die Wirtschaftsschwankungen immer mehr ein. Der Krieg selbst brachte durch die Auflösung der gewohnten Wirtschaftsbeziehungen so viel Unordnung und so viel Möglichkeiten für die erwerbssüchtige Einzelkraft, daß der Kampf der Organisation gegen diese Kriegskonjunktur beinahe unmöglich war. Denn auch diese Beziehung ist umgekehrt klar. Je stärker die Konjunktur, je veränderlicher das Durcheinander der Kraftbeziehungen in der umgebenden Welt, um so schwerer behauptet die Organisation vor den ständig wechselnden Anreizen und Aufgaben ihr inneres Gleichgewicht, um so stärker wird ihre Belastungsprobe. *Wirtschaftsorganisation in einem Weltkrieg, Wirtschaftsorganisation in der schweren Übergangswirtschaft nach einem Weltkrieg sind wegen der Kon-*

junktur beinahe unmenschlich schwere Organisationsaufgaben. Und das Durcheinander kann so stürmisch werden, daß die chaotische Konjunktur gänzlich unbeherrschter Massenbestrebungen das ganze Wirtschaftsleben auseinanderreißt, wenn wir nicht als Einzelne und als Volk unseren Willen in nüchternster Entschlossenheit *beherrschen.* *Nur durch den Willen triumphiert der Mensch über das scheinbare Naturgesetz der gesellschaftlichen Konjunktur.* Das ist in der Gegenwart die praktische Anwendung der Grundeinsicht, daß Konjunktur und Organisation in einem ewigen Wechselverhältnis stehen.

c) Daran schließt sich eine kleine Erinnerung sehr natürlich an. Es handelt sich hier um Tatsachen, nicht um Gefühlswerte, und man muß sich hüten, etwas nur deshalb herunterzuwerten, weil es das Gegenteil der Organisation ist. Es kann an den bezeichnenden Ausdruck von Nietzsche erinnert werden, daß man *noch Chaos in sich* haben, noch urkräftigen Gestaltungsdrang fühlen muß. Allerdings kann es auch *ein ausgekochtes Chaos* geben, das als Trümmerfeld aus der Auflösung der Organisation entsteht, die nicht wieder neu gebildet werden kann. So spricht Chamberlain mit einigem Recht vom Völkerchaos im ausgehenden Römerreich, so steht Rußland vielleicht vor einem ausgekochten Chaos. Und wie am Chaos, so kann man auch an der Konjunktur die Seite der vorwärtstreibenden Kraft erkennen und werten, weil sie das Streben der einzelnen spornt und steigert. Aber diese vergleichsweise Anerkennung der Konjunktur darf nicht dazu führen, daß man das Grauen des vollkommenen Durcheinanders irgendwie verkennt und nicht alles tut, um rechtzeitig die Kräfte zur bewußten, nüchternen *Selbstbeherrschung* zurückzubringen. Allerdings so wenig Chaos oder Konjunktur ein unbedingtes Übel, so wenig ist Organisation in jedem Sinne schlechthin und uneingeschränkt ein unbedingtes Gut. Man spricht mit Recht von *Uniformitätsgier,* die gleich gefährlich ist, ob sie nun von oben oder von unten ausgeht und so oder so zu einem reinen Zwangsstaat führt. Wenn in den Tatsachen Gegensätze sind, so wird der richtige Kurs eine klug gesteuerte Mitte sein. Zwischen Scylla und Charybdis! Aber mit sehenden Augen!

d) Und nun kommen wir dazu, den Vorgang der *Desorganisierung* in seinen schillernden Formen etwas näher anzusehen.

In strenger Ausdrucksweise kann man die Sache als ein *Gegeneinandereinzelwerden der Teile* bezeichnen. Als wesentlich von innen heraus fortschreitender Vorgang ist es eine *Auflösung.* Gewaltsam durchgesetzt, *Zersplitterung* oder *Zertrümmerung.* Daß der Ausdruck *Verwesung* den eigentlichen Kern bezeichnet, daß das Wesen verschwindet, wurde schon erwähnt. *Entzweiung* steht der Einung mit der Eindringlichkeit des einfachen Zahlenbildes gegenüber. Wo die Entzweiung anfängt, beginnt die Desorganisation. Die einfache logische Fassung ist die *Verneinung,* und mit der Verneinung die *Kritik.* Kritik ist stets desorganisatorisch, weil sie auflöst und zersetzt. Aber das zeigt auch, wie unbedingt lebensnotwendig desorganisatorische Vorgänge im Ganzen unseres gesellschaftlichen Seins werden können, damit höheres Sein aufgebaut wird. Denn wir denken nicht daran, die Kritik irgend zu verkleinern, nur jede Richtung, die immer bei der Kritik bleibt und nicht gestaltend aufbauen kann, ist schlechterdings Desorganisation und im Grunde Auflösung der Einheit unter den Menschen, wenn sie auch mit Worten auf die Fahne der Einheit schwört.

Sieht man darauf, daß die letzten Teileinheiten wieder freiwerden und selbständig zur Wirkung kommen, so ist Desorganisation *Atomisierung.* Das stellt sich als eine ungeheure Beweglichkeit der Teile dar, und diese *Mobilisierung* kann wieder die positive kraftfördernde Seite der Sache zum Ausdruck bringen. So war die Atomisierung der bürgerlichen Gesellschaft des 19. Jahrhunderts im positiven Sinne Mobilisierung der Menschen und Güter, die die ungeheure Regsamkeit dieses ungefesselt dahinbrausenden Jahrhunderts erst möglich gemacht hat.

Bilden sich aus dem Ganzen, das eigentlich zusammengehört, Teileinheiten von geringerem Umfang, so haben wir *Partikularisierung* und *Fraktionierung.* Auch die *Fraktionierung,* so notwendig sie im politischen Leben sein mag, ist eine *Desorganisation* der einheitlichen Volksvertretung und eine Zersplitterung ihres Sachverständigenkreises. Und ebenso ist *jeder Partikularismus ein Desorganisationsvorgang,* der Sonderbestrebungen zur Herauslösung aus dem natürlichen Ganzen übertreibt. Auch *Klassenpartikularismus* ist also ein *Desorganisationsvorgang* und sogar ein sehr gefährlicher Desorganisationsvorgang, wenn das eigentliche Bewegungsziel Organisation der Gesamtgesellschaft heißt. Denn eine solche Bewegung muß einmal einen Sprung aus der altgewordenen Vergangenheit des Klassenkampfes in die aufbauende Gegenwart der Gesellschaftsversöhnung machen, und der rechtzeitige Augenblick wird nur zu leicht verpaßt, wenn er nicht bereits verpaßt ist. Nur eine blinde Unkenntnis der ganzen Organisationslehre aus veraltetem „Materialismus" macht eine solche Kurzsichtigkeit begreiflich.

Schließlich, wo der einzelne Teil sich als solcher selbständig und bewußt vom Ganzen loslöst, also bei den menschlichen Einheiten haben wir *Einzelgängerei und Eigenbrötelei* als Gegensatz zur Organisation. Auch das muß man richtig sehen. Es gibt einen notwendigen Eigensinn der Kraft, die sich ihren Weg zunächst neben den anderen suchen muß, weil sie etwas Besonderes für das Ganze leisten kann. Das fühlt die begabte Jugend. Und der Satz von Ibsen hat einen tiefen Sinn: *der stärkste Mann ist, der allein steht. Auch ein Volk muß das können, wenn es nicht ver-*

standen wird und doch eine gerechte Sache hat. Es harrt seiner Zukunft und wird den Sieg seiner gerechten Sache erleben! — Aber freilich, kleinlich, eigensinnig und nörgelig, beschränkt in nächste Ziele verloren ist Einzelgängerei der schlimmste Feind aller Organisation, und so ist sie trotz der großen Organisationskraft unseres Volkes der Erbfehler der Deutschen. Sie ist jetzt besonders gefährlich, weil die Enttäuschungen des Krieges sie verstärken können.

Man kann wohl sagen, es ist leichter, die Einheit zu verlieren, als sie zu gewinnen. Die Wege führen nach allen Seiten und in allen Formen auseinander.

e) Selbstverständlich geht auch dieser Begriff des Abbaus und der Desorganisation über die *ganze Wirklichkeit*. In der organischen Welt kennen wir bei der Radioaktivität den *Atomzerfall*. In der Physiologie durch die Forschung Abderhaldens den *Abbau unserer Ernährungsstoffe* auf die letzten Einheiten. Die *Weltgeschichte* können wir ohne die großen Auflösungsprozesse nicht denken. Der Zerfall des Römerreiches, halb Auflösung, halb Zertrümmerung, aus dem die neue Organisation der christlichen Kirche herauswächst, um die beginnende Kultur unseres Völkerkreises zu schützen! Oder die große Atomisierung der bürgerlichen Gesellschaft durch die wirtschaftliche und politische Befreiungsgesetzgebung des 19. Jahrhunderts, auf die schon hingewiesen wurde. Es erübrigt sich, weitere Beispiele zu nennen. Es stehen ohne weiteres zwei entgegengesetzte Grundvorgänge der Wirklichkeit nebeneinander, die unser Denken natürlich als solche erkennt und zusammenhält.

3. Der Wechselgang von Organisation und Desorganisation

a) Aus dieser Nebeneinanderstellung ergibt sich der Gedanke an einen Wechselgang, einen Rhythmus. Organisationsloser Zustand, Organisation, Auflösung der Organisation! *Das Chaos geht der Organisation voran und kann auf die Organisation folgen.*

Es geht voran, das ist selbstverständlich. Die Teile sind da, und die Einheit greift über sie hinweg. Organisation im höheren Sinne namentlich muß immer von gegebenen Organisationsgrundlagen ausgehen. Es ist ein zweiter Akt. Wer ist da, den wir organisieren können. Das ist immer die Frage.

Das Chaos kann folgen. Die Möglichkeit ist ohne weiteres gegeben. Das gewordene Band der Einheit kann zerreißen, weil es vergänglich ist. Die vereinigten Glieder widerstreben dem Band der Einheit und sprengen es auseinander.

Aber indem die Vereinzelung entsteht, wird der elementare Boden für die Betätigung der Organisationskraft wieder frei, und das Spiel kann von neuem beginnen.

b) Wir haben sozusagen den *symbolischen Vorgang im Familienleben im Wechsel der Generationen*. Es wird Einheit gebildet. Das Heranreifen der Kinder löst sie auf. Neue Familien enstehen und so stets im Wechsel. Natürlich kann die bindende Kraft der ursprünglichen Einheit erhalten bleiben, und dann entstehen Geschlechter und Stämme, die sich zusammengehörig fühlen. Das ist für die Geschichte der menschlichen Organisation sehr bedeutsam, bleibt aber hier außer Betracht. Und natürlich ist der Hinweis auf die stets erneute Familienbildung ein Vergleich, der nicht in die Irre führen darf. Die neuen Einheiten entstehen aus neuen Individuen, die unverbraucht den Lebensaufbau neu beginnen. So kann der Vorgang der Auflösung der Familie, naturwissenschaftlich gesprochen, immer wieder „umgekehrt" werden. Ob aber diese Umkehrung stattfinden kann, ist bei der Zerstörung großer gesellschaftlicher Organisationen eine sehr ernste Frage, denn da droht das ausgekochte Chaos, aus dem keine neue Einheit, oder doch erst nach jahrhundertelanger Bemühung, entsteht.

c) Suchen wir nun mit einem natürlichen Drang unseres Denkens diesen Wechselgang im Großen zu sehen, so kommen wir auf die *Vorstellung organisatorischer und desorganisatorischer Zeiten für große Teile der Wirklichkeit*, oder, nach der Geschichtsauffassung des St.-Simonismus, die den Marxismus vielfach so wesentlich ergänzt, auf den *Gegensatz „kritischer" und „organischer" Perioden*. Diese Auffassung hat für das menschliche Geschichtsleben zweifellos große Berechtigung. Wie weit sie auch in weiterer Perspektive richtig ist, mag dahingestellt sein: *vulkanische Perioden* in der Erdgeschichte, *Mutationszeiten* bei der Ausbildung der Arten können daran erinnern. Aber im menschlichen Geschichtsleben gibt es zweifellos Zeiten der Auflösung, aus denen der Ruf nach Einheit erschallt, wie *Dante* aus der Anarchie seines Italiens nach der Einheit des Kaisertums rief, oder wie *Polybius* erkannte, daß nur der einheitliche Sieg des Römertums einer zerfallenen Welt Frieden bringen könnte. *Das 19. Jahrhundert war wesentlich atomisiertes, kritisches, organisationsloses Jahrhundert*. Geradeso hatten es die St.-Simonisten in seinem Werden erkannt, und gerade deshalb hatten sie hinter ihm das organische Zeitalter des Sozialismus erhofft und erwartet. So ist es gekommen. Vor dem Weltkrieg war ein Organisationszeitalter im vollen Aufstieg. Während des Weltkrieges ist der Organisationsgedanke durch Überorganisation gefährdet, und wir stehen vor der Aufgabe, ihn gegen das Andrängen chaotischer Kräfte in richtiger Einsicht zu behaupten. Das wird Mühe kosten.

Dieser Rhythmus von Organisation und von Desorganisation verträgt sich wohl mit jenem Grundwesensgesetz der immer erneut einsetzenden Einheitsbildung, das wir zunächst festgestellt haben. Denn es gilt durch diesen Rhythmus hindurch und durch die Aufeinanderfolge ganzer Kulturen, die alt werden und sterben. Und es verträgt sich auch mit der Auffassung, daß einmal die Zeit kommt, wo der Rhythmus erlahmt, weil die Auflösung und Zertrümmerung der höchsterreichbaren Organisation der Menschheit nicht mehr umkehrbar ist und zu einem endgültigen Niedergang führen muß. Denn alles Vergängliche hat seine Zeit. *Es ist wahrscheinlich, daß mit dem Weltkrieg die Periode gekommen ist, wo entweder die erreichte Lebenshöhe in friedlicher, fest entschlossener Arbeitsgemeinschaft auch durch eine Zeit harter Entbehrungen hindurch behauptet werden kann oder unvermeidlich der Niedergang unsere Art „verwesen" läßt.*

d) In diesem wechselnden Nacheinander von Organisation und organisationslosem Zustand steckt nun aber noch eine weitere Folgerung. Unser *Wirklichkeitsbild* wird zu einer *Folge von Umwälzungen*, und wenn wir uns diese Umwälzung in beschleunigtem Ablauf denken, von *Revolutionen*. Aber es ist auch klar, mit dem Organisationsbegriff hängen *zwei ganz verschiedene Umwälzungsbegriffe* notwendig zusammen. Umwälzung zur Atomisierung oder Zerstörung! Umwälzung zur Zusammenfassung der gemeinsamen Kräfte und zur Organisation: Aufbau! Es gibt also zwei grundverschiedene Arten von Revolution, die zwar ineinander übergehen und doch sorgfältig auseinandergehalten werden müssen, wenn man einmal Revolution machen will. Ob man das soll, kann sehr fraglich sein. Denn überschnelle Veränderungen des menschlichen Gesellschaftslebens sind immer gefährlich. Aber solche Umwälzungen lassen sich nicht vermeiden, und so müssen sie beherrscht werden, wenn sie kommen. *Und es gehört das angespannteste Denken, größte Selbstzucht aller Volkskräfte und die bewußteste Organisationskunst dazu, um eine Revolution zu beherrschen, die aus Gemeingesinnung heraus sozialistischer Aufbau sein soll.*

e) Und wie ein solches natürliches Grundverhältnis von Organisation und Revolution besteht, so muß auch das *Grundverhältnis der Organisation zum Kriege* untersucht werden. *Auch der Krieg ist mit dem Grundwesen der Organisation innerlich verwachsen:* Wo Organisation ensteht, sind Kräfte der übergreifenden Einheit im chaotischen Grundverhältnis. Also Gegeneinanderstreben, Gegenseitiger Übergriffswiderstand! Reibung! Kampf!

Es ist klar, daß dieser Kampf als selbständiges Streben der Teilkräfte auch in der entstandenen Einheit weitergeht, und daß schärfere oder mildere Formen des inneren Kampfes immer da sein werden, solange überhaupt gegliederte Einheiten da sind. *Organisation ohne innere Reibung ist eine unmöglichere Unmöglichkeit als die Quadratur des Zirkels.* Das gilt also auch von der Gesellschaft ohne Klassengegensätze, die nicht mit groben, mechanischen Fingern geschaffen werden kann, sondern nur durch die höchst künstliche Integrationsmethode einer durchgeführten und lebensgemäßen sozialen Erziehung zu sichern ist. Nur der Geist kann das schaffen und eine Wissenschaft, die Volkswissen wird. Bloßes Gefühl reicht nicht aus. Bloßer Zwang noch weniger.

Andererseits geht der Kampf auch zwischen den organisatorischen Einheiten beim *Weiterbestehen eines chaotischen Grundverhältnisses* naturgemäß weiter, und je stärkere Energien in den verschiedenen Einheiten zusammengefaßt sind, um so verhängnisvoller kann ihr Gegeneinanderwirken werden. Je stärker die Konjunktur, desto stärker der Kampf! Desto stärker aber auch die Möglichkeit zum plötzlichen, in den tiefsten Willen greifenden Umschlag, wenigstens in der Welt der bewußten Einheitsbildung, wenn sich die Notwendigkeit der Einheit plötzlich enthüllt.

Das alles ist nun zunächst unserer Zeit und unserem Jahrhundert abgesehen. Aber man kann es auch als *ein ganz allgemeines Seinsgesetz* ansprechen: *Wir können Organisation nicht denken, ohne Wechsel von Organisation und Desorganisation, nicht ohne die umgebende Konjunktur, die immer wechselnde Lagen schafft, und nicht ohne Kampf. Aber auch nicht ohne das in der Tiefe zugrundeliegende Gesetz der Einheitsbildung, das sich zu vollenden trachtet.*

4. Letzte Einheit

Hinter alledem steht nun mit Notwendigkeit die weitere Frage: wo kommt das alles her? *Aus welchem fernen Grundpunkt der Wirklichkeit fließt all dies Werden heraus?*

Eine Frage, die klarerweise die Möglichkeiten unserer äußeren Erfahrung vollkommen übersteigt, da wir nun einmal als Teilwesen geschichtlich spät in einer widerspruchsvollen Welt stehen und nur das Blickfeld der begrenzten Teilerkenntnis haben.

Nehmen wir aber die wahrscheinlichste Hypothese, so erhalten wir eine altvertraute Antwort, nur wenig ergänzt, aber von falschen Nebenvorstellung gereinigt: *Aus einer übergreifenden, in unendlicher Fülle tätigen Alleinheit, die diese unendliche Endlichkeit, in der wir stehen, mit ihrem Gesetz der aufbauenden Einheitsbildung gewirkt hat und sie umfließt, ein unendliches Selbst, in sich vielgestaltig, dem wir uns in der Tiefe unseres Wesens nähern können und gegen das alles Endliche klein ist.*

Damit stehen wir nun freilich mit Notwendigkeit vor der Frage, die wir uns schon grundsätzlich in dieser Umkehrung stellen müssen: *wie kann aus der Einheit die Vielfalt werden?*

Das läßt sich in seinem tiefsten Kern am Beispiel der *Zahlenbildung* verständlich machen, in der sich die Grundkraft unserer Einheit schaffenden Vernunft auswirkt. Wenn wir irgendetwas aus dem unabsehbaren Zusammenhang der erlebten Eindrücke abgrenzen, um es zu denken, stellen wir notwendig „das eine" neben „das andere", und so neben das Eins die Zwei, und so fort. Durch die reine Fortsetzung der abgrenzenden und beziehenden Tätigkeit unseres Denkens wird aus der ersten Einheit der ganze Reichtum der Zahlenwelt mit all ihren Rechnungsarten und Beziehungen. Eine unendlich bewegte Wunderwelt der Größen und Funktionen. Deshalb weist Spengler in seinem ahnenden Buch über den „Niedergang des Abendlandes" mit Recht mehrfach darauf hin, daß der große schaffende Mathematiker das Bewußtsein hat, in seinem Denken einen Gottesdienst zu haben.

Dasselbe Wunder des Aufbaues der gegliederten Vielheit aus der grundeinfachen Einheit wiederholt sich, wenn die philosophische Selbstbesinnung sich selbst erfaßt, eigentlich nur sagen will: ich *bin*, und sich doch schon dadurch von dem, was *nicht* ist, oder „nicht Ich" ist, notwendig abtrennt. Dann diesen Gegensatz festhalten muß und sich schon durch diese Zusammenfassung statt im ruhigen „Sein" in „tätiger Bewegung" und „Werden" findet, bis sich das *Bewußtsein* als über sich selbst übergreifende, reich gegliederte, allseitig bewegte Einheit erkennt, die durch Handeln nach *Ideen* diese Einheit nach außen tätig verwirklicht und durch *Begriffe*, die in ihrem Kern alle in seiner eigenen Einheit liegen und sie sogar aufbauen helfen, die Eindrücke der Außenwelt zur Einheit zusammenfaßt. Das ist das Geheimnis der berühmten Hegelschen *Dialektik*. Der aufbauende Geist ist Vielheit in der Einheit.

Das führt nur scheinbar über den allgemeinsten Begriff der Organisation hinaus, in Wirklichkeit ist es seine Vollendung, weil es ihm erst den Grund gibt, auf dem er stehen kann. *Es ist auch durchaus sinngemäß, daß wir die Mathematik und die Dialektik zu Hilfe nehmen, um diesen letzten Grund der Organisationslehre zu gewinnen.* Denn nur durch *Dialektik* hat ja die gesellschaftliche Organisationslehre ihre heutige Höhe gewinnen können, weil der wissenschaftliche Sozialismus durch Marx nur auf der dialektischen Methode und ihrer Lehre von der Vereinigung der Gegensätze zur Einheit aufgebaut werden konnte. Organisation ist selbst der aus Gegensätzen aufbauende Gegensätze benutzende „dialektische" Geist. Und *Mathematik*, Rechnung und Ausmessung, Feststellung von Größen und Funktionen ist die erste, unvermeidliche Grundvoraussetzung das ewige Hilfsmittel für die äußere Einteilung und Ordnung der Zusammenhänge, mit dem alle Organisation in der Praxis arbeiten muß. Organisation ist Rechnung! So sind es ihre natürlichen Teile, die hier zum letzten Ganzen zusammenstreben.

2. Die bewußte Ineinigung

a) Der alte Satz über die Begriffsbestimmung sagt: definitio fit per genus proximum et differentiam specificam. Das besondere Merkmal der „Organisation" unter den Einheitsbildungen ist *bewußte* Einheit. Wo dieser Unterschied liegt, ist klar genug. Darauf kommt es hier aber noch nicht an. Die Frage ist die, ob auch die *bewußte Organisation* wirklich ein *Unterfall der übergreifenden Einheit* ist.

Nun kommt offenbar gerade dadurch das *Wesen des Bewußtseins* heraus: Bewußtsein *ist* übergreifende innere Einheit, die in allem, in das sie übergreift, erhalten bleibt, und aus ihrer Einheit heraus, allem, was in sie hineintrifft, Einheit gibt. Und bewußte Gedankenbildung wird nur durch die Sprache also in der Gemeinschaft, entwickelt. So ist Bewußtseinsbildung von Anfang an ein *doppelt ineinander gekeilter Prozeß der Einheitsbildung aus der Vielheit*. Aus der Vielheit der Gruppe die *Sprache*. Mit der Sprache aus dem chaotischen Gefühlsleben des einzelnen die *Einheit des Bewußtseins*. Weil das Bewußtsein, und das Leben unter dem Bewußtsein, übergreifende Einheit ist, kann es in seiner Betätigung und Verwirklichung übergreifende Einheit in der planmäßigen Organisation schaffen.

Es liegt uns hier fern, die Ähnlichkeiten mit der übergreifenden Einheit des Bewußtseins durch alle Erscheinungen des Seins hindurch zu verfolgen. Wie etwa Wille übergreifende Einheit ist und so in aller übergreifenden Einheit Wille. Wie in der Nachwirkung einer Ursache bei der Wiederholung Gedächtnis angenommen werden muß. Das ist Sache der Naturwissenschaftler. Es genügt, daß wir das Grunderlebnis gewinnen, daß mit dem bewußten Organisationswillen im Kreise unserer selbstbewußten Freiheit *ein allgemeines Gesetz der Wirklichkeitsgestaltung* zur Geltung kommt, aus dem unsere Freiheit selbst geboren ist.

Wir eilen danach, weil das das Wichtigste ist, zu den *Folgerungen, die sich aus der Geltung des Urgesetzes aller Einheitsbildung für die bewußte Organisation ergeben*.

b) So ergibt sich zunächst als *theoretische* Folgerung, daß es *zwei wesentliche Strukturmerkmale aller Organisationsverhältnisse gibt*. Das eine betrifft den *Grad der Vereinheitlichung* und wird etwa durch die Reihe Bündnis, Verband, Einheitsorganisation oder auch Staatenbund, Bundesstaat, Einheitsstaat dargestellt. Derartiges muß bei allen Organisationen beachtet werden. Das andere betrifft die *Art der Eingliederung*, je nachdem, ob es sich um eine einfache Konzentration, eine *bloße Mittelpunktsbildung wesentlich gleicher Teile* handelt, oder ob eine *vielgestaltige Ausgliederung und Arbeitsteilung* vorliegt. Die *Arbeitergewerkschaften* auf der einen Seite als einfache Interessenkonzentration, die *Großunternehmung* oder das *Heer* als reichgegliederte Arbeitskörper sind dafür die Beispiele. *Wer die eine Art Organisation versteht, versteht noch lange nicht die andere.* Das Volk bedarf für seine *politische Willensbildung* nur der einfachen Konzentration seiner Vertreter. Das ist leicht und einfach. Seine *Arbeitsgliederung* aber besteht in der ganzen Gestalt der Berufe und Gewerbe in unendlicher Gliederung. Das ist kaum zu übersehen, und organisatorisch nur von geschulten Meisterköpfen zu bewältigen, wenn es überhaupt ohne ein Übermaß von Zwang zu bewältigen ist. *Es ist die verhängnisvollste Unwissenheit in der Organisationslehre, wenn dieser Grundunterschied mißverstanden wird.*

Wie sich in der Wirklichkeit die verschiedenen Formen bilden, hängt, wie selbstverständlich, vom Zweck der Organisation, von ihrer Umgebung und von der allgemeinen Entwicklungshöhe ab.

c) *Praktisch* aber entspricht dem ohne weiteres die Tatsache, daß es *zwei große Grundgesetze der praktischen Organisationsbildung gibt.*

α) Das erste ist ein *Gesetz der Einheit.* Je schwerer und verantwortungsvoller die Aufgabe, um so stärker muß die Einheit gesichert sein. Aber auch je größer die Einheit ist, um so leistungsfähiger ist unter sonst gleichen Umständen die Organisation. *So ergibt sich die grundlegende Organisationsforderung, daß die Einheit entsprechend der Not der Zeit gesteigert werden muß.* Das ist in der Organisationslehre das *Grundproblem der Diktatur,* das man ganz allgemein ohne Rücksicht auf politische Stimmungen von rechts und links betrachten muß. Im Falle der Not muß Diktatur gebildet werden können, allerdings muß auch die Dynamik der Machtverhältnisse so sein, daß die Diktatur nicht dauernd mißbraucht werden kann. *Kluge Völker, die ihrer genossenschaftlichen Einheit sicher sind, schaffen für einen schweren Weltkrieg oder für die rasch wechselnden verantwortungsvollen Aufgaben einer Übergangswirtschaft eine Diktatur von geschulter Kraft.*

Es ist sehr lehrreich, aus den geschichtlichen Ereignissen festzustellen, das *unsere Gegner* nach der Isonzoschlacht einen leistungsfähigen Obersten Kriegsrat geschaffen haben, und nach der Märzoffensive den Oberbefehl von Foch. *Bei uns ist das Gegenteil eine bittere Erkenntnis!* Wir haben unsere Einheit schmählich verspielt. Mangelnde Einigkeit in der Führung selbst! Mangelnde Einigkeit zwischen Führung und Parteien! Mangelnde Einigkeit zwischen Verwaltung und Volk! *Wir haben durch innere Uneinigkeit den Krieg verloren, den das Heer hätte gewinnen können, weil die innere Uneinigkeit die Widerstandskraft der Gegner gestärkt und die eigene verantwortliche Entscheidung und Aufklärung gelähmt hat.* Und zu guterletzt in der Revolution noch der unüberlegteste Ausbruch der Uneinigkeit im besten Streben nach Einheit für alle Menschen, aber doch eine Lähmung der Front, die noch kämpft! Der allerseltsamste Widerspruch! Eine Organisation, die ihre eigene Stoßbewegung glänzend durchgeführt hat und doch ins Leere stößt, weil sie die Organisation des Volkes in einem Augenblick gefährdet, wo es unbedingt darauf ankommt, daß zum Weitergang des Wirtschaftslebens und der Versorgung alle Räder ineinandergreifen. *Da wird es wirklich Zeit, daß diejenigen, die sich ihrer Organisation immer rühmen, auch wirklich begreifen, was Organisation eigentlich heißt.*

β) Das zweite oberste Organisationsgesetz ist ein *Gesetz der Gliederung. Für jede Aufgabe das richtige Amt, für jedes Amt der richtige Mann.* So ist es für den, der organisatorisch fühlt, das höchste Gebot, wenn er an sich selbst denkt, die Grenzen seines Amtes nicht zu überschreiten, es aber auch voll auszufüllen. Und wenn er aber andere bestimmt, so wird es zur höchsten Pflicht, nie den Minderwertigen zu begünstigen. Man kann sagen, es gibt einen geheimen Bund der Tüchtigen, der sich darin versteht. Es sollte ihn geben! In Wirklichkeit steht neben ihm die große Gefahr, daß in einem Durcheinander der Desorganisation die unberufensten Schieber und Streber in die verantwortlichen Stellen vordringen. *Auch das zweite Grundgesetz der Organisation ist gegenwärtig von furchtbarem Ernst.*

d) Nun galt aber auch für die bewußte Organisation nicht nur das, was über die Einheitsbildung überhaupt gesagt werden kann. Denn es besteht auch neben der bewußten Organisation und gerade neben ihr die allgemeine Tatsache der Zerstreuuung und Desorganisation. — Selbstverständlich!

Selbstverständlich geht die große Zerstreuung und Auseinanderlegung der Sprachen, Völker und Kulturen voran, ehe der Vereinigungsprozeß zum Aufbau eines Weltstaates oder eines Völkerbundes einsetzen kann. Ein *Ausbreitungsvorgang*, der selbst, im einzelnen und kleinen, überall natürlich aufsprießende Organisation von Stämmen, Städten und Reichen gewesen ist, bis die ungeheure Atomisierung der modernen Gesellschaft einsetzt, aus der als ihr Gegenschlag die neue Organisationsbewegung erfolgt, die in den Sozialismus einläuft.

Nun, das sind bekannte, historische Dinge. *Praktischer ist die Tatsache, daß alle Organisation unvermeidlich von der Auflösung und vom Verfall bedroht ist.*

Ein *tatenloser deutscher Träumer alten Stiles* könnte nun glauben, daß man dem mit milder Trauer zusieht. In *Wirklichkeit* ist die Frage: *was macht man praktisch daraus.* Es ist also die Frage, wie ist in der

Organisation das Gleichgewicht dauernd zu sichern, damit die Unzufriedenheit abgeleitet wird. Es ist weiter die Frage, wie man sich mit den Parteiungen abfindet: zwischen Fortschritt und Tradition; zwischen Einzelförderung und Gemeinschaftsstreben; zwischen Organisationsgenügsamkeit und Erweiterung des Wollens auf einen interorganisatorischen Kreis, wie sie sich unvermeidlich in allen Organisationen irgendwie bilden. Und die Antwort heißt: Ausbildung eines allgemeinen, gründlichen Organisationsverständnisses, das über allen diesen Gegensätzen die Einheit erhält: *Organisationslehre als Volkswissen.*

e) Aber zur *eigentlichen Organisationskunst* kommen wir, wenn wir fragen: *wie ist die Auflösung der Organisation selbst für die Organisation zu benutzen.* Man kann bewußt zu der Entscheidung kommen, daß eine *alte Ordnung bewußt zertrümmert* werden muß, um eine neue aufzubauen. Das war der Vorgang von 1789, als die Welt zum erstenmal „auf den Kopf gestellt" wurde. Das darf aber nur eine Bewegung tun, die wirklich weiß, was sie will und ihre Kraft bewährt hat. Es geht vor allem dann, wenn man nur Einzelkräfte freisetzen will. Wer aber die Menschheit zur gemeinsamen Arbeit zusammenfassen will, darf nur zertrümmern, wenn er kein Schwärmer, sondern ein Baumeister ist und seine Kunst bewiesen hat.

Es gibt aber auch die Möglichkeit, *daß man gerade den Drang nach Einzeltätigkeit in den Dienst der Organisation stellt, um ihre Leistung zu steigern. Aufgelöste Ordnung!* Wenn wir jetzt unser Wirtschaftsleben „durchorganisieren", sollen wir daran vor allem denken. Die unter vielen Sozialisten verbreitete Auffassung, es müßte alles zum Staatsbetrieb werden, wenn man organisiert, ist blitzdumm und zeigt, daß die Organisationslehre nicht verstanden ist. *Wahre Organisationskunst weiß die zentrifugalen eigenstrebigen Kräfte zu benutzen, um sich nicht an ihren Widerständen müde zu kämpfen oder von ihnen aufgelöst zu werden.*

Und noch ein Beispiel, *wie die bewußte Organisation aus der Not eine Tugend macht.* Einzelgängerei ist die große Organisationsgefahr. Aber „Verruf", der den einzelnen ausschließt, ist als Kampfmittel und als Mittel des Organisationszwanges gleich wirksam!

Und so ist es überall das Gebot des klugen Organisationsverstandes, die Odysseusgabe, die man einem Volke wünschen muß, *aus dem, was Schwäche scheint, ein Mittel der Kraft zu machen.* Es ist keine leichte Kunst, aber sie läßt sich lernen, wenn man einmal grundsätzlich weiß, daß alle Dinge zwei Seiten haben.

f) Es bedarf keines weiteren Wortes, daß *ein kluges, überlegenes Organisationsbewußtsein* sich auch Rechenschaft davon gibt, wie die *großen gesellschaftlichen Perioden der Organisationsbildung* aufeinanderfolgen, und wie durch Kampf und Konjunkturschwankungen hindurch *das große Grundgesetz der Einheitsbildung* hindurchwaltet. Man könnte nun glauben, daß auf dieser Höhe der Menschengeist in seiner Organisationskunst sich die vermessensten Leistungen zutrauen kann. Wer das erzählt und träumt, wird aber zum Münchhausen, der sich an seinem eigenen Zopfe aus dem Sumpfe zieht. Ein guter Teil des Sozialismus hat leider diese durchaus unvernünftigen Träume. *Ein solcher hoher Organisationsverstand ist nur für eine reife Kultur und eine späte alte Zeit, die sich in ausgewachsenen Weltverhältnissen einrichten muß, und deren oberstes Gesetz es ist, sich selbst zu beschränken und die eigenen Grenzen genau zu erkennen.*

Sozialismus kann Verjüngungstraum sein und wird doch bei der Durchführung notwendig zur Altersweisheit. Wenn also auch sehr viel selbstbeherrschte Entsagung dazu gehört, wenn eine abschließende Völkerorganisation aufgebaut werden soll, so braucht eine Zeit, die reif genug ist, um an solche Aufgaben zu denken, doch noch lange nicht zu sterben, auch wenn sie vorübergehend in noch so wilde Gegensätze zerrissen ist. *Sie muß nur ihre entwickelten Kräfte ruhig und bewußt zusammenfassen lernen. Das ist jetzt die Aufgabe. Arbeit und Ordnung! Nicht das Durcheinander oder der blinde Kampf.*

Deutsche Propaganda

Die Lehre von der Propaganda als praktische Gesellschaftslehre

Von
Johann Plenge

Inhalt

Vorwort 123

Die Lehre von der Propaganda als praktische Gesellschaftslehre 127

Vorwort

Ich habe es manchmal bedauert, daß ich erst nach der Revolution wieder mit meinem Jugendfreunde Ludwig Roselius in Verbindung gekommen bin. Wie seine „Briefe" und mein „Der Krieg und die Volkswirtschaft" zeigen, hätte es vielleicht etwas bedeutet, wenn wir uns in unserer Arbeit rechtzeitig hätten ergänzen können. Was erscheint nicht möglich, wenn die „Ideen von 1914" im Stil der großen Ideenpropaganda und mit der Sachkunde des überlegenen Praktikers herausgestoßen wäre, um innen und außen zu wirken.

Man kann in freier Wendung an Dante erinnern: Kein größerer Schmerz, als in den Tagen des Unglücks vergangener Möglichkeiten zu gedenken.

Aber wir glauben beide, daß es noch nicht zu spät ist. Wir wollen mit der „deutschen Propaganda" siegen.

Zunächst handelt es sich darum, den Sieg nach deutscher Art durch wissenschaftliche Arbeit vorzubereiten. Durch eine hochherzige Stiftung hat Roselius dem Staatswissenschaftlichen Institut der Universität Münster i. W. die ersten Mittel dazu gewährt.

Ich weise darauf hin, daß über das Staatswissenschaftliche Institut und seine Aufgaben folgende Materialien vorliegen: Die Denkschrift von 1915 für die Nordwestliche Gruppe des Vereins deutscher Eisen- und Stahlindustrieller über eine Unterrichtsanstalt zur Ausbildung praktischer Volkswirte" mit dem Begleitwort „Aus dem Leben einer Idee", die bei G. D. Baedeker Essen-Ruhr 1919 erschienenen Aufsätze „Die Zukunft Deutschlands und die Zukunft der Staatswissenschaft", die Erinnerungsschrift an die Einweihung des neuen Institutgebäudes „Das erste staatswissenschaftliche Unterrichtsinstitut, seine Einrichtungen und seine Aufgaben" (Essen 1920) und endlich das kleine Arbeitsprogramm „Staatswissenschaftliche Erneuerung als Aufgabe für die deutsche Zukunft".

Unsere Auseinandersetzung mit der Propaganda wurde am 13. Juli d. J. durch den Vortrag von Ludwig Roselius über „Zwang oder Propaganda in der Organisation" eröffnet. Für das Wintersemester 1921/22 konnte eine Reihe von Praktikervorträgen angesetzt werden, für die unter anderem folgende Gegenstände in Aussicht genommen sind: „Politische Propaganda", „Die Technik der Propagandamittel", „Psychotechnik der Propaganda", „Propaganda und Film", „Propaganda und Lebenspraxis", „Kaufmännische Propaganda", „Auslandspropaganda", „Parteipropaganda".

Der Vortrag von Roselius über „Propaganda und Lebenspraxis" sollte die ganze Reihe eröffnen, nachdem ich meinerseits vom Standpunkt der allgemeinen Gesellschaftslehre ein paar allgemeine Bemerkungen zum Verständnis der Propaganda gegeben hatte. Aber die Aufgabe riß mich hin. Ich mußte meinen Freund bitten, mir den ersten Vortrag ganz zu überlassen, und so entstand der folgende Beitrag zur „deutschen Propaganda", der in seiner allgemeinen Anlage so gehalten wurde, wie er hier erscheint, aber noch einmal grundsätzlich überarbeitet und vertieft worden ist.

Der Zufall will, daß heute ein tief empfundenes Bild von Eugen Maier „Friedensklänge" im Vorzimmer des Instituts aufgehängt wird. Ich nehme das als Symbol und möchte damit schließen.

Münster i. W., den 17. November 1921   *Johann Plenge*

Ludwig Roselius

als Dank für die Aufgabe

Die Lehre von der Propaganda
als praktische Gesellschaftslehre

Sehr verehrte Anwesende!

Es ist mir eine besondere Genugtuung, heute die Vorträge über Propaganda hier zu eröffnen und die Lehre von der Propaganda als praktische Gesellschaftslehre zu begründen. Wir eröffnen diese Vorträge mit dem Bewußtsein, daß die Propaganda in der Hand unserer Gegner im Weltkrieg mit die stärkste Waffe gewesen ist und daß es darauf ankommt, die deutsche politische Erziehung auch an dieser Stelle zu verbessern und aufzubauen.

Die Anregung zu diesen Vorträgen stammt aus der Praxis von einem Manne, der während des Weltkrieges mit seinen besten Argumenten dafür eingetreten ist, die deutsche Propaganda zu organisieren, und selbst mitgewirkt hat, im Auslande mit geistigen Waffen für uns zu kämpfen[1]. Diejenigen, die im vorigen Semester bei dem Vortrag des Herrn Generalkonsuls Roselius über „Zwang oder Propaganda in der Organisation" zugegen gewesen sind, werden wissen, daß aus diesem Vortrage der Ausbau dieser unserer neuen Einrichtungen herausgewachsen ist. Eine ganze Anzahl von Ihnen weiß auch schon, daß Herr Roselius dem Staatswissenschaftlichen Institut für die Zwecke dieser praktischen Lehre von der Propaganda zunächst eine Summe von 30 000 Mark für Grundanschaffungen, dann ein Kapital von 250 000 Mark und schließlich für fünf Jahre je 20 000 Mark für Hilfskräfte, Assistentendienste und dergleichen zur Verfügung gestellt hat. Meine Damen und Herren! Eine solche hochherzige Förderung der Hochschularbeit durch die Bereitstellung großer Mittel ist viel. Es ist aber mehr, wenn jemand uneigennützig aus der Praxis heraus persönlich mitarbeitet und durch seine persönlichen Erfahrungen der Sache dient, die er im Interesse seines Volkes für notwendig hält. Wenn er aus dem, was das Geheimnis seines persönlichen Wirtschaftserfolges gewesen ist, ein Mittel der Erziehung unseres Nachwuchses macht. Wir freuen uns daher, Herrn Roselius in dieser Vortragsreihe an zwei besonderen Abenden als Redner begrüßen zu können über „politische Propaganda" und über „Propaganda und Lebenspraxis"! Heute haben wir verabredet, daß der größte

---

[1] Vgl. Ludwig Roselius „Briefe", Angelsachsenverlag, Bremen.

Teil der Stunde mir gehören soll, danach wird Herr Roselius seinerseits einige Worte zu Ihnen sprechen.

Meine Damen und Herren! Wenn wir hier Propagandalehre treiben, dann tun wir es nicht um der Theorie willen, sondern um der Praxis willen, und bei dieser Praxis geht es nicht um kleine Geschäftskniffe, sondern um die größten Ziele.

Der höchste Ehrgeiz muß dabei der sein, im Bewußtsein der Wahrheit und unserer gerechten Sache den geistigen Gegenstoß Deutschlands, der im Zusammenhang der weltpolitischen Kräfte notwendig ist, fördern und kräftigen zu helfen. Daß das möglich ist, ist an dieser Stelle stets vertreten. Der ganze Gedanke der „staatswissenschaftlichen Erneuerung" und des organisatorischen Sozialismus war immer wieder der Hinweis darauf, daß wir mit diesem Willen arbeiten müssen, um im Inneren zur Einheit zu kommen und nach außen die geistige Führung zu gewinnen. Auf dem Empfehlungsstreifen der verdienstlichen Schrift von Dr. Edgar Stern-Rubarth „Die Propaganda als politisches Instrument"[2], auf die ich noch gelegentlich hinzuweisen haben werde, heißt es mit **Recht**:

„Die Waffe, der wir unterlegen sind, —
Die Waffe, die uns geblieben ist —
Die Waffe, die uns Wiederaufstieg erkämpft."

Zunächst könnte man sich ja wundern, daß Propaganda hier am staatswissenschaftlichen Institut gelehrt werden soll. Diejenigen, die Propaganda mit Reklame verwechseln und glauben, daß nur die größeren oder kleineren Geschicklichkeiten einer kaufmännischen Werbetechnik hier behandelt werden sollen, irren sich. Auf die große weltpolitische Propaganda ist bereits hingewiesen. Ich brauche nur daran zu erinnern, was die „Agitation" als innerpolitische Propaganda bedeutet und daß an höherer Stelle die Mission, die Verbreitung von Ideen ebenfalls zur Propaganda gehört. Daß das Wort Propaganda von einer kirchlichen Institution, die den Glauben neu verbreiten sollte, von der congregatio de propaganda fide vom Jahre 1622, genommen ist! Propaganda ist Verbreitung geistiger Antriebe, die Handlungen auslösen sollen. Ist, genauer gesagt, ein Unterfall des Ausstreuens solcher geistigen Antriebe und gehört damit zu den Grundtatsachen des menschlich-gesellschaftlichen Zusammenlebens.

Wir haben uns hier am staatswissenschaftlichen Institut die Aufgabe gestellt, als Unterlage der volkswirtschaftlichen und politischen Arbeit die allgemeine Gesellschaftslehre auszubauen. Nach der realen

---

[2] Verlag: Trowitzsch & Sohn, Berlin 1921.

Außenseite der gesellschaftlichen Einrichtungen gipfelt die Gesellschaftslehre in der Organisationslehre, in der Lehre von der praktischen Kunst, menschliche Willen zur Einheit zusammenzufassen und als Einheit zu betätigen[3]. Diese praktische Seite der Gesellschaftslehre ist ohne Propaganda nicht denkbar. Wie werden für die Gewerkschaften die Mitglieder gewonnen, wie kommt schließlich eine Partei zustande, wie hat etwa der Friedländer seine Soldaten geworben? Durch Propaganda! Organisation und Propaganda gehören also zusammen. Nur durch Propoganda Werbung neuer Glieder! Nur durch immer erneute Propaganda wird der Geist der Organisation in immer erneuter Käftigung und Belebung alle Glieder der Organisation dauernd gleichmäßig durchdringen. Was ist es anders als Propaganda, wenn die Werke heute ihre Werkszeitungen schaffen, um unter ihren Arbeitern einen einheitlichen Betriebsgeist zu wecken. Wie wird der Kartellgedanke in einer Industrie verbreitet? Überall dasselbe!

In unserer Geschichtslehre haben wir daneben die innere Seite der sozialen Ideen und des sozialen Geistes. Neben der Organisationslehre steht in unserem Arbeitsprogramm die „Vergleichende Ideenlehre". Aber auch soziale Ideen sollen nicht etwas sein, was oben luftig in den Höhen schwebt. Ideen sollen sich nach Marx „der Köpfe bemächtigen", sollen Hände und Arme in Bewegung setzen! Aber auch hier können die Ideen nicht anders zur Auswirkung kommen und ihrem Zwecke dienen, als durch Propaganda. Nur Propaganda löst Bewegungen aus. Der Prophet braucht Anhänger.

Und so ist es klar, daß nach beiden Seiten hin, vom Standpunkt der Organisationslehre aus und auf der anderen Seite vom Standpunkt der Ideenlehre aus die Propaganda notwendig mit zu den Aufgaben hinzugehört, die wir zu studieren haben.

Es ist den Mitgliedern des staatswissenschaftlichen Institutes geläufig, das Wort Organisation nicht zu hören, ohne daß das Wort Konjunktur hinzukommt. Organisation und Konjunktur! Beides wächst aus unserer Menschennatur heraus. Die bewußte Vereinigung der Kräfte zu gemeinsamer Arbeit und das planlose Ineinandergreifen der Einzeltätigkeiten, aus denen die ungewollte Gesamtlage entsteht, auf die sich jeder von uns einstellen muß und deren Wechselfälle ihn mitreißen. Gerade die Organisation wächst aus der Konjunktur heraus und muß sich immer wieder an die Konjunktur anpassen. Das sind wir gewohnt.

Aber ebenso notwendig gehört auch die Propaganda mit in den Kreis hinein. Zwang oder Propaganda in der Organisation war die charak-

---

[3] Vgl. meine „Drei Vorlesungen über die allgemeine Organisationslehre", 2. Aufl., Essen, G. D. Baedecker, 1921.

9 Plenge-Linhardt

teristische Frage in dem Vortrag von Roselius im vorigen Semester[4]. Es kann die Organisation durch Herrengewalt geschaffen oder erzwungen werden oder die einzelnen müssen bei ihren Interessen, bei ihrer Gesinnung geweckt werden, daß sie freiwillig und aus Überzeugung in gemeinsamer Arbeit in und an der Organisation mitwirken. Aus Interesse oder aus Gesinnungsüberzeugung! Selbstverständlich spielen hier auch wirtschaftliche Interessen eine Rolle und vielleicht die Hauptrolle. Es ist aber auch möglich, tiefer einzudringen und mit diesem Antrieb in das tiefste Wesen der Menschlichkeit zu wirken und darauf die Organisation zu bauen. Das vermag die Propaganda der Ideen. Natürlich ist es leichter, den Organisationsgedanken dort zu vertreten, wo schon Organisationsbewußtsein vorhanden ist. Aber Propaganda gehört zur Organisation.

Vorläufig bemerkt gehört natürlich auch umgekehrt Organisation zur Propaganda, weil eine durchgeführte Propaganda, die planmäßig „energetische Imperative" zu dauernder Wirkung verbreiten will, nur auf richtiger organisatorischer Unterlage möglich ist.

So gehören Organisation und Propaganda so zusammen, wie Organisation und Konjunktur zusammen gehören.

Auch Propaganda und Konjunktur ergänzen sich stets. Ich brauche ja kaum darauf hinzuweisen, daß selbstverständlich immer wieder die veränderten Lagen erfaßt, taktisch, strategisch aufmerksam gesehen werden müssen, wenn man Propaganda machen will. Ein schematisches und gleichmäßiges Arbeiten ist hier ebenso unmöglich wie in der Politik oder in der Marktanpassung eines großen Betriebes.

Wie wir es sehen, steht die „Idee" über dem allen. Die *Idee* schafft die *Organisation,* wenn sie sich durch *Propaganda* auswirkt, und hält die Organisation lebendig, wenn sie durch Erziehung und Werbung dauernd an alle einzelnen herangetragen wird; immer aber spielt das Leben der Einzelkräfte in immer neuen *Konjunkturen,* an die sich die aufbauende Arbeit anpassen muß. Die vier großen Arbeitsgebiete: Ideenlehre, Lehre von der Propaganda, Lehre von der Organisation und Lehre von der Konjunktur sind also eine große Einheit. Das alles können wir hier im Staatswissenschaftlichen Institut im einheitlichen Rahmen sehen.

Jetzt müssen wir näher zusehen und fragen: Was ist den nun eigentlich Propaganda? Und müssen versuchen, es ungefähr zu definieren. Wir haben schon eben einen kleinen Anfang damit gemacht. Jedenfalls handelt es sich darum, Antriebe, „energetische Imperative", wie Rose-

---

[4] Vgl. auch Ludwig Roselius „Briefe", Angelsachsenverlag, Bremen.

lius es nennt, streuweise zu verbreiten. Soziale Antriebe, die auf den Willen derer wirken sollen, zu denen sie kommen!

Verbreitung sozialer Antriebe, Erteilung von sozialen Antrieben ist also das erste und oberste. In was für ein Gebiet gehört das zusammen? Wo kommt es sonst vor, daß soziale Antriebe erteilt werden? Da haben wir einerseits die *Erziehung*. Wir haben den *Befehl* und die Anweisung, wir haben die *Bitte* und das Gesuch. Sie alle wirken teils von oben, teils von unten her auf den Willen anderer, setzen ein Über- und Unterordnungsverhältnis voraus. Wir haben in der Erziehung die sozialen Antriebe gegenüber jüngeren oder sonst unfertigen, von uns abhängigen Menschen, deren Einstellung auf einen sozialen Lebenstyp durch unsere Antriebserteilung durch Wort und Vorbild, Lohn und Strafe geleitet wird. Wir haben schließlich den *Ratschlag*. Der Ratschlag, der Rat, fällt offenbar am weitesten aus dieser ganzen Reihe heraus, weil er eine objektive Erläuterung der Sache sein soll, bei der die Antriebserteilung ohne Interesse des Antriebserteilenden erfolgt. Es ist aber sehr darauf zu achten, ob sogenannte gute Ratschläge wirklich ohne Interesse, ohne den Hintergedanken der Propaganda gegeben werden. Schon im Alltagsleben, namentlich aber, wenn es sich etwa um das Gebiet des politischen Lebens handelt! Denn es ist klar, daß die guten Ratschläge, die hier erteilt werden, nur zu sehr mit der Stellungnahme des Ratgebers zusammenhängen. Es ergibt sich, daß Propaganda zwischen Befehl und Bitte steht. Propaganda ist schließlich ein Imperativ, der aber nicht befehlsweise gegeben wird, sondern der herangetragen wird als Anregung, ohne daß normaler Weise das Verhältnis des bestimmenden Beeinflussungswillens besonders stark betont wird. Dieses Einwirken, diese Antriebserteilung soll bei verständigen, fertigen Menschen nicht wie bei Kindern, Unselbständigen und Unerwachsenen befehlend gegeben werden, sondern die Argumente sollen auf die Initiative der Person selbst einwirken, ohne daß irgendwelche Befehlsgewalt damit verbunden ist. Die verschiedenen Dinge gehen naturgemäß ineinander über.

Neben diesen mit vollem Bewußtsein arbeitenden Fällen der sozialen Antriebserteilung gibt es auch eine unbewußte Beeinflussung, die hier genannt werden muß. Sie gibt es, weil es soziale Nachahmungsgesetze gibt, weil die soziale Nachahmung eine der Grundtatsachen des menschlichen Gesellschaftslebens ist. „Wie er sich räuspert und spuckt, habt ihr ihm trefflich abgeguckt!" bzw., um ein Beispiel neuerer Zeit anzuführen: Wie ein Monarch seinen Bart trägt, so wird es nachgeahmt, so macht er Propaganda für die Artikel seines Friseurs. Und so ist es selbstverständlich, daß jeder in dieser Weise, wenn er sich nur irgendwie und irgendwo über den Durchschnitt erhebt und beachtet wird, Mittelpunkt einer unbewußten Propaganda ist, und, wo er auch steht und kommt, Propaganda für sich, für seine Familie, für seinen Stand, für sein Volk macht. So wie er nach Balthasar Gracians „Handorakel der Weltklugheit" die entsprechenden Fehler auf sich vereinigen und dadurch abschrecken kann. Es ist nicht zuviel gesagt, daß wir Deutschen im Auslande diese Propaganda vielfach für uns nicht gemacht haben, daß wir uns dieser Pflicht, die die Pflicht jedes Einzelnen ist, künftighin bewußt werden müssen. Wir waren leider vielfach nicht eingedenk, wie weit die sozialen Zusammenhänge hier eine Rolle spielen. Man wirbt stets und überall durch die Weise seines persönlichen Auftretens für sich und seine Gruppe. Einfachste Natürlichkeit, aber gebildete, durchgeformte Natürlichkeit, ist die Regel, die sich daraus ergibt; nicht verwilderte Verwahrlosung, wie wir sie manchmal mit Natur verwechseln.

Wenn das zu den unbewußten Dingen gehört, auf die neben der bewußten Verbreitung sozialer Antriebe hingewiesen werden muß, so ist noch etwas anderes zu nennen, was mit der Propaganda nahe verwandt ist, aber zunächst ungeplant und ungewollt entsteht. Das ist das *Gerücht*. Fama, die Tochter des Giganten, die tausendfüßige, riesengestaltige. Das Gerücht, das irgendwo auftaucht und sich dann mit seiner unbegreiflichen Schnelligkeit über die Erde verbreitet und von dem erzählt, was irgendwo ist oder geschah, was irgendwo sein oder geschehen sein *soll*. Das Gerücht war, ehe die Propaganda war, es geht auf primitive Zeiten, auf einfachere menschliche Verhältnisse zurück. Vielleicht hat die Propaganda vom Gerücht gelernt. Durch das Gerücht wurden Taten und Macht der Fürsten vergrößert. Wenn ein Negerkönig alle seine Kupferringe vor sich hertragen, aber auch wenn ein Fürst irgendwo seine Soldaten aufmarschieren ließ, dann sollte sein Ruhm durch das Gerücht weit hinausgetragen werden und Schrecken verbreiten. Das kam von selbst und wurde auch wohl noch gefördert. Was für ein Helfer das Gerücht sein kann, können die Erfahrungen und Taten von Lettow-Vorbeck oder des Grafen Luckner mit seinem „Seeadler" zeigen. Das Gerücht machte sie mächtiger als sie waren und gab ihnen Möglichkeiten, die sie ohne den durch das Gerücht geschaffenen Kreis von Respekt und Ansehen nicht gehabt hätten.

Ähnliches gibt es auch für Geschäfte. Wenn eine Firma sich durch besondere Leistungen so hervorgetan hat, daß im Volksmund von ihr erzählt wird und Wundergeschichte über neue technische Erfindungen umlaufen.

Die Propaganda ist über das Gerücht hinausgewachsen, aber das Gerücht ist geblieben. Das Gerücht hat selbstverständlich auch noch in den jüngsten Zeiten, z. B. noch im Weltkriege eine ganz außerordentliche Bedeutung gehabt, wenn man nur daran denkt, wie die Gerüchte das Volk durchdrangen, wie die Frontgerüchte weiter wucherten. Wenn man dann forschte, wo kommen sie her, so war nur zum geringsten Teil ihr Ursprungsort zu ermitteln. Man stieß etwa immer wieder auf dieselben Angstmeier, von denen Schreckensströme ausgingen. Die Wirkung einer solchen Vergiftung der Volksstimmung war nur zu deutlich, und wir müssen glauben, daß das Gerücht in dem großen Kampfe absichtlich als Hilfsmittel Verwendung gefunden hatte. Weil das Gerücht der unbezahlte Helfer der Propaganda sein kann, lohnt es, eine „Klaque" für seine Verbreitung zu gewinnen. Auf jeden Fall muß also bei der sozialen Beobachtung darauf geachtet werden. Zum mindesten muß die Aufmerksamkeit darauf gerichtet sein, solche Gerüchte, welche die Meinungen irgendwie ungünstig beeinflussen könnten, schnellstens in ihrer Wirkung zu zerstören. Sichtbare Tatsachen müssen dem Gerücht entgegenwirken. Im allgemeinen wird das Gerücht umso weniger aufkommen können, je mehr alle Kreise des Gesellschaftslebens von Organen der öffentlichen Meinung regelmäßig bearbeitet werden und damit die bewußte Beeinflussung und die regelrechte Berichterstattung zunimmt. Aber ein Restbestand von dunklen Tatsachen und der anonymen Weitergabe dunkler Tatsachen in rascher Einzelberührung bleibt, und wo absichtlich verdunkelt wird, setzt das Gerücht neu ein. Das Gerücht arbeitet zu Gunsten derer, die absichtlich totgeschwiegen werden und von denen man doch weiß, daß sie Macht haben. So kann das Gerücht vielleicht zu Deutschlands Gunsten da einsetzen, wo die Propaganda unserer Gegner gegen uns arbeitet.

Dann muß ich noch darauf hinweisen, daß in dem Gesamtzusammenhang gesellschaftlicher Einwirkungen und Antriebe, die hier zu nennen sind, natürlich auch die ungeistigen Beeinflussungen nicht unerwähnt bleiben dürfen, mit denen der Wille gefügig gemacht werden soll. Die einfache Überwältigung und Drohung, an die die politische Demonstrationspropaganda nahe herankommt! Die ganze Rolle des Zwangs bei der Gewinnung für eine Organisation oder bei der Durchsetzung eines Interesses! Dann das weniger grobe aber noch gefährlichere Mittel der wirtschaftlichen Beeinflussung! Man muß daran denken, wie die Propaganda unserer Gegner oder die Propaganda Sowjet-Rußlands durch klingende Argumente geführt worden ist. Oder wie nach dem Buch von Stern-Rubarth die Rumänen im ersten Kriegsjahr ihre Presse demjenigen verkauften, der am meisten zahlte. Schließlich darf in diesem Zusammenhang auch an das französische Sprichwort „Cherchez la femme" erinnert werden. Auch dieses Mittel der Beeinflussung, das namentlich in politischen Zusammenhängen manchmal seine Rolle gespielt hat, ist ja noch unvergessen. Diese Dinge müssen der Vollständigkeit halber hier genannt werden, da sie mit der Propaganda als besonderer Art der Verbreitung von Willensantrieben im Gesellschaftsleben in Beziehung kommen und man mit ihrer Wirkung rechnen muß.

Damit sind die Oberbegriffe der Propaganda und ihre nächsten Nachbarbegriffe gekennzeichnet.

Wir müssen uns jetzt die Propaganda selbst etwas näher ansehen, und ich kann vielleicht zunächst ein paar Bemerkungen über das Wort Propaganda machen. Ich hatte schon darauf hingewiesen, daß die congregatio de propaganda fide von 1622, diese in ihrer Wirkung so machtvolle Organisation der katholischen Kirche, der Propaganda den Namen gab. Die „Verbreitung" des Glaubens, mit dem besonderen Tone, daß einerseits die Reformation, andererseits das Zeitalter der Entdeckungen der Mission neue Aufgaben gegeben hatten, die eine besondere systematische Arbeit verlangten. Die bewußte Rationalisierung der Verbreitung geistiger Antriebe ist also von Anfang an mit unserm Wort verbunden.

Propaganda hängt mit pangere zusammen: „einstecken, einschlagen", sozusagen die Grenzpfähle eines Machtbereiches weiter ausstrecken. Zu Grunde liegt die Wurzel panc oder pac, dieselbe Wurzel, aus der pax, der Friede stammt. Vielleicht können wir also jetzt das Wort Propaganda mit dem Frieden wieder echt und wurzelhaft verbinden, im Gegensatz zur Bedeutung, die es im Weltkriege für unsere Gegner bekam. Weiter ist es, und auch das dürfte nebenbei interessieren, mit pactum verwandt, von dem das Wort Pacht abgeleitet ist. Man könnte also den Satz bilden: ein Pacifist, der eine Zeitung pachtet, um Propaganda zu machen.

Jetzt zur sachlichen Bedeutung der Propaganda. Jedenfalls handelt es sich also um Antriebe auf fertige selbständige Menschen. Aber dabei um eine Streuwirkung, um ein Ausstreuen von geistigen Antrieben unter eine große Menge von Menschen, nicht um eine rein persönliche Werbung oder eine ganz einzelne hochpersönliche Einwirkung. Man kann an eine Geschoßgarbe denken. Um ein wirtschaftliches Beispiel zu nehmen, so ist es keine Propaganda, wenn hier in Münster ein Bürger zu seinem Bauern kommt oder umgekehrt, und nachfragt, ob er ihm Kartoffeln liefern könnte. Man würde den Begriff irrtümlich erweitern, wenn man schon alle Anfragen und Aufforderungen im einzelpersönlichen Verkehr und im eingewöhnten Kundenverhältnis für Propaganda halten wollte, wenn es der moderne Geschäftsmann auch für geraten halten wird, auch ein eingewöhntes Kundenverhältnis durch einen entsprechenden Einschlag von Propaganda zu pflegen und wirtschaftlich zu entwickeln. Nur das Ausstreuen von Antrieben kann als Propaganda angesprochen werden. Ein studentischen Kreisen vertrauter Übergangsbegriff von der Einzelwerbung zur Propaganda ist das „Keilen". Aber aus der Einzelwerbung und der Einzelbeziehung kann System gemacht werden und dann steckt etwas darin, was man neben der Propaganda nicht übersehen darf. „Beziehungen" sind ein Machtmittel wie „Propaganda". Beziehungseinfluß an seiner Stelle so wirksam wie Propagandaeinfluß. Was der Agitator durch Propaganda macht, macht der frühere Korpsstudent durch „Beziehungen" in der hohen Bürokratie. Für den gewiegten Politiker gehören Propaganda und Beziehungen in das Arsenal seiner Arbeitsverfahren.

Man muß also in der Propaganda versuchen, an eine Mehrheit von Menschen mit Antrieben heranzukommen, um dort das zu erreichen, was erreicht werden soll. Dabei ist natürlich eine eindringlichere Initiative erforderlich und mehr Widerstand zu überwinden, wie bei der Einzelwerbung. Wie mache ich die einzelnen aufmerksam? Wie zwinge ich sie, ihre Gleichgültigkeit aufzugeben? Sie ihrerseits denken an irgendwelche anderen Angelegenheiten. Ich will, daß sie meiner Sache Beachtung schenken. So ist Propaganda notwendig ein Ausstreuen von Antrieben mit schlagkräftiger Aufmachung und Zuspitzung und muß diesen Charakter auch behalten, wo sie aus anderen Gründen verborgene Wege zu gehen versucht. — Diese Aufmachung und Zuspitzung, die mit dem Wesen der Propaganda zusammenhängt, läßt sie leicht in der Übersteigerung entarten. Das wirkt mit ihrer notwendigen Einstellung auf die Massenwirkung zusammen. Es ist aber auch klar, daß damit zunächst nur eine vorübergehende Aktion möglich ist, während die eigentliche Gesinnung derer, die durch die Propaganda berührt werden, eine tiefere Bearbeitung notwendig macht. Die „Erziehung" muß folgen. Die Heranbildung einer dauernden inneren Einstellung auf neue Aufgaben. Die durch die erste Propaganda neu herangezogenen Mitglieder einer Organisation, etwa einer Gewerkschaft müssen durch entsprechende mündliche oder schriftliche Belehrung, durch Aufsätze in den Fachorganen, durch Vorträge und dergleichen im Innersten überzeugt und dauernd gewonnen werden. Zunächst kommt also meistenteils die starke Augenblickswirkung, sozusagen das Heranreißen, und nachher muß die Dauerwirkung, das Überzeugen kommen, indem die Propaganda mit geeigneten Mitteln fortgesetzt wird und so, wie bereits gesagt, zur Überzeugung führt. Es dürfte zweckmäßig sein, dieses Mitreißen für den Augenblick durch starke Gelegenheitsmittel als *Reklame* im engeren Sinne zu bezeichnen, im Gegensatz zu der Propaganda im eigentlichen Sinne, die nicht nur einen Augenblickserfolg, sondern eine dauernde Zusammenfassung und Beeinflussung der bearbeiteten Menschengruppe erreichen will.

Das ist das wichtigste an der Propaganda. Man sieht ohne weiteres, daß Unterschiede dabei vorkommen. So kann man zum Beispiel unterscheiden *Erregungspropaganda,* die durch die Antriebe nur eine gewisse Unrast auslösen will, die eigentliche Agitation, der es darauf ankommt, die Menschen, die davon erreicht werden sollen, irgendwie aufzuwecken, in Bewegung zu bringen und aufzurütteln, damit sie dann für eine gemeinsame Aktion bereit werden bzw. ihre Gleichgültigkeit gegen bestehende Zustände aufgeben, nicht einfach unter der Herrschaft der gewohnten Antriebe bleiben. Demgegenüber steht, wenn durch die Propaganda nicht bloß eine erregte Unruhe geschaffen, sondern etwas bewirkt werden soll, was Aufbau ist, sei es nun ein geschäftlicher Kundenkreis, sei es ein Kreis geistiger Anhänger. Diese *Bewirkungspropaganda* findet dann ihren Höhepunkt in der Organisationspropaganda.

Auf der anderen Seite gibt es neben dieser positiven Bewirkungspropaganda naturgemäß auch eine negative Propaganda, eine Propaganda der Abwehr und der Zerstörung, die über die Agitationspropaganda noch hinausgeht. Diese Art der Propaganda bildet ein Hauptmittel zwischen politischen und wirtschaftlichen Gegnern. Das ist die Propaganda, die im Weltkriege uns getroffen hat. Nach der Natur der Sache kann man sich keine Propaganda denken, die nicht in demseben Maß, wie sie Ja sagen machen will, auch das Nein gegen alles wachzurufen sucht, was ihren Zwecken entgegen ist.

So werden also die Antriebe der Propaganda ausgestreut.

Es ergibt sich daraus, daß Propaganda durch nichts besser gekennzeichnet werden kann als durch das alte Propagandagleichnis vom Säemann, dessen Samen zum Teil auf steinigen Boden, zum Teil unter die Dornen, zum Teil auf den Weg fiel, ein weiterer von den Vögeln gefressen wurde und nur der letzte aufging. Das war auch Propaganda. Das Gleichnis ist das Grundbild der Propaganda, da es sich darum handelt, geistige Keime zu verbreiten, die hinausgeworfen werden in den unbekannten Kreis, um zwischen Widerstrebenden und Gleichgültigen an das Ohr der Willigen zu kommen. Propaganda wird ausgestreut wie Samen. Aber Propaganda wird gesät, wie ein kluger, geschulter Säemann sät, nicht wie die Natur, die die Überfülle der Keime vergeudet, damit irgendwo neues Leben entsteht.

Daher ist es selbstverständlich, daß man die Menschen studiert, damit der Samen, den man auswirft, in die Furchen fällt, in denen er aufgehen kann, und damit er in der rechten Menge ausgeworfen wird, nicht zu wenig und nicht zu viel. Denn Samen kostet Geld. Ausstreuen von Propaganda kostet viel Geld. Man hat darüber in der Lehre von der kaufmännischen Werbung verhältnismäßig viel geschrieben, wie man die richtigen Stellen zu diesem Zweck findet. Das sind technische Fragen der Auswahl der richtigen Blätter, der Auswahl der Propagandamittel, die hier nur zu streifen sind. Es genügt in diesem Zusammenhang der Hinweis auf die Worte von Herrn Roselius in seinem Vortrage im Sommer, über das planmäßge Ineinandergreifen von Allgemeinpropaganda, Reihenpropaganda und Einzelpropaganda. Ob von vornherein „an Alle" die Botschaft ergeht in dem bekannten Stil der Bolschewisten. So oder so, die Propaganda an Alle, die es angeht, die irgendwie von Interesse sein können. Und bei der größten Propagandaaufgabe „an Alle" schlechthin. Oder ob man sich einstellt auf die Besonderungen im Wirtschaftsleben und nur eine bestimmte Reihe, eine bestimmte Gruppe, Schicht oder Klasse mit einer ganz an sie angepaßten Werbearbeit zu erreichen sucht. Das muß schon jede Partei beachten, die auf dem Lande anders agitiert wie in der Stadt, vor Arbeitern anders wie vor jungen Akademikern. Oder ob man versucht, aus den vielen, die gewonnen werden sollen, immer wieder *einzelne* herauszufinden und diese einzelnen in Einzelbearbeitung zu gewinnen. Sie besucht oder sie uns zu besuchen nötigt, auf ihre Briefe mit kritischer Sorgfalt eingeht oder die persönliche Gelegenheit sucht, wo man mit einem Briefe an sie herankommt. Das ist Säemannsaufgabe für den Geschäftsmann und für den Gewerkschaftssekretär und ebensogut für den Geistlichen, der in einer Gemeinde mit schwierigen Verhältnissen seine Mission durchzuführen hat. Aus der Geschichte aller erfolgreichen Propaganda lassen sich die Belege anführen.

Jede Propaganda hat durch den Ausbau ihrer Streuwirkung ihren natürlichen Mittelpunkt, von dem sie ausgeht, und um diesen Mittelpunkt bildet sich ein von der Propaganda bestrichener *Kreis* in soziologischem Sinne, wenn man die gesellschaftlichen Gebilde nach Kreisen und Gruppen unterscheidet. Ein zu seinem Mittelpunkt innerlich in Beziehung stehendes und damit unter sich der Möglichkeit nach zusammenhängendes Ganzes von Menschen. Es kommt ja darauf an, um das Propagandazentrum herum einen einheitlichen für seine Idee gewonnenen Kreis zu gruppieren und unter seinen Einfluß zu stellen. Zunächst handelt es sich um einen gesellschaftlichen *Geltungskreis*. Handelt es sich um wirtschaftliche Propaganda, so ist die Aufgabe, daß in diesem Kreis z. B. eine Ware gilt und als gute Ware geschätzt wird. Bei politischer Propaganda, daß die Macht gefürchtet, daß die Kultur geachtet, daß die Ideen gewertet werden als etwas, womit man sich auseinandersetzen muß. Bzw. bei der negativen Propaganda soll ein Entwertungskreis herumgelegt werden, wo die Propaganda in dem Sinne wirken soll, um eine gegnerische Ware oder eine gegnerische politische Macht zu bekämpfen. Es kann sich aber auch um die Bekämpfung eines anderen Glaubenssystems handeln, um eine andere Lehre in ihrer Geltung herabzusetzen. Man muß nur das durchgehende Gemeinsame in allen Erscheinungen erkennen.

Über diesen Geltungskreis hinaus erhebt sich der Organisationskreis bei der Organisationspropaganda, wenn eben nicht nur die propagierten Dinge gelten sollen, sondern wenn ein fest zusammengeschlossener Anhängerkreis gewonnen werden soll, der seinerseits für die Sache tätig ist und bestrebt ist, seinerseits neue Anhänger zu gewinnen. Es kommt dann darauf an, diejenigen, die gewonnen sind, bei der Stange zu halten, damit das mühsam Aufgebaute nicht in ein Nichts zerrinnt. Es darf also gerade hier keine Augenblickspropaganda getrieben werden, sondern man muß danach trachten, die vielen einzelnen immer wieder aufs neue mit den Ideen der Organisation zu verketten und innerlich zu gewinnen und zu binden. Das ist das Gebiet der *Innenpropaganda* der Organisation, die hier neben die *Außenpropaganda* tritt. Und dieses ist es ja gerade, die uns in Deutschland während des Krieges so sehr gefehlt hat, daß aus unserm Volke keine wirkliche, fest in sich geschlossene Einheit gemacht werden konnte. Der Zwang der Kriegsorganisation sollte genügen. Die Aufgabe der Einheitspropaganda war allerdings schwer genug, weil die schwersten sozialen Gegensätze überwunden werden mußten. Jede Organisation braucht also ihre Innenpropaganda. Aber auch um die Organisation herum ihre Außenpropaganda, zum mindesten um die Propaganda der Gegner in ihrer Stärke herabzumindern. Daneben kommt es darauf an, daß Geltungsbereiche geschaffen werden auch in anderen Gebieten des Gesellschaftslebens. Ich kann auf Beispiele in der Geschichte der Heimarbeit verweisen. Es ist wichtig, wenn bei Lohnbewegungen und dergl. die öffentliche Meinung auf der Seite der Arbeiterschaft steht. Das ist gewissermaßen der Kampf um die Meinung der Neutralen in Wirtschaftskämpfen.

Wie groß der Propagandakreis um das Propagandazentrum sein muß, hängt jeweils von den besonderen Verhältnissen, z. B. bei der wirtschaftlichen Propaganda von den besonderen Marktgebieten ab. Handelt es sich um eine Ware, die allgemein begehrt wird, so muß eben schließlich der Weltmarkt erobert werden. Politisch genommen handelt es sich darum, die ganze Interessensphäre mit Propaganda zu durchdringen und die Stellung des eigenen Volkes im System der politischen Kraftzusammenhänge möglichst zu sichern.

Sieht man näher zu und fragt, wie die Propaganda vor sich geht, dann geht sie natürlich vor sich, wie jeder andere tätige Vorgang vor sich gehen muß und wie wir es hier im Staatswissenschaftlichen Institut stets dargestellt haben für die Ideenbildung, für die Struktur der politischen Idee. Wer? Was? Wie? Wer will was, wie will er es, und aus welcher Kenntnis der Wirklichkeit handelt er. Rot die Willensseite, Blau die Seite des Wissens und der Erkenntnis. Mein Freund Roselius sagte mir, daß diese unsere Tafel über die Ideenbildung ihm als Disposition zu einem Vortrag über die Aufgaben der Propaganda dienen könnte, weil diese Fragen, wer was, wie, diese einfachen Grundfragen jeder Aktion, wer macht sie, was soll sie erreichen, wie wird sie durchgesetzt, um die Aufgabe zum Ziele zu führen, selbstverständlich auch bei der Propaganda die Grundfragen sind.

Beim *Wer* unterscheiden wir zunächst die Personalpropaganda, ob ein einzelner für sich Propaganda macht, wie es große politische Persönlichkeiten tun, etwa wie ein Napoleon oder Lloyd George, aber auch ein Cäsar für sich Propaganda gemacht hat, um sich als politische Persönlichkeit durchzusetzen. Oder wie in gigantischster Steigerung seines Ehrgeizes, seines Wahnwitzes ein Herostrat den Tempel anzündete, um sich berühmt zu machen. Oder wie in holder Gegenseitigkeit der Literatenpropaganda Isaak den David lobt und David den Isaak. Dann die Geschäftspropaganda des kapitalistischen Betriebes, die Organisationspropaganda der Verbände, die Parteipropaganda, die Kommunalpropaganda einer Stadt, die politische Staatspropaganda. Überall, wo ein lebendiger Wille ist, der sein Ziel durchzusetzen hat, muß irgendwie für dieses Ziel Propaganda gemacht, müssen die Geister gewonnen werden.

Dann ist die Frage: *Was* wird propagiert, und es sind natürlich immer irgendwelche Antriebe, irgendwelche *energetische Imperative*, wie Roselius es formulierte, die propagiert werden. Diese Imperative sagen, bejahe dies, verneine sein Gegenteil, und gehen manchmal, etwa bei der Kulturpropaganda, in ein weites Programm von Einzelantrieben auseinander. Der Imperativ, die versteckte oder offene Aufforderung, tue dies, lasse das, ist das Formale. Das eigentliche „Was" ist das Wesen des Angepriesenen. Es kann ebensowohl eine Ware nach Preis, Qualität propagiert werden *(Sachpropaganda)*, als auch Ideen, vergeistigte Ziele, innere Richtbilder des Lebens, *Idealpropaganda,* die, wenn sie irgendwelche Handlungen auslösen soll, *Leistungspropaganda* wird. Es kann sein, daß eine repräsentative Persönlichkeit propagiert wird. Als Vertreter des Ideals, als Empfänger der Leistung für die Aufgabe, die er verkörpert! Man sieht deutlich den Unterschied, ob ein ehrgeiziger Demagoge durch die Propaganda sich selbst in Szene setzt, oder ob der Cid als Symbol der spanischen Ritterlichkeit edlen Herzen eingeprägt wird, oder auch ein Hindenburg als Idealbild deutschen Wesens Gegenstand völkischer Propaganda ist, oder der Sozialismus für die Volkswerbung sich seine Helden schafft. Helden und Märtyrer sind gleichermaßen Propagandaobjekte für die Idee. Man muß genau unterscheiden, ob es sich um objektive oder subjektive Personalpropaganda handelt. Die gerissene subjektive Personalpropaganda verkleidet die persönlichen Zwecke, um die es sich im Grunde handelt, hinter einem sachlichen Zweck. Man muß dann etwas tiefer sehen.

Nach dem Wer und Was kommt selbstverständlich in Frage das Wie. Das *Wie* mit den typischen Unterfragen, welche Kräfte, welche Mittel, welche Taktik, welche Strategie und bei welcher Gelegenheit. Über diese Punkte werden wir den Praktiker hören müssen. Nur weniges kann in aller Kürze angedeutet werden.

Bei den Kräften, die für die Propaganda in Bewegung gesetzt werden, ist die große Grundfrage: Sachverständige oder Dilettanten, wenn man nicht die andere Frage noch für wesentlicher hält: geborenes Propagandatalent oder bloße Routine. Routinepropaganda treibt ebensowohl der Prediger mit dem hergebrachten Predigtschema, wie der Kaufmann mit der immer wiederholten Neujahrs-Annonce. Das Größte wird nur das zum Sachverständnis geschulte natürliche Talent, im höchsten Falle das Propagandagenie leisten können. Auch Paulus, dessen Namen unser Institut als „Altes Paulinum" trägt, war ein Propagandagenie, das größte Propagandagenie des Christentums. Dilettanten sind immer gefährlich. Wenn ein Geschäftsmann ohne Schulung seine eigene Propaganda machen will, wird er zehnmal abgebrauchte Effekte für einen neuen Einfall halten. Aber auch der Sachverständige, der auf das neue Gebiet herüber geht, muß erst umlernen. Politische Propaganda macht sich anders wie Wirtschaftspropaganda. Ideenpropaganda muß auf manches verzichten, was bei der Wirtschaftspropaganda zum durchschlagenden Erfolg führt. Vor allem muß erneut daran erinnert werden, daß systematische Propaganda für einen großen Zweck selbst System und Organisation haben muß. Man vergleiche die verhängnisvoll wirksame Propagandamaschine eines Northcliffe mit der deutschen Professorenpropaganda zu Anfang des Weltkrieges, wo so viele in eifrigem Durcheinander ihre gutgemeinten Briefe an alle irgend bekannten Auslandsfreunde schrieben und durch das gutgemeinte Ungeschick ihrer Bemühungen nach dem bei Stern-Rubarth angeführten Urteil Lamprechts mehr geschadet als genützt haben.

Bei den *Mitteln* der Propaganda nenne ich zunächst die derbste Form der Propaganda, die *Demonstrationspropaganda,* bei der etwas körperlich gezeigt wird. Eine solche Propaganda ist etwa das Schaufenster oder im weiteren Rahmen die Weltausstellung. Man muß eine solche internationale Demonstrationspropaganda in Paris oder Saint-Louis gesehen haben. Unsere deutsche Propaganda war da gut organisiert. Solche Demonstrationspropaganda macht der Negerkönig mit seinen Kupferringen und Kriegern, aber eine solche Propaganda waren auch die Triumphzüge der Römer oder die Demonstrationen unserer militärisch-politischen Macht vor dem Kriege, die Paraden Wilhelms II. Wir haben die Demonstrationspropaganda vor dem Kriege ganz erheblich übertrieben und dadurch andere Wirkungen ausgelöst, als die Absicht war. Demonstrationspropaganda ist es, wenn die radikalen Parteien die Arbeiterschaft auf die Straße rufen. Demonstrationspropaganda ist auch die Ausstellung von Reliquien in der Kirche oder die Prozession, die durch die Straßen schreitet. Auch die „Propaganda der Tat", das Aufrütteln durch eine augenfällige Leistung, durch das politische Verbrechen gehört als ihr äußerster Fall zur Demonstrationspropaganda. Virginia! Winkelried! Hungerstreik!

Nach der Demonstrationspropaganda die *Bildpropaganda.* Lichtbild, Plakat, Karikatur mit all ihren Möglichkeiten, wobei es sich zum Teil um Ersatz der Demonstrationspropaganda handeln kann, wenn das Bild das Propagandaobjekt zeigt, zum Teil dient das Bild nur als Aufmerksamkeitsfänger.

Dann die *Wortpropaganda.* Das Wort darf bei der Propaganda nicht fehlen, weil doch auf Interessen und Ideen anderer gewirkt werden soll. Zu dieser Wortpropaganda gehört selbstverständlich neben dem gesprochenen Wort auch der Brief, das Rundschreiben, die Anzeige, das Wortplakat, der Artikel in den Zeitungen, das Propagandabuch. Vor allem aber steht an erster Stelle das *Schlagwort,* da die Propaganda in die kurze Formel zusammengedrängt werden muß. Maupassant plaudert in seinem „Sur l'eau" davon, welche Rolle das Schlagwort, das witzige Schlagwort (Bonmot) in der Geschichte Frankreichs gespielt hat. „Frankreich wird durch Bonmots regiert." Jedes weiter verbreitete Wort schafft seinem Urheber Anhänger, die mit Behagen seiner gedenken. Für die politische Propaganda hat Stern-Rubarth manche Beispiele für die Bedeutung des Schlagwortes angeführt, auf die verwiesen sein mag. Wirtschaftlich kennen wir die berühmten energetischen Imperative von damals: Wasche mit Luft! Schmücke Dein Heim! usw., die gleichfalls ihre Wirkung gehabt haben. Das eindrucksvolle Wort wird schon beim Namen einer neuen Ware wichtig. Die negative Propaganda greift den Gegner mit Schlagworten an, die ihn herabwürdigen sollen, oder gibt seinem Wahlspruch einen lächerlichen Nebensinn. Man hat solche Kniffe auch in der geschäftlichen Propaganda versucht und etwa die Bezeichnung für ein beliebtes Nahrungsmittel für irgendein wenig appetitliches Haushaltungsmittel verwendet. Dann kann die Entwertung des Schlagwortes den Untergang des Geschäfts bedeuten.

Im Vorübergehen kann auch noch auf die Musik als Propagandamittel hingewiesen werden, die z. B. in den Rufen des Straßenverkäufers das Wort begleitet.

Als vierter Fall die *Propaganda der Zahl* bei Auflageziffern einer Zeitung, Wahlerfolgen der Partei, Anwachsen der Gewerkschaft, Kapital einer Bank. Die Propaganda wie sie der Amerikaner liebt, bei dem es ohne das größte, zweitgrößte, drittgrößte usw. in der Welt oder in den USA, was er manchmal verwechselt, einmal nicht abgeht. Die Propaganda arbeitet mit Superlativen. Die hohe Zahl ist der exakt gewordene oder doch exakt scheinende Superlativ.

Beim Schlagwort und bei der Warenbezeichnung wird das Wort zum Symbol, wie Bild und Zeichnung, das Liniengefüge der Marke Symbol sein kann. Das wäre dann die fünfte Unterscheidung nach den Propagandamitteln, die *Symbolpropaganda.* Das Symbol ist das mit Inhalt geladene Zeichen, das durch seine Darstellung den ganzen Inhalt im inneren Erlebnis des Betrachters lebendig entstehen läßt. Der Inhalt kann durch die Propaganda selbst mit dem Symbol verbunden sein, wenn bei aller Propaganda das eine beherrschende Zeichen äußerlich wiederkehrt. Oder der Inhalt ist durch Erziehung und Tradition ein für allemal mit dem Symbol verbunden. Das echte Symbol hat höchsten Propagandawert, weil es in gedrängtester Zusammenfassung schlagkräftig dem Wissenden so vieles sagt. Deshalb muß die Propaganda Symbole schaffen und ihre ganze Arbeit um das Symbol ordnen. Über aller Propaganda steht sozusagen der Satz „In diesem Zeichen wirst Du siegen". Die Geschäftspropaganda schafft sich das Warenzeichen, um ihre Waren herausheben zu können. Der Markenartikel muß seiner Natur nach Propagandaartikel werden. Die politische Innenpropaganda kämpft mit den Farben der Fahne. Bünde und Organisationen haben ihre Abzeichen, man denke an den Kranich der Wandervögel, die Mütze der Studenten. Und so hat auch unser Staatswissenschaftliches Institut und der Gedanke der Staatswissenschaftlichen Erneuerung sein Symbol, das in dem Giebelfeld unseres Gebäudes und auf unseren Veröffentlichungen wiederkehrt. Die Sonne über dem Kreuz! Sein Sinn ist in dem grundlegen-

den Programm für unsere Schriften erläutert. Es ist als Symbol für unsere Propaganda gedacht und wird helfen sie weiter tragen, weil es mit einer eindrucksvollen Sprache spricht, die alle Völker verstehen.

Mit der *Taktik* und *Strategie* der Propaganda, wie das einzelne Ziel zu erreichen ist, und in welcher Reihenfolge Ziel auf Ziel verfolgt werden muß, bis der ganze Propagandafeldzug gewonnen ist, kommen wir auf feinste Fragen der Technik, deren Darstellung genaueste Sachkenntnis und genaueste Einzelheiten verlangt. Hier genügt die Feststellung, daß es eine solche Taktik und eine solche Strategie gibt und daß die Behandlung dieser Aufgaben die Meisterschaft bewährt.

Es war feine *Taktik*, wie die englische Propaganda während des Krieges mit dem Buch für die englische Sache und gegen uns arbeitete, indem sie sich z. B. der Bibliotheken der Young man's Christian association als Ansatzstelle bemächtigte in der verhüllten Form, daß sie den Büchereien die entsprechenden Bücher stiftete. Was für eine Erziehungspropaganda läßt sich nicht mit einem großen Bibliotheksfonds machen!

Es war wohlüberlegte *Strategie,* wenn Northcliffe den stärksten Stoß seines Propagandafeldzuges gegen die Monarchie der Habsburger richtete und durch die Förderung der slavischen und italienischen Nationalbestrebungen die organisch schwächste Stelle im Bunde der Mittelmächte immer haltloser und schwächer machte. Waren unsere Bundesgenossen erledigt, so mußte auch unser Widerstand zu brechen sein.

Daß endlich gerade für die Propaganda das Ineinandergreifen der Umstände so oder so die *Gelegenheiten* herbeiführt, wo gehandelt werden kann oder wo unbedingt gehandelt werden muß, leuchtet ohne weiteres ein. Für uns bedeutet der Weltkrieg nach innen und außen eine Reihe verpaßter Propagandagelegenheiten. Das Ende des Krieges fand uns so verstört und zerschmettert, daß wir nicht die Kraft hatten, gegen Osten und Westen das Zeichen der sozialen Demokratie und des organisatorischen Sozialismus aufzurichten, der zum geordneten Aufbau kommt und in der Freiheit des Schaffens die stärksten sozialen Kräfte erkennt. Wer darin die Erfüllung der deutschen Geschichte sah, hat damals umsonst danach gerufen[5]. Es ist aber lehrreich, daß ein Praktiker wie Roselius aus seiner Liebe zum Vaterland und aus seiner sozialen Einstellung heraus sofort die Aufgabe begriff[6]. Die gemeinsame Überzeugung, daß eine neue Stunde der deutschen Propaganda gekommen sei, hat uns damals zusammengeführt. Und noch ist diese Stunde nicht vorüber, weil es sich um keine Augenblickspropaganda, sondern um einen großen Erziehungsfeldzug handelt, den wir gewinnen können. Nur der Aufmarsch mußte sofort eingeleitet werden[7].

So gibt es große weltgeschichtliche Gelegenheiten der Propaganda. Aber die Gelegenheit kommt auch in verdrießlicher Kleinlichkeit, ja in abstoßender Häßlichkeit wieder. Wenn die Propaganda für die Bestattungsfirmen unmittelbar nach dem Todesfall einsetzt. Oder als belustigende Groteske. Ich hörte einmal, wie auf einer Verhandlung über die Siedlungsfrage und das Landarbeiterproblem eine Empfehlung für den Nordseeschlick als Dünger eingeschmuggelt wurde.

Marc Anton an der Leiche Cäsars bei Plutarch und Shakespeare! Dagegen der Versuch, die Ermordung Erzbergers für eine große Volksbewegung auszunutzen. Es gibt echte und unechte Propagandagelegenheiten. Man muß da zu unterscheiden wissen.

Jede irgendwie erhebliche Veränderung der Gesellschaftskonstellation, jeder neue Vorgang, jedes neue Ereignis bedeutet neue Propa-

---

[5] Vgl. mein „Durch Umsturz zum Aufbau" Münster 1918, und „Zur Vertiefung des Sozialismus" Leipzig 1919.
[6] Vgl. Ludwig Roselius „Briefe", Angelsachsenverlag, Bremen 1919.
[7] Vgl. „Das erste Staatswissenschaftliche Unterrichtsinstitut, seine Einrichtungen und seine Aufgaben", Essen 1920.

gandamöglichkeiten und wirkt mit diesen Möglichkeiten in verschiedene Interessenkreise hinein. Jeder Interessenkreis reagiert in seiner Weise und kämpft um Einfluß. Jede neue Propagandaverumständung löst also Propagandawellen aus, aber entgegengesetzte Propagandawellen. Eine neue Tatsache! Wie kann ich sie benutzen? Wie werden sie andere benutzen? Das ist die ewig neue Frage im System der sozialen Kräfte.

Man kann diese *Gelegenheiten* auch *machen*, wenn sie sich nicht von selber machen. Es ist harmlos, eine Anfrage im Parlament zu bestellen, die den Anstoß zur politischen Rede gibt. Es ist weniger harmlos, in einen Streik hineinzuhetzen, weil der verlorene Streik neue Unzufriedenheiten schafft und dem extremsten Agitator neue Möglichkeiten gewährt. Führer — Verführer, die sich über den verlorenen Streik mehr freuen, wie über den gewonnenen. KPD-Propaganda! Frage, wem ein Ereignis eine Propagandamöglichkeit verschafft, und Du darfst vermuten, wer es herbeigeführt haben kann. Das neue Ereignis, der neue Umstand, ist das „accident provocateur". Wer den neuen Umstand absichtlich herbeiführt, ist der „agent provocateur" der Propagandagelegenheit. Es gibt solche Kuppler der Propaganda! Ein Attentat zur rechten Zeit kann dazu dienen, um den erwünschten Sturm gegen eine verhaßte Partei heraufzubeschwören. Mit diesem Begriff der Propagandagelegenheit und der wechselnden Propagandalage bekommen wir also erhöhtes Verständnis für die *Propagandakonjunktur*.

So sehen Sie ohne weiteres, daß diese Grundeinteilung des Wer, Was und Wie jeder Aktion und jeder Idee für die Propaganda ihre Bedeutung hat. Ich kann im Rahmen meines heutigen Vortrages selbstverständlich nicht auf alle Einzelheiten genau eingehen, aber was ich ausführe, gibt ein Spiegelbild der Propaganda an sich in allen ihren verschiedenen Formen.

So kommt denn jetzt weiter hinzu die Frage: Was für ein Wissen muß man haben, um Propaganda machen zu können?

Wir können uns wieder auf unseren Aufriß der vollentwickelten politischen Ideenbildung beziehen. Es kommt bei einem Politiker nicht nur darauf an, was er will und wie er es will, sondern was er von der Welt kennt und wie sie sich in seinem Kopfe malt. Die Welt, das heißt vor allem die Menschen und ihr Gesellschaftsleben nach Struktur, Lebensgebieten und geschichtlicher Entwicklung. Genau so die Propaganda! Man muß nicht nur wissen, wie man den Samen werfen will, sondern muß den Boden kennen, auf dem er keimen soll. Boden heißt auch hier Menschen und Gesellschaft.

Zunächst muß man also, ein einfacher und doch grundwichtiger Satz, die Menschen kennen, wenn man irgendwo Propaganda machen will, muß vor allen Dingen die bestimmte Gruppe von Menschen oder die bestimmte Gruppe seines eigenen Volkes oder irgendeines fremden Volkes kennen, auf die man sich mit seiner Propaganda einstellen will. Man muß die Gesellschaft kennen und auch ihre verschiedenen Strukturen, das Massenleben, die Schichtungen der Gesellschaft, die gegeneinander strebenden Kräfte und Interessen, wenn man die Propaganda richtig anpassen will. Propaganda ist eine sozialpsychologische Aufgabe. Menschenkenntnis ist die Grundvoraussetzung. Die Propaganda-Empfänglichkeit verschiedener Völker und verschiedener Bevölkerungsgruppen ist sehr ungleich.

Es gibt damit eine Frage nach den Grenzen der Propagandamöglichkeit, die von der Grenze der Wirkung einzelner Propagandamittel verschieden ist. Schrift wirkt natürlich nur auf einen, der lesen kann; wo sie versagt, muß man etwa mit dem Bild kommen. Die Grenze der Propagandamöglichkeit überhaupt liegt da, wo der schwerfällige Stumpfsinn, das gesättigte, gedankenträge, ganz in seine kleinen Gewohnheiten versenkte Spießertum beginnt, dem weder Interesse noch Idee etwas anhaben kann und das vor jedem Neuen mißtrauisch abbiegt. Wie es im sozialen Leben schwer organisierbare Schichten gibt, die zersplitterte Welt der Heimarbeit, oder Schauspieler und Professoren mit ihrem übersteigerten Individualismus, so gibt es Schichten ohne Propagandaresonanz. Wo etwa beides zusammentrifft, steht das Liebeswerben für gemeintätige Arbeit vor seiner schwersten Leistungsprobe.

Fossil gewordene Bürokratie, geistig erstarrte oder ausgebrannte Menschen sind durch Propaganda nicht mehr zu bewegen. So wenig wie sie andere in Bewegung bringen können! Je zerrissener und zerklüfteter die Gesellschaftsschichtung geworden ist, umso mehr fehlt mit der einheitlichen Organisationsgrundlage die einheitliche Propagandamöglichkeit. Umso schwerer ist eine Propaganda, die alle in ihrer Tiefe trifft. Oberflächenpropaganda für Augenblickszwecke behält ihre Möglichkeiten. Klassenpropaganda, Aufpeitschung der Gegensätze, steigt mit grimmigster Verneinung empor. Das sind Widerstände, mit denen die „deutsche Propaganda" als Innenpropaganda rechnen muß.

Aber diese Frage der Menschen- und Gesellschaftskenntnis verlangt ein Buch für sich.

Man muß im Menschen durch die Antriebe der Propaganda eine Reaktion auslösen, die ihn zum Handeln bringt. Das geschieht durch die verschiedenen Zwischenstufen von der Bitte zum Befehl. Schmeichelpropaganda und Befehlspropaganda! Es klingt wie ein Befehl, wenn die Propaganda mahnt: Dein Land braucht Dich! Es kommt, wie ich oben ausgeführt habe, dabei darauf an, ob der Mensch schon bei seinem Interesse, bei seiner Nutzerwägung gepackt wird, oder durch Ideen, die sein tiefstes Erleben, sein wesenhaftes Wollen in den Dienst der neuen Aufgabe stellen. In der Praxis wirkt beides zusammen, muß zum mindesten beides nebeneinander berücksichtigt werden. Wir haben da eine ganze Skala von Aufgaben. Es kann sich entweder darum handeln, einen Willen zu verstärken, der das bereits will, was auch von uns gewollt wird, damit es dann von der betreffenden Person noch stärker und noch entschiedener gewollt wird. Das ist die leichteste Aufgabe. Denn der Überzeugte glaubt gern. Solche Propaganda wird auf Parteiversammlungen und Katholikentagen gemacht. Oder es kann sich darum handeln, daß in einem indifferenten Willen etwas neu gewollt wird, etwas zur Anerkennung gebracht wird, was bis dahin noch nicht zu einer Willensreihe durchgeformt gewesen ist, wo aber auch keine ausgesprochene Feindschaft dagegen herrscht. Oder man kann jemanden einer Sache gegenüber zur Aberkennung und Ablehnung bringen, die ihm bisher gleichgültig gewesen ist. Es spricht nicht für die Natur des Menschen, daß solche Aufhetzungspropaganda, ein Lügenfeldzug gegen einen Dritten, wie gegen uns bei den Neutralen, verhältnismäßig leicht ist, wenn kein Interesse entgegenwirkt. Schließlich kann man als schwerstes irgendeinen zur Ablehnung einer Sache bringen, für die er bisher eingetreten ist. Sigambrer-Propaganda. Neige Dein Haupt, Sigambrer. Bete an, was Du verbrannt, verbrenne, was Du angebetet hast!

Darum hat es sich für unsere Gegner gehandelt, als es galt, unsere Volksstimmung zu zersetzen und das Gegenteil von dem in die Gemüter hineinzubringen, was vorher gehofft und geglaubt wurde. So etwas ist eine schwere Aufgabe für Propaganda, und sie geht dabei besondere Wege. Sie muß zuerst den Zweifel, die Unsicherheit ins Herz tragen, und es ist lehrreich, die klug überlegten Fragen auf den Karten nachzulesen, die die amerikanische Fliegerpropaganda über unsere Front streute. Stern-Rubarth bringt Beispiele davon. Wenn wir aber feststellen, daß unseren Gegnern diese schwere Aufgabe gelungen ist, müssen wir den Erfolg nicht einfach der Technik oder der diabolischen List eines Northcliffe zuschreiben. Wir müssen ehrlicher Weise fragen, wodurch haben wir den Erfolg möglich gemacht? Einerseits weil die Gegenpropaganda versagt hat. Dann aber auch, weil unsere Einrichtungen und Ziele Angriffspunkte gaben, wo der Zweifel und die Kritik einsetzen konnten. Eine erfolgreiche Unterminierungspropaganda beweist eine schwache Stelle der Festung.

Psychologische Einwirkung und Umstellung in der ganzen Breite ihrer Möglichkeiten ist also die Aufgabe, die uns immer wieder in verschiedener Form entgegentritt: wirtschaftlich, religiös und politisch.

Und immer setzen gegen die Propaganda die *Gegenantriebe* ein.

Solche Gegenantriebe kommen zunächst aus der Persönlichkeit des Einzelnen, je nach seiner Eigenwilligkeit, seinem Selbständigkeitsbedürfnis, seinem Negativismus. Ein Amerikaner mit lebhaftem Gerechtigkeitsgefühl kann gerade wegen der Gehässigkeit der Hunnenpropaganda prodeutsch werden. Wer bei einer Filmvorführung über die Produktion elektrischer Kabel gar zu oft die Buchstaben AEG liest, kommt vielleicht gerade durch diesen Überdruß zur Ablehnung. Das „Nun gerade nicht" spielt dabei eine Rolle, und wird durch die mannigfachsten Nebenmotive begünstigt. Gerade bei der politischen Propaganda können solche persönlichen Gegenantriebe den Willen zur Gegenpropaganda auslösen. So heißt die praktische Aufgabe: die Propaganda so einstellen, daß sie schlagkräftig ist und doch so wenig Gegenantriebe auslöst wie möglich. Diese Reaktionen müssen vorempfunden werden.

Dann kommt die *Gegenpropaganda* und zwar in den beiden Formen der Antipropaganda und der Konkurrenzpropaganda. Konfessionen gegeneinander, aber auch gegen die Propaganda irreligiöser Richtungen!

Wichtig ist, daß Propaganda sich erschöpft und auch die Kraft ihrer Mittel erschöpft, abgestanden wird! Sie soll die Gleichgültigen aus der Gleichgültigkeit herausreißen, und indem sie immer denselben Antrieb wiederholt, wird sie zur Gewohnheit und schafft neue Gleichgültigkeit, schafft wohl gar Überdruß vor der Wiederholung und noch dazu vor der lauten Wiederholung des Antriebs. Sie muß also wechseln. Es ist danach zunächst ein Traum, wenn man etwa glaubt, die Propaganda „rationalisieren" oder „normalisieren" zu können. Um der Propaganda willen springt die Propaganda aus der festen Regel heraus. Man kann psychologische Experimente über gute Propagandawirkung machen. Das ist sehr nützlich und klärt die Grundregeln. Wenn man dann aber alle Propaganda schulmäßig nach der Lehre der experimentellen Wissenschaft betreibt, wird sie doch langweilig. Verfehlt ihren Erfolg! Schläfert ein!

Nur große dauernde Sachen vertragen dauernd gleichmäßige Werbung. Die Tradition ist ein Teil ihrer Propaganda. Die durchgehende Einheit der Werbung, die Glockentöne, die über ein ganzes Land gehen, werden zum Symbol des ewigen für alle geltenden Inhalts. Aber Individualpropaganda, die auffallen will und gegen andere Individualpropaganda kämpft, muß wechseln. Der neue Antrieb wird herausgestoßen. Dann macht das Nachahmungsgesetz aus dem Neuen eine Mode. Die Mode wird gleichmäßig, sie wird alt und verliert ihren Propagandawert. Die Individualpropaganda sucht nach neuen Möglichkeiten. Eine neue Mode folgt usw. usw. *Mode ist eine Propagandaerscheinung,* die mit dem Wesen wetteifernder indiviualisierter und gleichzeitig nachahmungsbedürftiger Masse eng zusammenhängt und mit dem Lebenstempo des Wettstreits um Geltung ihr Tempo beschleunigt. Sie tritt also auf sehr verschiedenen Propagandagebieten auf, hängt aber in sich als Ganzes zusammen.

Wir haben gesehen, wie unsere Kunst mit dem wildesten Willen, unbedingt aufzufallen, so „irrational" und unnormal wie möglich wurde. Ein Teil davon war ehrliche Auflehnung. Aber auch daraus ist schon Mode und Routine geworden.

Weil das alles so bewußt gemacht wird, kommt in der Technik der reinen Propaganda durch all den Wechsel doch ein ausgeglichenes System von kluger Überlegung heraus. Ein gleichmäßiges hohes Können, das die Bedingungen seiner Wirkung durchüberlegt hat und für das es nur noch wenig Überraschungen oder unerwartete Effekte gibt. Und je mehr das alles bekannt ist, je mehr das Wissen von der Propaganda und ihren Kunstgriffen in alle Kreise kommt, umso mehr muß Propaganda eine kluge sachgemäße Darstellung der Wahrheit werden. Ein *Gesetz der sachverständig gewollten Vereinfachung* setzt sich im Kampfe durch, weil alle Künsteleien und Tricks abgebraucht sind, überall auf das Lächeln kundiger Auguren stoßen, und sozusagen zum Kinderspielzeug werden, das nur für eine gelegentliche müßige Stunde noch gut ist. Das wird die Propaganda gebildeter Völker sein. Sie kann dabei ihr bewegliches Geschick behalten und dadurch immer neue Anreize auslösen. Vorläufig sind wir freilich noch weit davon entfernt, obwohl z. B. in der geschäftlichen Propaganda die geschmackvolle Vereinfachung unter genauer Beachtung der technischen und psychologischen Notwendigkeiten große Erfolge gehabt hat. Der Bildungsgrad der Propaganda wird dem Bildungsgrad des Volkes entsprechen müssen. Sinkender Geschmack, rohere Propaganda!

Weil die Propaganda ihre Antriebsmittel in die Massen hineinhämmert, bringt sie ihre Mittel mit dem gegebenen Antriebszweck in feste Verbindung und schmiedet sie damit so zusammen, daß sie nicht mehr getrennt werden können. Deshalb soll man *große Namen und große Dinge in der Propaganda nicht mißbrauchen,* weil sie sonst ihre Heiligkeit, ihre unersetzbare Kraft verlieren. „Hindenburg-Zigarren" sind nur ein bedingter nationaler Gewinn. Auch eine „Ludendorff-Spende" konnte, wie Roselius mit richtigem Blick betonte, den Propagandawert eines Namens zum guten Teil aufnutzen und ihn durch zu große Wiederholung für manche sogar lästig machen. Deshalb steckt in dem alttestamentalischen Spruch, auf den ich eben anspielte, abgesehen von dem magischen Nebengedanken, ein großer Ernst, der nicht nur für die religiöse, sondern auch für die politische Propaganda gilt. Die Entwertungspropaganda kann durch ihren Mißbrauch große Dinge und große Namen in den Staub des Alltags ziehen. Es kann allerdings aber auch sein, daß ihr großer tiefer starker Ernst bis in die Niederungen des Alltags dringt und die Gemüter bezwingt.

Aber das darf man nicht absichtlich wollen. Käme der Schaden nicht aus dem Mißbrauch selbst, müßte man mit der Gegenpropaganda rechnen, deren Spiel erleichtert wird. Auch die Glaubenspropaganda hat durch kurzsichtigen Kleinverschleiß des Heiligsten oft genug dem Spötter Waffen gegeben und das tiefste Erleben von sich abgeschreckt.

So ergibt sich ein Kräftesystem, bei dem von den verschiedenen Seiten her die Antriebe gegeneinander dringen und untereinander ringen. In dieses Kräftesystem muß man planvoll hineinwirken, die Gegenaktion berücksichtigen, sie wenn möglich in kluger Durchkreuzung dem eigenen Willen dienstbar machen und so einen ganzen Propagandafeldzug mit seinen Wechselfällen und Zwischenspielen durchhalten und gewinnen.

Damit erscheint uns aber die ganze Aufgabe immer noch zu einfach.

Um die Propaganda-Antriebe zur Auswirkung bringen zu können, muß man sie erst einmal an diejenigen heranbringen, an denen sie ausgeübt werden sollen. Und es handelt sich dabei darum, daß man diejenigen erreicht, die nicht schon freiwillig kommen, sondern die erst gewonnen werden sollen. In diesem Falle ist das *Heranbringen* des Antriebes eine besondere Aufgabe, wobei man es entweder so machen kann, daß man die Überraschung taktisch anwendet, also den Antrieb überraschend irgendwo auftauchen läßt an einer Stelle, wo der Betreffende einen Antrieb am wenigsten vermutet. Diese Art der Propaganda ist von uns in Deutschland vielfach für die Kriegsanleihe in Anwendung gekommen. Die Zeitungen und Schriftsteller wetteiferten damit, wie schließlich in irgendeiner Geschichte die Erinnerung an die Kriegsanleihe mit geschickter Überraschung als Pointe heraussprang. Oder um ein anderes Beispiel zu nennen, wenn in irgendeiner Erzählung oder in einem Feuilleton bei passender Gelegenheit ein Lob des Weines auftaucht oder sonstiger alkoholischer Genüsse, so ist das oft bezahlte Alkohol-Propaganda, Überraschungspropaganda in Form der einschmeichelnden Erinnerung, womit immerhin eine gewisse Wirkung erreicht wird. Eine andere Form kann man gewissermaßen die Einkreisungspropaganda nennen. Es ist charakteristisch, in welchem Maße die katholische Kirche mit den Argumenten ihrer geschichtlichen Entwicklung zu diesem Verfahren gekommen ist und den Gläubigen sein ganzes Leben hindurch mit beständigen Erinnerungen an seine religiösen Pflichten umgibt. Einer solchen eindringlichen Propaganda kann man sich nicht leicht entziehen. Es ist mit dem Herantragen der Antriebe etwa so wie zur Zeit der Holzfregatten des früheren Seekriegs. Wie damals der Brander an das feindliche Schiff herangebracht werden mußte, um es zu entflammen, so muß bei der heutigen Propaganda, namentlich bei der politischen Propaganda, versucht werden, so nahe an den anderen heranzukommen, daß die Antriebe unbedingt die Aufmerksamkeit des Gegners auf sich lenken und zur Wirkung kommen. So ist für uns die Frage, wie kommen wir mit unserer deutschen Propaganda an die früheren Gegner heran, die mit ihrer Presse gegen uns arbeiten? Die Psychologie der Propaganda hat da manche Möglichkeiten.

Die äußere Technik des „Herankommens" rechnet naturgemäß mit zwei Grundtypen des Verfahrens. Es sollen Antriebe in das bewegte Gesellschaftsleben hinein. Da die wechselnde Menge, das flutende Leben selbst in rastloser Bewegung hin- und herdrängt, kann die Propaganda fest stehen und als *Standpropaganda* die Menge an sich vorüberziehen lassen. Beispiele für Standpropaganda gibt die Inschrift auf dem Denkmal der Thermopylen, oder aber die Anschlagssäule, das Schild am Laden und das Ladenfenster, die Lichtreklame, die Bahnhofspropaganda usw. Wer vorbei kommt, muß sehen und lesen. Streupunkte für Standpropaganda sind ein Verkehrsproblem und führen in die Lehre von der Grundrente und vom Bodenpreis hinüber. Es gibt da strategische Punkte erster Ordnung.

Umgekehrt die *Wanderpropaganda* und die *Aussandpropaganda* als die beiden Unterformen des *bewegten* Propagandatyps. Die Aussandpropaganda mit ihren Zirkularen, Prospekten, Anzeigen, auf den regelmäßigen Aussandstraßen der Zeitungen, Zeitschriften usw. und mit ihren selbstgesuchten freien Wegen, ist dem Laien am vertrautesten. Die Wanderpropaganda scheint in der Zeit der wohlgeordneten Polizei und der Druckerpresse zunächst veraltet. Als ihre große Zeit kann die Periode der Wanderprediger und Glaubensboten gelten. Aber man denke an die Straßenredner der angelsächsischen Länder, an den Werbebesuch des Parteisekretärs, an die Reden Roosevelts aus dem Eisenbahnzug, an die Reisen des politischen Agitators überhaupt, an Postwagenpropaganda, an herumgetragene Plakate und mit schlauem Blinzeln verteilte Reklamezettel! Auch der Geschäftsreisende soll nicht vergessen werden. Fast ist man geneigt, auch den Reise- und Besichtigungsbetrieb der Monarchen der Vorkriegszeit zu erwähnen. Eine ähnliche Reisepropaganda wird jetzt in den Vereinigten Staaten durch französische Generäle, Preisboxer und Tenniskönniginnen recht erheblich in Szene gesetzt.

Aber auch mit dem „Herankommen" ist es noch nicht getan. Denn die Aufmerksamkeit ist erst dann gewonnen, wenn die Indifferenz, die Gleichgültigkeit überwunden ist. Die Propaganda hat gewonnenes Spiel, wenn die Hörer freiwillig kommen, wohl gar neugierig geworden sind. Das macht sich aber nicht von selbst. Die Propaganda braucht Weckmittel, *Aufmerksamkeitsfänger*. Die Propaganda muß laut sprechen und auffällig sein, und darf doch keine Gegenantriebe wecken. Das steigert die Schwierigkeiten ihrer Psychologie.

Aufmerksamkeitsfänger und Antriebsimperativ sind also zu unterscheiden. Sie sind im besten vereinigt, weil der Aufmerksamkeitsfänger dann einheitlich zum Antrieb weiter führt, der die eigentliche Befruchtung durch die Propaganda auslösen kann. Es gibt aber auch Beispiele genug, wo erst Aufmerksamkeitsfänger vorausgeschickt werden, um dann erst mit der eigentlichen Einwirkung einzusetzen. Wo versucht wird, zuerst einen Spannungszustand der Neugier zu erreichen, die nach der Lösung des Rätsels sucht, wo dann aus der Aufklärung heraus die Propaganda springt.

Auch hier gehören wieder die beiden Seiten von Wille und Erkenntnis zusammen. Der *Aufmerksamkeitsfänger* soll die Aufmerksamkeit wekken! Der eigentliche *Antrieb* als energetischer Imperativ die Willen in Bewegung setzen! Der *Aufklärungsteil* endlich das nötige Maß an Wissen, Verständnis und Begründung geben, damit der zu bearbeitende Wille, mit dem bekannten Ausdruck „im Bilde" ist. Der Aufklärungsteil kann zu einer gelehrten Abhandlung anschwellen, oder auch in der einfachen Mitteilung bestehen, daß gerade dieses Rauchmittel oder dieses Schnittmuster „das allerbeste" und „allerbilligste" ist. Sozusagen der „Ursuperlativ der Anempfehlung".

Die drei Teile sind immer da, aber in wechselnder Vereinigung. Der Imperativ kann etwa als unausgesprochene Folgerung hinter dem kurzen Aufklärungsteil stehen, während der Aufmerksamkeitsfänger den Hauptkörper des Propagandastückes bildet. Das wechselt nach tausend Möglichkeiten.

Dieses ganze seelische Kräftesystem von Antrieben und Gegenantrieben, Herantragen der Antriebe und Überwindung der Gleichgültigkeit gehört natürlich zum allgemeinen Apparat der seelischen Beeinflussung anderer. Hat seine Bedeutung für den Seelenarzt und für den Erzieher, bekommt aber doch in der Propaganda sein ganz eigenes Gesicht.

Das äußere Ziel der Propaganda ist die Auslösung einer Handlung durch einen herangetragenen Antrieb. Die Augenblickspropaganda geht ganz auf diese Wirkung aus. Es genügt, daß jetzt der in der Propaganda gewollte Antrieb durchschlägt. So droht der Propaganda überall die Gefahr, statt mit dem sachlichen Grund mit dem argumentum ad hominem zu wirken. Ich las einmal in einer amerikanischen Grammophonzeitung den Bericht, wie amerikanische Missionare die geheimnisvolle Zauberstimme des Apparates als Argument für die Kraft des christlichen Glaubens verwenden.

Die gefährlichste Form der *Trug-Propaganda* ist aber die arglistige Geheimpropaganda. Beispiele geben Fälle der Alkohol-Propaganda, wie sie oben erwähnt wurden, oder die arglistige Unterminierungs-Propaganda der Kriegsgegner des Weltkrieges.

Ein amerikanisches Sprichwort sagt:
Sie können die ganze Welt eine Zeit lang narren,
Sie können einiges Volk alle Zeit narren,
Aber Sie können nicht die ganze Welt dauernd zum Narren halten.

Das ist ein guter Satz. Es steckt darin ein gewisser Trost gegenüber den Möglichkeiten einer Trug-Propaganda. Aber eben nur ein gewisser Trost. Denn in dem kurzen Augenblick, wo die Trug-Propaganda zur Wirkung kommt, kann unermeßlicher Schaden angerichtet werden.

So ergibt sich, wir müssen die Propaganda schon deswegen kennen, um ihr richtig begegnen zu können.

Selbst wenn wir keine Propaganda zu machen hätten, wenn keine Zwecke da sind, die wir selbst verbreiten, für die wir Anhänger zu gewinnen haben, dann muß uns unsere Vernunft sagen, daß wir beständig im Wirkungskreis der Propaganda stehen. Von allen Seiten dringt in unser Gesellschaftsleben die Propaganda offen und versteckt, verschleiert und unverhüllt, auf uns ein. Wirtschaftlich sowohl wie für Kunst und Literatur, für Ideen und für soziale Aufgaben, überall wird um die Anhängerschaft gekämpft. Wer sich nicht kritisch umsieht, wird beeinflußt, er weiß nicht wie.

Dabei gibt es noch Beobachtungsaufgaben von besonderer Art. Es kommen Antriebe, ohne daß der Mittelpunkt erkennbar ist, von dem sie ausgehen. Scheinbar zusammenhanglos. Aber doch so, daß sie, so verschieden sie auch sein mögen, immer einem bestimmten Interesse nützen, wie ein Sternschnuppenfall immer aus einer bestimmten Richtung kommt. Da weist die alte Suchfrage cui bono den möglichen Ursprung nach, und wir kommen der Quelle der Geheimpropaganda, dem versteckten Zentrum eines Willens, der sich in der Gesellschaft durchsetzen will, näher. Freilich schwanken die Möglichkeiten, bis wir die sichere Bestätigung haben. Aber der Wirtschaftsbeobachter wie der Politiker hat da Aufgaben von ungewöhnlichem Interesse. Beispiele dieser Geheimpropaganda wurden schon angedeutet. Wo wir ein Zentrum der versteckten Geheimpropaganda vermuten dürfen, kommen dann wieder Phantasie und Gerücht, die vergrößern, vielleicht aber auch an einer fortschreitenden wachsenden Gefahr ihren wirklichen Ernst kaum erkennen und weit hinter den Tatsachen zurückbleiben.

So wird für den, der das Wesen der Propaganda erfaßt hat, unsere Menschengesellschaft in ihrer ganzen Breite zu einem Kraftfeld sich kreuzender geistiger Wirkungen. Von allen Willenszentren strahlen die Antriebe aus. Jeder einzelne, jeder politische Mittelpunkt ist so Ausgangsstelle von Propaganda. Und je mehr die Gesellschaft an die Stelle der Gemeinschaft tritt, je mehr der einzelne auf sich steht und sich durchsetzen muß, je mehr die Interessen im Kraftsystem gegeneinander stehen, je mehr um Ideen neuer Lebensgestaltung gerungen wird, je wogender sich die Unruhe der Massen hebt, je vielgestaltiger die Gliederung sich schichtet, umso mehr nimmt das Kraftfeld der Propaganda an Umfang und an Aktivität zu. Sagen wir: ausgleichende

Ordnung, zusammenfassende Organisation soll in freiem Zusammenwirken aus dem Chaos wieder den Kosmos machen, so rufen wir nach stärkster Propaganda von stärkster Überzeugungskraft. Wir rufen danach, daß der einende und schöpferische Geist die ganze Propaganda durchdringt. Veni Creator Spiritus.

In der „Gesellschaft" hat jeder einzelne das Recht zur Propaganda, weil er selbständig ist und auf sich steht. Es kann nicht anders sein. Die Propaganda wird sozusagen der geistige Kampf aller gegen alle um Geltung. So leuchten die Schaufenster, der Musterfall der Demonstrationspropaganda, gegeneinander. So wetteifern die Anzeigen in der Zeitung.

Wir werden aus dem oben erwähnten amerikanischen Satz nicht nur negativ folgern dürfen, daß die Welt nicht auf die Dauer beschwindelt werden kann, sondern auch positiv in deutschem Geist, daß auf die Dauer Wahrheit das Stärkste ist. Daß eine Propaganda auf die Dauer umso erfolgreicher ist, je mehr Wahrheit sie hat. Daß der letzte Sieg der Propaganda der letzten und tiefsten Wahrheit gehört! In diesem Bewußtsein werden die letzten Wahrheiten ausgesprochen: gehet hin und lehret alle Völker. Man muß die letzte Wahrheit zum Bundesgenossen seiner Propaganda haben. Da kommt freilich die alte Pilatusfrage: was ist Wahrheit und was ist Gerechtigkeit?

Es ist aber doch eine andere Sache, welche Sprache die Wahrheit heute spricht, wie sie sich auf dem Markt von heute bewegt. Eine Wahrheit, die nicht ein schüchternes Mädchen vom Lande, sondern ein lebhaft blickendes, durch gesunde Körperdisziplin gelenktes Großstadtkind ist!

Die schüchterne Wahrheit spricht in dieser Zeit des 20. Jahrhunderts nicht laut genug, um zu siegen. Die Wahrheit soll aber siegen. Es darf ihr nicht gehen wie dem feinsinnigen Künstler, der durch die patzige Malerei eines aufdringlichen Manieristen verdunkelt wird, oder wie dem still angezogenen bescheidenen Mädchen neben der aufgeputzten Gefallsucht. Die Wahrheit soll sich weder aufputzen noch Manier annehmen. Aber sie soll stark, gesund und sicher sein und durch diese ihre gesunde Kraft stärker wie der Schein. Die Wahrheit soll ihr Licht nicht unter den Scheffel stellen und heute braucht auch die Wahrheit ein anderes Licht als ein bescheidenes Lämpchen.

Wie haben wir das alles nicht sehen können?

Wenn sich die Augen an das neue Schauspiel des lebendigsten Ineinanderwirkens Einheit schaffender geistiger Kräfte erst gewöhnt haben, meint man, das alles sei doch mit Händen zu greifen. Es gehört ja alles zur gesetzlichen Natur des Geistes, zur Lebensbetätigung des Menschen als sozialen Vernunfttieres. Geistige Antriebe können vervielfältigt werden und zur unendlich vervielfältigten Wirkung kommen, wenn sie an die Vielen herangetragen werden und ihr Inneres befruchten. Wie die organische Natur ihre Samen verstreut, so muß das organisatorische Leben der menschlichen Gesellschaft von tausend selbständigen Ausgangspunkten geistige Antriebe ausstreuen und aus tausendfältiger Befruchtung zu innerem Lebenszusammenhang und zu neuen Gesellschaftsformen kommen.

Man sollte meinen, daß die Wissenschaft von der menschlichen Gesellschaft und vom menschlichen Geiste aus der Besinnung auf ihre eigensten Ausgangspunkte und auf ihre wesentliche Aufgabe auf die Lehre von der Verbreitung geistiger Antriebe in der Gesellschaft gestoßen wäre.

Der Anstoß hat aus der Praxis kommen müssen. *Die Theorie als solche hat zunächst versagt.*

Woran liegt das?

Der tiefste Grundfehler liegt vielleicht in der individualistischen Grundeinstellung der Bürgerlichen Gesellschaft und ihrer Wissenschaft. Man ist so ganz darauf eingestellt, das Individuum in seiner Selbständigkeit zu sehen. Es ist noch nicht selbstverständlich geworden, mehrpersönlich zu erleben und alle Einzelwillensbildung in die soziale Willensbildung hineinzustellen. Die verhängnisvolle Spezialisierung unserer Geschichts- und Gesellschaftswissenschaft auf aktenmäßig belegte Einzeltatsachen kommt hinzu. Wer Propaganda sehen will, muß die ganze Gesellschaft in sein Blickfeld stellen und die ganze Gesellschaft in ihrem weltgeschichtlichen Ablauf.

Aber man kann vielleicht von der ganzen Wissenschaft vom Menschen und von der menschlichen Gesellschaft sagen, daß sie unter dem Einfluß der Naturwissenschaft zu sehr Theorie geworden ist und sich durch falsche Voraussetzungen den natürlichen Grundstandpunkt abgewöhnt hat, daß sie Willenswissenschaft ist. Mit allen ihren Sätzen vom Willen handelt und durch die Formulierung ihrer Sätze auf den Willen wirkt. Auch das ist vielleicht eine Propagandafrage, die der Selbstkritik der Wissenschaft zur gründlichsten Prüfung vorzulegen ist. Wie wirkst Du auf Dein Volk?

Wir haben in der Gesellschaftswissenschaft nur das fast lächerliche Vexierproblem gehabt, „wertfrei" ohne alle Willensbetätigung Nationalökonomie zu lehren. Das ist für den wollenden Menschen ungefähr dasselbe, wie der Kuh das Fressen abgewöhnen. Es kann sich nur darum handeln, alles Wollen und Werten mitzuerleben und durch diese allseitige Schulung des Verständnisses das Maß von ausgleichend wertender Objektivität zu erreichen, das für den Menschen möglich ist.

Dieses Miterleben der gesellschaftlichen Willenszusammenhänge verlangt aber auch die Bemeisterung der Lehre von der Propaganda.

Wir Deutschen haben uns wohl am meisten in die rein theoretische Haltung verloren und vergessen, daß bei der Beschäftigung mit menschlich gesellschaftlichen Dingen Denken und Wollen nebeneinander zu schulen sind. Da liegt die Aufgabe unserer politischen Erziehung. Gelingt es uns, aus der Überlieferung unserer Vergangenheit beides zu vereinigen, werden wir riesenstark.

Wie sich Wissenschaft ins Theoretische verlieren kann, zeigt sehr lustig, aber vielleicht erschreckend, die Psychologie. Da ist von *Sinnes*organen die Rede, die Eindrücke aus der Außenwelt aufnehmen. Von *Werk*organen, die die Wirklichkeit gestalten, kaum. Haben Mund und Hand aber nicht auch ein gewisses Recht, als Werkorgane behandelt zu werden?

Und man vergleiche doch nur bei Kant das dünne Bändchen der „praktischen Vernunft" mit der ausführlichen Systematik der theoretischen Vernunftlehre. Da kommen freilich gleichzeitig alle Fehler des individualistischen Grundstandpunktes in der verstärkten Einengung einer nur auf Prinzipien abgestellten Junggesellenphilosophie heraus, die in ihrer Einschränkung auf einen engsten Lebenskreis die Auswirkung der inneren Ziele auf das Gesellschaftsganze übersieht. Der kategorische Imperativ ist nicht zum „energetischen Imperativ" geworden. Das geistige Vorbild Kants wirkt in der einseitig theoretischen Einstellung des deutschen Geisteslebens übermäßig nach.

Das geistige Vorbild Fichtes hat zu wenig gewirkt, und man darf sagen, daß Hegel mit einem seiner merkwürdigen unfreiwilligen Widersprüche viel dazu beigetragen hat, daß das so kam. Denn für Hegel, der die Vernunft in rastlos aufbauender Bewegung sah, hätte doch seine Lehre damit gipfeln müssen, daß er sah und zeigte, wie dieses aufbauende Leben zum Bewußtsein kommt und bewußt gefaßte Antriebe ausgestreut und verbreitet werden und neue Einheit schaffen. Statt dessen sah er die schaffende Vernunft in der vollendeten Wirklichkeit, sprach das Wirkliche als vernünftig an und übersah, daß das Mögliche, die neue Wirklichkeit im Kampf der Ideen und Interessen durchgesetzt und als gemeinsames Ziel verbreitet werden muß. So trug seine Lehre dazu bei, daß die Forscherwelt es für das höchste Ideal hielt, dem Ablauf des gesellschaftlichen Geschehens wie einem Naturprozeß nur zuzusehen, statt willenweckend und willenerleuchtend einzugreifen. Damit erscheint uns wieder Karl Marx in neuer Beleuchtung. Mit seinem Durchbruch zur materialistischen Wirklichkeit der Gesellschaft findet er auch den Übergang zur Propaganda, zu der gewaltigen, die bürgerliche Welt erschütternden Propaganda des „Kommunistischen Manifests" und seiner Auswirkung in der sozialistischen Agitation. Aber eine Propaganda, die nur Agitation bleibt, weil sie statt zum Aufbau nur zum Zusehen auffordert, wie der Kapitalismus aus innerem Gesetz seinem Ende entgegengeht. Propaganda, das soziale Willensgebilde, als logische Unmöglichkeit auf naturalistischer Grundlage. Aber doch Propaganda als übergewaltiger Machtfaktor für die Weckung des Gesellschaftsbewußtseins gegenüber der zur Betrachtung abgestorbenen Lehre Hegels.

Fichte dagegen ist das große Vorbild der Propaganda in unserer deutschen Geistesgeschichte. Aus dem Nachdenken über seine Reden an die deutsche Nation hätte sich die Lehre von der deutschen Propaganda entwickeln lassen. Freilich nicht in kümmerlicher Nachahmung oder in kraftpatriotischer Übersteigerung, sondern wenn man auf ihr Wesen ging.

Das Ergebnis: Wir haben eine Aufgabe vernachlässigt, die wir eher hätten lösen können. Gerade wenn wir uns mit Fichte auf den Weltblick des deutschen Volkes besinnen, wird der systematische Ausbau der Propagandalehre als praktische Gesellschaftslehre so notwendig ein Teil unserer deutschen Geistesleistung, wie der Ausbau der Organisationslehre, der vergleichenden Ideenlehre und der Ausbau der vergleichenden Gesellschaftslehre überhaupt. Auf diesem Fundament der vergleichenden Gesellschaftslehre und ihrer Hauptdisziplinen wird die Gesellschaft der Zukunft stehen und zur Einheit kommen. Wir Deutsche werden dieses Fundament schaffen.

Das ist gewissermaßen die Verkettung der Lehre von der Propaganda in die letzten Zusammenhänge des Geisteslebens.

Es ist ja einleuchtend: wie wir theoretische Vernunft und praktische Vernunft, Willen und Vorstellung haben, so haben wir grundsätzlich *zwei große Hälften des gesellschaftlichen Geisteslebens:* Erfahrungsbau und Erfahrungsverbreitung, Willenseinstellung und Antriebsverbreitung. Wie Meldewesen und Befehlserteilung zusammengehört, so Nachrichtendienst und Propaganda! *Beeinflussungsinformation* und *Aufklärungsinformation!* Was wir öffentliche Meinung nennen, ist doch eine Stellungnahme der Bevölkerung auf Grund des Ineinanderwirkens zahlreicher Einzelströme von Nachrichten und von Propaganda.

Dieser Unterschied von Aufklärungsinformation und Beeinflussungsinformation geht schlechterdings durch. Er kommt für jede leitende Stelle wieder. Man muß überall die ausgehenden und die eingehenden Informationen unterscheiden. Keine erfolgt willensfrei ohne Beeinflussungszuschlag. Denn das Geheimnis einer ganz objektiven menschlichen Mitteilung ist noch nicht erfunden, weil der Mensch ewig und immer Subjekt bleibt und sein Subjektives hinzutut, wenn er anderen etwas sagt. Nur bei mechanisierten Lebenszusammenhängen, wo die „Mitteilung" ein konventionelles Zeichen ist, wie bei der Meldung des Lakaien, wird sie maschinell.

Was wir an Informationen bekommen, wollen wir möglichst ohne Beeinflussungszuschlag haben, weil wir die Tatsachen selbst sehen wollen. Aber hinter jeder Information steht wieder die Frage, cui bono, welches Interesse steht dahinter, wer möchte, daß wir die Dinge so sehen, wie es für ihn günstig ist. Die Frage des Propagandawillens, der auf uns einwirkt. Dazu die weitere Frage der unbewußten Willensfärbung durch die Wünsche und Interessen des Berichterstatters, der nur das sieht und berichtet, was für die Erfüllung seiner Wünsche spricht und alle Gegenumstände einfach ablehnt. Wir haben diese doppelte Verfälschung unserer politischen Information durch Propaganda und optimistisches Wunscherlebnis im Kriege genügend kennen gelernt.

Was wir aber an Information an unsere Mitarbeiter oder nach außen ausgeben, das wirkt unweigerlich auf den Willen. Auch wenn wir aus redlichster Überzeugung nur die reine Wahrheit sagen, so wirkt die Wahrheit verschieden, je nach der Art wie sie gesagt wird. Die Wahrheit braucht ihre Form. Inhalt ohne Form ist undenkbar, und wir geben die Wahrheit unter uns Menschen, damit sie wirkt. Wenn nach der alten sokratisch-platonischen Lehre Tugend Wissen ist, so muß das Wissen so gegeben werden, daß es gesundes Handeln wird. Es kommt schlechterdings darauf an, wie das, was wir sagen, auf die andern wirkt. So oder so: es wirkt immer.

Wer praktisch führen, wer Menschen für seine Interessen und Ideen gewinnen will, muß also alle seine Kundgebungen nach innen und außen so abfassen, daß sie dem leitenden Zweck dienen und nicht durch die Nebenwirkung des ausgelösten Zweifels oder der Unsicherheit schrecken. Auch der sachlichste Heeresbericht hat Propagandazwecke. Die nüchternste Geschichtserzählung löst zum mindesten dadurch Willenswirkung aus, daß sie ernüchtert. Man muß darüber klar sein, welche Wirkung man will, wo Wirkungen sicher eintreten.

Ob wir wollen oder nicht, ist zum Beispiel auch jeder Buchtitel Propaganda, schon vom Standpunkt des lautersten Verfassers, nicht nur vom Geschäftsstandpunkt des gerissenen Verlegers und hat unvermeidlich seine positive oder negative Propagandawirkung. Er muß daraufhin überlegt werden. „Untergang des Abendlandes" hatte bemerkenswerte Propagandawirkung, stieß allerdings auch nach dem Weltkriege auf eine ganz ungewöhnliche Propagandalage. „Benutzungs*pflicht*" macht für eine Einrichtung bessere Propaganda wie „Benutzungs*zwang*". Sogar die Juristen, und sie nicht zuletzt, haben also allen Anlaß, sich um Propaganda zu kümmern. Sie haben dem Recht seine Volkstümlichkeit genommen, ihre besondere Standesempfehlung allerdings nicht schlecht verstanden. Amtsbezeichnungen haben Propagandawirkung. Die sachliche Propaganda für das Amt, das der Öffentlichkeit lieb und vertraut gemacht werden soll und eine volksmäßige Bezeichnung haben muß, ist allerdings etwas anderes wie die Personalpropaganda dessen, der nach einem Titel strebt, um bessere Geschäfte zu machen. Gerade an dieser Stelle wird wieder deutlich, daß Propaganda etwas anderes ist wie Reklame. Amtspropaganda und Buchpropaganda höherer Art, Propaganda für geistige Leistung überhaupt, sollte innerlich wahr sein und jede nicht mit der Sache selbst gegebene Aufmachung streng vermeiden. Reklame etwa statt Propaganda für ein wissenschaftliches Institut, kleine Mätzchen mit besonderen Formaten für Briefumschläge und Publikationen, die dem Empfänger die Freude an seiner Post und an seiner Bibliothek nehmen, sind recht übel. Aber Propaganda bleibt bei allem was man spricht und tut. Je höher man steigt, umso mehr tritt diese Wirkung ein. Umso zwingender wird das *Gesetz der klar gewollten Einfachheit*, wenn man ehrlich bleiben will.

Wir müssen uns mit den Beeinflussungszusammenhängen auseinandersetzen. *Wissenschaft* und *Willenschaft* sind die beiden entgegengesetzten Flügel im Gesamtbau des gesellschaftlichen Geisteslebens. Weil das so ist, müssen wir sie verstehen und grundsätzlich nebeneinanderstellen.

Wenn man die Bedeutung der Propaganda einmal grundsätzlich erfaßt hat, sieht man sie durch die ganze Breite des Gesellschaftslebens und durch seine ganze geschichtliche Tiefe.

Unsere Anschauungstafeln über die sozialen Lebensreiche und über die Aufeinanderfolge der Gesellschaftsstufen erleichtern den raschen Überblick.

Bei den Lebensreichen unterscheiden wir die drei großen materiellen Lebensreiche des gesellschaftlichen Stoffwechsels in Wirtschaft und Technik, des gesellschaftlichen Organisationslebens und des biologischen Gattungsprozesses. Dann die geistigen Reiche Religion, Kunst, Wissenschaft und soziale Ideenbildung, die Willenschaft, wie wir es eben nannten.

Im Bereich der *Wirtschaft* haben wir die bekannten Alltagserscheinungen der Geschäftspropaganda und der Geschäftsreklame. Die Kundenwerbung, der Teil der Propaganda, über den am meisten wissenschaftlich und halbwissenschaftlich gearbeitet ist. Aber auch die Personalpropaganda des Schauspielers und des Sängers, oder auch der Filmdiva, kurz die Propaganda aller derer, die nicht Waren, sondern persönliche Dienste und Leistungen auf den Markt bringen. Neben der Kundenwerbung gibt es aber auch wirtschaftliche Machtpropaganda, die Darstellung des Reichtums in dem gediegenen Glanz oder der prunkenden Vergeudung der Lebensführung, der nicht nur Eitelkeit oder Protzentum zu Grunde liegt. Und diese Machtpropaganda wird in der Zeit der Geschäftsnot und der Krisis zur Scheinpropaganda, um den Kredit aufrecht zu erhalten.

Diese soziale Machtpropaganda steckt noch zu einem Teil in dem äußeren Prunk der Bestattung und geht in dieser Form durch alle Gesellschaftskreise.

Im weiteren Sinne können wir die soziale Salonpropaganda hier einsetzen, die Propaganda auf dem Jahrmarkt der Eitelkeiten, der Kampf der ehrgeizigen Frau, die ihr Empfangszimmer „mit glänzenden Uniformen" oder bekannten Persönlichkeiten füllen will, um ihren gesellschaftlichen Erfolg durchzusetzen. Konsumtionspropaganda, die in dem Leben des Ganz-Berlin, Ganz-Paris usw., das man aber bis in die allerkleinsten Plätze verfolgen kann, die laute Produktionspropaganda mit bemerkenswerten Formen klug verborgener Arbeit ergänzt.

Die Propaganda im Bereich des *Organisationslebens* läßt sich als *politische Propaganda* im weitesten Sinne bezeichnen, woraus sich dann die politische Propaganda im engeren Sinne besonders heraushebt. Politische Personalpropaganda für Napoleon, Roosevelt, Kapp, Erzberger oder Liebknecht! Parteipropaganda und Interessenpropaganda, wobei natürlich die Interessenpropaganda der Gewerkschaften, Kartelle usw. in das Bereich des Wirtschaftslebens zurückführt. Schließlich die Staatspropaganda, die politische Propaganda im engsten Sinne, mit ihren drei natürlichen Hauptgebieten, der Machtpropaganda, der Kulturpropaganda und der Wirtschaftspropaganda, die alle drei nach innen und außen gesehen werden müssen. Nach innen kommt dann noch die besondere Organisationspropaganda, die seelische Gewinnung der Bürger für den Staat, hinzu. Die Wahlpropaganda ist wohl nur als der periodische Überhitzungszustand der Parteipropaganda zu bezeichnen, der durch die äußerste Zuspitzung der negativen Propaganda und die vorübergehende Heroisierung unbeträchtlicher Persönlichkeiten beschämend grotesk wirkt. Auch quantitativ die Zeit stärkster Propagandaleistung. Demgegenüber hat die große Reformpropaganda für eine wichtige sachliche Neuerung, wie die englische Propaganda für die Abschaffung der Kornzölle mit der Antikornzolliga, oder die Tirpitzpropaganda für den Ausbau unserer Flotte, die ein gut geleiteter Propagandafeldzug war, ein stärkeres Recht auf vertiefte Aufmerksamkeit.

Über Mittel und Kräfte der offiziellen politischen Propaganda, zwischenstaatliche Kulturvereine, Kongresse, Besucheraustausch, Ausstellungen, Ausstellungsschiffe, Handelskammern im Ausland hat wieder Stern-Rubarth allerhand zusammengestellt.

Es ist mehr wie das Bedürfnis nach systematischer Vollständigkeit, wenn aus dem Gebiet des *Gattungslebens* die Sexualpropaganda, das Ausstreuen von Geschlechtsreizen, genannt wird. Da treibt die Natur selbst Propaganda durch die Farben, mit denen sie die Geschlechter schmückt und die sie zu den Paarungszeiten steigert. Das wird menschlich durchsittlicht, aber die Gesellschaftsentwicklung, die Art der Ehesitten, der Kampf um den Mann treibt zum Wetteifer der stärksten Anreizungs- und Herausforderungsmittel. Die Mode tritt in den Dienst dieser Propaganda und das Abgeschmackteste wird erlaubt, wenn es im Stil der Zeit die Aufmerksamkeit auf sich zieht. Diese Propaganda durchsetzt unseren großstädtischen Verkehr auch abgesehen von dem Bereich der käuflichen Liebe. Eine Geschäftspropaganda besonderer Art mit leichtem Kundenfang, weil sie ihre Antriebe auf so mächtige Instinkte wirken läßt.

Ein besonderes Kapitel ist das Vordringen der Perversionspropaganda in Teile unserer Jugendbewegung, wegen der abenteuerlichen Umfälschung von Anlagemängeln, Ersatzvorgängen und Übergangsschwächen in Heroentum. Aber ein Gebiet für Literateneitelkeit, die auffallen möchte, auch um den Preis, daß der Brand der Vernichtung in den Tempel der Jugend geschleudert wird. Herostrat von heute[8]!

Die Propaganda der geistigen Lebensreiche ist im weitesten Sinne *Ideenpropaganda*.

Von der Verbreitung des *Glaubens* hat das Wort Propaganda den Namen. Von der großen Mission des apostolischen Zeitalters bis zur Heilsarmee wird das Christentum durch Propaganda verbreitet und den Gläubigen eingeprägt. Und der Buddhismus und der Islam nicht anders! Eine neue Religion bedeutet eine große geschichtliche Woge von Propaganda. Die ragende Kirche und der Ruf der Glocke, die Predigt, aber auch das Kreuz am Wege, das der Bauer zunächst für sich und seine Familie hinstellt, durch das er aber, wie oft genug die Inschrift sagt, auch den Vorübergehenden zur Andacht auffordert: das alles ist Propaganda. Eine Propaganda, die mit der Veränderung des Gesellschaftslebens neuen Verhältnissen angepaßt werden muß und angepaßt wird. Gerade die Begründung der congregatio de propaganda fide ist ja ein Beleg dafür.

Im Gebiete der *Kunst* etwa die Propaganda der Wagnerianer für Bayreuth, der ganze Kampf Wagners um Geltung, den neuere Musiker nicht ohne Nutzen studiert haben. Oder die Propaganda der Cassiererleute für den Impressionismus und für Liebermann, eine sehr erfolg-

---

[8] Vgl. mein „Antiblüher. Affenbund oder Männerbund?", 4. Aufl., Hartenstein 1921.

reiche Propaganda größten Stiles mit eigener Zeitschrift und dem Streben nach Einfluß auf Kunstschriftsteller, Museumsdirektoren und den Feuilletonteil der Tageszeitungen. Jetzt wird eine Reihe von Expressionisten in ähnlicher Weise berühmt gemacht. Es ist unvermeidlich, daß die Geschäftspropaganda dabei in das Gebiet der Kunst hinüberdringt. Es ist begreiflich, daß die Kunst- und Literaturkritik gelegentlich in ein Wahrnehmen von Propagandainteressen entartet. Aber es muß selbstverständlich festgestellt werden, daß auch die große starke Kunst Propaganda und Verbreitung braucht, wenn sie lebensgesund und befreiend ihre Wirkung entfalten und nicht in der Sammlung des Liebhabers versteckt bleiben soll.

Und so braucht auch die *Wissenschaft* ihre Propaganda, braucht sie besonders in einer Zeit, wo sie wirtschaftlich Not leidet und neue Freunde und Förderer gewinnen muß. Wie bei der Kunst soll hier die Leistung wirken, aber die Leistung muß auch bekannt sein. Es gibt eine Propaganda der Ergebnisse der Wissenschaft und es gibt eine Propaganda zur Förderung der Wissenschaft, die sich ergänzen müssen. In einer Zeit, wo sich die Masse gegen die Gruppe der überlieferten Bildung auflehnt, muß die Wissenschaft ins Volk gehen und neue Fundamente für die Festigung ihrer Stellung legen. Als Einzelbeispiel kann etwa daran erinnert werden, mit welchem Geschick die vorderasiatische Gesellschaft durch ihre Veröffentlichungen für die Pflege ihres Wissensgebietes geworben hat.

Daß *Idee* und Propaganda zusammengehören, daß also das Bereich der gesellschaftlichen Ideenbildung, der sozialen und ethischen Zielsetzung notwendig auch Bereich der Propaganda ist, weil für jede Idee, jeden sozialen Zweck, Lebenssitten wie Vegetarianismus und Abstinenz, Wohlfahrtsbestrebungen, Kulturziele wie Heimatschutz, ethische Kultur, Humanismus oder Realismus, Fichtebund, Kant- oder Görresgesellschaft, Anhänger geworben werden müssen, ist so sehr Gegenstand dieses Vortrages, daß sich weitere Ausführungen erübrigen.

So haben wir uns in rascher Aufnennung überzeugt, daß Propaganda in der Tat über die ganze Breite des Gesellschaftslebens geht und es in allen seinen Reichen durchsetzt.

Auch bei dem Überblick über die *gesellschaftliche Entwicklung* muß ich mich kurz fassen.

Die Propaganda hat ihre *innere* Geschichte als bewußt gehandhabte Kunst der Willensbeeinflussung, und ihre *äußere* Geschichte im Rahmen der allgemeinen Gesellschaftsentwicklung und der dadurch wachsenden Aufgaben.

Die *innere* Entwicklung der Propaganda entspricht im großen gesehen den allgemeinen Stufen der geistigen und technischen Entwicklung. Man kann an die Stufen der gewerblichen Technik erinnern: Hauskönnen, Handwerk, rationale Technik.

So beginnt die Propaganda mit der instinktmäßigen Propaganda. Ich erinnere wieder an die Demonstrationspropaganda des Negerkönigs, der seine Kupferringe zeigt, um Schrecken vor seiner Macht zu verbreiten. Das sind die instinktmäßigen Anfänge der politischen Propaganda. Der Marktrufer ist der instinktmäßige Anfänger der Wirtschaftspropaganda. Das erfolgt mit triebhafter Natürlichkeit. Für die entsprechenden Anfangsformen der Ideenpropaganda könnte man vielleicht das Wort Ansteckungspropaganda gebrauchen, wie eine neue geistige Richtung in lebendiger Berührung von Mensch zu Mensch, wo das Beispiel mitreißt und wieder Beispiel schafft, wie ein Lauffeuer weitergetragen wird. So muß man sich etwa die Verbreitung des Bacchuskultes und seiner ausgelassenen Feste denken. So ist zum Kreuzzug aufgerufen. So hat sich in instinktivem Taumel die moderne Jugendbewegung verbreitet.

Dann kommt die Erfahrungspropaganda der natürlich geschulten und natürlich begabten Sachkenner. Es soll hier diesen Winter z. B. in einer Vortragsreihe zur Pflege der protestantischen Weltanschauung ein Vortrag über „Paulus als Volksredner" gehalten werden. Paulus, der Schutzpatron unseres Institutgebäudes, kann als der Musterfall einer solchen natürlichen Erfahrungspropaganda gelten. Um ein Beispiel aus jüngster Vergangenheit zu nennen: der Pfarrer Naumann. Es ist am leichtesten, Namen aus der politischen Propaganda oder aus der Ideenpropaganda zu nennen. Die wirtschaftliche Propaganda bleibt auf dieser Stufe anonym. Es kann aber an das geschmackvoll geordnete Schaufenster alten Stiles erinnert werden oder — mit einiger Vorsicht — an den gewandteren Geschäftsreisenden alten Stiles.

Die dritte Entwicklungsstufe ist die wissenschaftlich systematisierte Propaganda unserer Zeit, mit der dahinter stehenden Propagandaorganisation. Hier hat die Wirtschaft die Führung gehabt. Die politische Propaganda hat darauf aufgebaut. Auch die Ideenpropaganda paßt sich der neuen Arbeitsweise an.

Bei der *äußeren* Geschichte der Propaganda wollen wir nicht die Scherzfrage stellen, wer der erste Propagandist war, sondern uns mit der Feststellung begnügen, daß die Anfänge der Propaganda bis in die Anfänge des Menschentums zurückreichen. Daß diese Anfänge in der Zeit der Horde und der Stammesgemeinschaft gering sind, daß auch der Ständeverband vergleichsweise wenig Propaganda hat, und daß die volle Entfaltung der Propaganda mit der eigentlichen Gesellschaft und dem bewußten Organisationsleben kommt, ist selbstverständlich. In Zeiten fester äußerer und innerer Gebundenheit, oder in Zeiten des schlummernden Bewußtseinlebens kann das Bereich der Propaganda nur verhältnismäßig gering sein. Darüber ist kein Wort zu verlieren.

Wir müssen noch einmal den mehrerwähnten Negerkönig mit seinen Kupferringen und mit seinen Kriegern aufziehen lassen, der uns schon als Beleg für die Demonstrationspropaganda und die instinktive Propaganda gedient hat. Wenn wir nicht die Sexualpropaganda bei der Zuchtwahl und bei der Ausstreuung des Samens bis in die Natur selbst zurückverfolgen oder schon den Schmuck der primitiven Stämme als Sexualpropaganda bzw. Schreckpropaganda ansehen wollen, ist diese instinktive Demonstrationspropaganda des Eroberungshäuptlings wohl der Anfang der politischen Propaganda und zugleich der Anfang der Propaganda überhaupt. Wie der Häuptling wächst, wächst seine Machtpropaganda. Immer größere Schätze, immer größere Reihen von Kriegern können aufgestellt werden. Das Bild kommt hinzu. Die Darstellung der Kämpfe und Jagden auf den Wänden der Paläste der Pharaonen und der Großkönige von Babylon und Assur! In übermenschlicher, gottartiger Größe triumphiert der mächtige Monarch über seine Feinde. Damit bekommt die Demonstrationspropaganda ihren großen Stil von kulturgeschichtlicher Bedeutung. Dieser Stil wächst so oder so aus dem politischen Machtwillen immer wieder heraus. Die Schlachtengalerie von Versailles oder die Berliner Siegesallee gehören in der Propagandageschichte mit den Wandbildern der Pharaonenpaläste eng zusammen. Je bewußter der Fürst die imponierende Haltung der Machtpropaganda annimmt und anzunehmen sich gewöhnt, umso mehr Pose wird daraus. Es ist außerordentlich charakteristisch, in unserer neuen Geschichte die Entwicklung der Fürstenportraits zu verfolgen und etwa das Standbild Heinrichs des Löwen im Braunschweiger Dom neben ein Staatsgemälde von Ludwig XIV. zu stellen. Echte Würde, die sich bewußt ist, daß sie gesehen wird, weil sie über das Volk hinausragt, und das Theater der mit vollem Bewußtsein gespielten Hoheit, die noch Hoheit sein will, wenn sie zu Bett geht. Eine Last der repräsentativen Propaganda, die keine Freiheit zum Atmen mehr läßt. Und dann wieder hinter Ludwig XIV. und Ludwig XVI. die raffinierte Einfachheit des großen Napoleon mit dem grauen Rock und dem kleinen Hütchen. Ein neuer Stil der politischen Propaganda, wie er der Person und der Lage entspricht. In welchem Maße Wilhelm II. mit seinem romantischen Erleben und seiner Freude am Äußerlichen auf vergangene Verfahren der politischen Machtpropaganda zurückgriff, wie er mit der „eisengepanzerten Faust" auf den Tisch Europas geschlagen und manches damit zerschlagen hat, gehört der Geschichte an.

Man wird sagen können, daß die Machtpropaganda des Priestertums ungefähr gleichzeitig mit der Machtpropaganda des Königstums beginnt. An Stelle der Kupferringe tritt hier der geheimnisvolle Schreckschmuck des Medizinmannes. Es folgen die Tempel, die großen Festfeiern mit dem Gepräge der Umzüge, die bildlichen Darstellungen von Wundertaten der Gottheit. Zum Teil Schaufreude, zum Teil Erziehung, zum Teil heilige Handlung, — zum Teil Propaganda. So geht es durch die Geschichte bis heute durch.

Beide Reihen der Propaganda lassen sich in ihrem Ursprung also sicher bis in die Zeit der Stammesgemeinschaft zurückverfolgen und hängen mit der reicheren inneren Gliederung des Stammeslebens zusammen.

Dieser Periode gehört aber auch der Sänger an. Wenn der Dichter sagt, daß der Sänger neben dem König stehen soll, so weiß der kluge König vielleicht genauer, warum er ihn so gern in seine Nähe läßt. In dieselbe Geschichtsperiode gehört auch, vergleiche Homer, der Herold, der Stammvater des Marktrufers, von dem es bis zu den Straßenrufern der Gegenwart weiter geht.

Mit dem primitiven Marktleben gehört auch das Marktzeichen zusammen. Namentlich irgend ein Zeichen, ein Strohwisch oder dergleichen, zur Kennzeichnung des Ausschankes ist alt. Aus dem Marktzeichen entwickeln sich mit der Stadtwirtschaft die Handwerkszeichen, wie wir sie im Straßenbild von Münster zum Teil noch erhalten haben.

Das sind die Anfänge der Propaganda. Auch die wirtschaftliche Propaganda reicht also immerhin weit zurück. Aber sie ist verhältnismäßig lange bei einfachen Formen stehen geblieben. Das Ladenfenster, die Annonce und das Plakat sind ja alle der Hauptsache nach Kinder des 19. Jahrhunderts. Die Entwicklung der Wirtschaftspropaganda hängt ja innerlichst mit dem *Zeitalter des Kapitalismus* zusammen.

Wir dürfen erwarten, im *Zeitalter der Hegemonie*, in den Hochtagen Griechenlands und Roms mit ihren inneren und äußeren Machtkämpfen die entsprechende Entwicklung der politischen Propaganda nach innen und außen zu finden. Der Übergang zur Demokratie bedeutet für Athen und Rom gleichermaßen den Übergang zur Agitation. Hier wie dort muß die Staatspropaganda neue Formen annehmen, und die politische Personalpropaganda macht in dieser Zeit der ehrgeizigen Demagogen sozusagen ihre hohe Schule durch. Die Lebensbeschreibungen der antiken Politiker bei Plutarch sind alle für den Schulgebrauch idealisiert. Man muß erst den modernen Demagogen und Politiker verstanden, am besten den amerikanischen „politician" etwas studiert haben. Dann erst versteht man den harten, unablässigen Kampf um die politische Führermacht in den antiken Stadtstaaten und seine undurchdringliche Klugheit. Das gilt für sie alle. Für die Themistokles, Aristides, Alkibiades, wie für Sulla, Marius, Cicero und den durchtriebenen Cato. Ihr Leben war Propaganda.

Vor etwa zehn Jahren las ich einmal in rascher Folge, wie ich hinzufügen möchte in deutscher Übersetzung, die Schriften Xenophons und kam von dem Gefühl nicht frei, daß durch alle diese Arbeiten ein ganz einheitlicher Wille in einheitlicher Richtung wirken will. Daß da etwas ganz anderes spricht, wie eine Art ruhiger Geschichtsprofessor, der betrachtend neben den Dingen steht und gelassen über sie schreibt. Schließlich hat Xenophon schon seine Anabasis nicht darum geschrieben, damit die Gymnasiasten daran Griechisch lernen. Er will sich damit durchsetzen. Er ist der Mann, der die große Erkenntnis von der Schwäche des Perserreiches mit bringt, die vorher die Vertrauten des jüngeren Cyrus hatten, und listig wie Odysseus, der selbst der Göttin Athene mit kluger Verhüllung gegenübertritt, will er auf dieser Erkenntnis seinen Lebenserfolg aufbauen. Xenophon gibt Griechenland seine große Lehre in der „Erziehung des Cyrus". Es stellt dar, wie die kriegerische Erziehung der Perser ihnen die Möglichkeit gab, ihr Weltreich zu erobern, mit der zwischen den Zeilen stehenden Moral, daß eine kleine aber geschlossen geführte Militärmacht genügt, um auch das Perserreich zu stürzen. Mit dieser Schrift setzt sozusagen die Vorbereitung für den Alexanderzug ein. Aber Xenophon wollte wohl weder für Jason von Pherae noch für den Macedonierkönig Propaganda machen, sondern für sich selbst. Gebt mir Macht, und ich führe euch zur Weltherrschaft! Ich weiß das Geheimnis! Dazu Schriften, die sein Verständnis von Wirtschaftsfragen und der Kriegstechnik belegen. Die Darstellung der spartanischen Verfassung und die Herausgabe einer Schrift über die Verfassung von Athen, die vielleicht von Alcibiades herrührt und ihn seinen spartanischen Freunden in der Verbannung empfehlen sollte, ohne die schwache Stellung Athens unvorsichtig zu verraten. Xenophon ist also der Mann, der einen Staat aufs beste ordnen wird, weil er die wichtigsten Verfassungen von Grund aus versteht. Und endlich die so verhüllt und doch so klug die Wohltaten der Alleinherrschaft empfehlende Schrift über Hiero, den Tyrannen von Syrakus. Macht mich zu einem Monarchen wie Hiero und ich führe euch durch gute Ordnung des Staates, wirtschaftliche Einsicht und Kriegsverständnis zum Sieg über Persien. Man muß zwischen den Zeilen lesen, um diesen Willen zu erfassen, aber als ich damals Hans Delbrück gegenüber diese Auffassung von Xenophon entwickelte, antwortete er, das würde erklären, wofür die Historiker bisher keine Erklärung haben: daß Xenophon in Athen unmöglich war und nicht in die Stadt gelassen wurde. Athen fürchtete den Ehrgeiz des verschlagenen Mannes und nahm ihn nicht zum Herrscher.

Man möchte glauben, daß die Rolle, die der Herzog Ernst von Koburg in der deutschen Einheitsbewegung gespielt hat, von ähnlichen Hintergedanken des stärksten politischen Ehrgeizes getragen wurde, die niemals unverhüllt an die Öffentlichkeit durften.

Das klassische Beispiel der demokratischen Organisationspropaganda, die im Bürger den ganzen Stolz auf seinen Staat aufflammen läßt, ist die Leichenrede des Perikles auf die gefallenen Athener, wie sie uns Thukydides gibt, und wie sie Plato in zorniger Verachtung ihrer demagogischen Schönfärberkunst im „Menexenos" verspottet hat. In meiner „Zukunft in Amerika" habe ich die Parallele mit Roosevelt durchgeführt.

Der Stolz des Hellenen auf seine Kultur, die Siegesgewißheit, mit der er sie den „Barbaren" gegenüber vertrat, könnte das Vorbild der französischen Kulturpropaganda gewesen sein, die mit minderem Recht eine gleiche Überlegenheit beansprucht. Es ist übrigens eine interessante Frage für unsere Betrachtungsart, wie sich der Hellenismus als erobernde Kulturbewegung durchgesetzt hat.

Auch für Rom nur einige wenige Beispiele.

Die Personalpropaganda der großen römischen Politiker erfolgte, um mit Marx zu sprechen, auf erweiterter Stufenleiter gegenüber Griechenland. Selbstverständlich hat auch Caesar den „Gallischen Krieg" nicht für die Schuljungen von heute geschrieben, sondern um sein Werk und seine Person literarisch in Szene zu setzen, freilich mit einer Propaganda, die an attischer Feinheit geschult ist und jede Aufdringlichkeit vermeidet. Als Organisationspropaganda zum Zusammenhalt der Bürger im späten Rom das massive Mittel „Brot und Spiele". Als außenpolitische Agitationspropaganda das ceterum censeo des alten Cato, der beständig die Vernichtung von Karthago verlangt. Und endlich das Geschichtswerk des Polybius, mit dem methodischen Nachweis für den Kreis der griechisch Gebildeten, daß das Mittelmeergebiet erst Ruhe und Frieden bekommen wird, wenn es Rom unterworfen ist. Polybius ist ein Denker von ungewöhnlicher Weite und Tiefe und schreibt mit dem Ton der Ehrlichkeit. Wir wollen seine subjektive Überzeugung achten und können doch in der Haltung der Scipionen neben den Bildungsinteressen auch klugen Blick für die politische Propagandawirkung sehen, wenn sie diesem Manne Material vermittelten und ihn in ihrer Nähe ließen.

Wie wir die primitiven Anfänge der politischen Propaganda von ihrem Ursprung bis zur Gegenwart durch die Geschichte durchverfolgt haben, so reizt es auch, nachzuweisen, wo diese hohen Formen der politischen Propaganda wieder auftauchen. Aber das muß der Einzeluntersuchung vorbehalten bleiben.

Nur im Vorübergehen sei erwähnt, daß naturgemäß mit der Entstehung der Zeitung neue Möglichkeiten der politischen Propaganda kommen und findig ausgenutzt werden. Ein ergötzliches Beispiel ist der Polenkönig Sobieski, der in allen alten Schulbüchern als der Befreier Wiens von der Türkengefahr gefeiert wurde. Die Historiker haben ihm diesen Ruhm nicht gelassen, sondern nachgewiesen, daß er nur besonders gute Beziehungen zu den Gazettenschreibern gepflegt hat. Auch das bekannte Wort Friedrichs II. „Gazetten müssen nicht geniert werden", bekommt eine andere Bedeutung, wenn man es auf seinen Propagandawert beurteilt.

Napoleon verdient in der politischen Propagandalehre einen besonderen Abschnitt. Der große Parvenu ist schlechterdings Meister der Propaganda. Seine Armeebefehle, seine Ansprachen und seine Bulletins zeigen seine Kunst. Man denke an seine Pyramidenrede. Seine Gesetzgebung ist auf Propaganda berechnet! Seine persönliche Aufmachung und seine Hofhaltung! Der neue geistige Glanz, den er durch die aus aller Welt zusammengeraubten Schätze der Hauptstadt gibt! Er stellt seine Propaganda auf jedes Land besonders ein. Propaganda der „König von Rom"! Propaganda der Besuch am Grabe Friedrichs des Großen! Propaganda der Erfurter Fürstentag und seine Theaterabende! Propaganda die Huldigung vor den geistigen Größen des deutschen Volkes! Es ist interessant, Goethe bei dieser Begegnung zu sehen. Er ist vor Eitelkeit viel zu blind, um die Absicht zu merken und wird, wie er soll, der Lobredner des großen Korsen.

Wie das Satyrspiel hinter die Tragödie, gehört hinter das Bild des ersten Napoleon das seines kleinen Neffen. Der kleine Hasardeur und betrügerische Spieler hinter dem großen rücksichtslosen Gründer mit gewiegter Geschäftstechnik. Manches davon kommt in dem „18. Brumaire" von Marx lustig und deutlich heraus[9].

Für Bismarck genügt das eine Wort: Emser Depesche! Aus der „Chamade" die „Fanfare", die positive Propagandawirkung hat.

Wir sind aber mit diesem gelegentlichen Hinweis auf spätere Fälle der entwickelten politischen Personalpropaganda der Entwicklung vorausgeeilt. Mit dem Ende des Zeitalters der Hegemonie, mit dem römischen Kaiserreich und vollends mit dem Untergang des römischen Reiches geht auch die politische Propaganda wieder zurück. Schon die Propaganda der Imperatoren hat im ganzen wieder einfachere Aufgaben der gefestigten Machtpropaganda, die schließlich asiatischen Stil bekommt.

---

[9] Vgl. die Neuveröffentlichung im 3. Bd. meiner Staatswissenschaftlichen Musterbücher bei G. D. Baedecker, Essen.

Was die nächste große Epoche der Propaganda sein wird, lassen schon die jüdischen Propheten als Vorläufer erkennen.

An Stelle der politischen Propaganda tritt die Glaubenspropaganda, der große Umschlag des Erlebens nach innen, die Mission der neuen Botschaft des Christentums. Das Propagandasystem, das der ganzen Sache schließlich den Namen gegeben hat, ist in unserem Kulturkreis der gewaltigste Propagandavorgang, ebenso durch den Ausbau der Mittel wie durch den Umkreis seiner Macht und endlich durch die Tiefe seiner Wirkung. Es erübrigt sich, an dieser Stelle mehr davon zu sagen. Jede Zeit christlicher Erneuerung bringt neue Propagandaformen. Auf die Episode der Kreuzzugpropaganda wurde kurz hingewiesen. Eine andere merkwürdige Episode ist der Ablaßhandel mit seiner übermäßigen Verweltlichung der geistigen Aufgaben, gerade weil er als Marktvorgang auftritt. Es ist lehrreich, das auf alten Holzschnitten zu betrachten. Denn es ist wohl das erste Beispiel, daß ein großer Markt von einem einheitlichen Mittelpunkt aus so mit gleichmäßigen Mitteln bearbeitet wird. Freilich war das Geschäftsleben damals nicht weit genug, um das Beispiel aufzunehmen.

Wenn aber die Reformation sich für ihre Propaganda der Druckschrift bedient, so ist das das äußere Zeichen, daß eine neue gesellschaftliche Welt mit neuen Propagandamöglichkeiten und neuen Propagandaaufgaben emporsteigt.

Aber nicht die neue Technik macht die neue Propaganda, sondern das wirkliche Kommen von Kapitalismus und Demokratie und neben der wirtschaftlichen und politischen Revolution die geistige Revolution der neuen Ideen und der neuen Wissenschaft. Das bringt die allseitige Propaganda, wie wir sie kennen.

Mehr wie irgendwo ist es hier unmöglich, Einzelheiten zu geben, etwa seit der Reformation von Jahrhundert zu Jahrhundert, von Land zu Land, von Geschichtsereignis zu Geschichtsereignis die Entwicklung der Propaganda zu verfolgen, bis das voll entfaltete System der Propaganda zur Zeit des Hochkapitalismus entstanden ist.

Zur Zeit der französischen Revolution springt die Bezeichnung „Propaganda" auf die politischen Geheimgesellschaften über. Man wird die Bedeutung der Geheimgesellschaften an dem Sturz der alten politischen Ordnung kaum zu hoch anschlagen. Diese unterirdische Arbeit geht im XIX. Jahrhundert weiter. Und immer wuchtiger heben sich die Wellen der Ideenpropaganda als anerkannte Gewalten des Gesellschaftslebens. Zuerst Individualismus, Liberalismus, Demokratie, die sich in dem Anarchismus überschlagen, und über die der Sozialismus mit immer gewaltigerer Propaganda hinauswächst. Konservativismus und christliche

Glaubensparteien nehmen ihre Verteidigungsstellung und gehen zum Gegenangriff über. Aus dem Widerstreit der geistig erregten Völker schlägt der bewußte Nationalismus heraus. Die Ideenpropaganda bläst aus allen Richtungen gegeneinander.

Die geschäftliche Propaganda ist bekanntlich zuerst in Amerika ins System gebracht, und von dort als amerikanische Methode übernommen. Die staatliche Propaganda in der modernen Form des systematischen Ausbaues von Wirtschafts- und Kulturpropaganda in Ergänzung der vorsichtig gehandhabten Machtpropaganda setzt später ein und wird mit der Zuspitzung des Kampfes um die Weltherrschaft verstärkt. Frankreich entwickelt die Kulturpropaganda, weil es in der Macht- und Wirtschaftspropaganda nicht mitkommen kann. Der gegenseitige Spott und die literarische Feindseligkeit der Nationen wird von England zur Unterminierungspropaganda gegen Deutschland fortgebildet. Im Weltkrieg wird Propaganda die große geistige Waffe, das Riesengeschütz, das weiter schießt als die bestkonstruierte artilleristische Überraschung.

Wir haben bereits festgestellt, daß wir diese Waffe unsererseits nicht genügend gebraucht haben, weil wir nicht das genügende Verständnis hatten, aber auch weil wir nicht die geeignete Munition besaßen.

Was hilft es, wenn die Propaganda-Granaten Blindgänger sind? Wir brauchten für die Propaganda nach innen und außen Ideen, und weil wir in unserer sogenannten Realpolitik die wahrhaftig sehr reale Macht der Propaganda gar nicht verstanden, wurden die Hinweise auf Ideenpolitik von den Kürassierstiefeltaktikern achtlos beiseite geschoben.

Darum verstanden wir auch nicht, die Abwehr gegen die Propaganda unserer Gegner zu schaffen. Wir hätten wieder starke und kräftige Ideen, nicht die einfache Berufung auf unser Volkstum gebraucht, denn die Propaganda der Gegner schoß mit guter Munition. Die westlichen Ideen konnten bei uns zünden, konnten zum wenigsten die Gemüter verwirren, weil unser politisches System starke Angriffspunkte hatte und wir nicht zu einfachen und klaren Kriegszielen gekommen waren. Formale Propaganda tut es nicht. Sie muß auch wirken können.

Wenn wir nun nach dieser schweren Erfahrung und in unserer furchtbaren Lage an die Zukunft denken, so ist es selbstverständlich klar, daß wir die sozusagen normale Staatspropaganda in ihren drei Richtungen, der Machtpropaganda, der Wirtschaftspropaganda und der Kulturpropaganda machen müssen. Machtpropaganda, obwohl wir keine Macht haben! Unsere Machtpropaganda ist unsere unerhörte Leistung im Kriege und der Hinweis, dem sich ein Teil unserer früheren Gegner eben nicht entziehen kann: Wir sind als starker Kern Mitteleuropas ein unentbehrlicher Teil des Gesamtgleichgewichts. Man wird uns brauchen! Wirtschaftspropaganda durch das gesteigerte Können unserer Industrie und durch den wirksamen Hinweis auf dieses Können! Kulturpropaganda durch unsere geistige Potenz! Wir müssen uns aber hüten, zu glauben, daß wir durch verschwommene und übersteigerte Schöngeistigkeit oder wild gewordenen Subjektivismus die Welt erobern können. Wir sollten die sogenannte „Seelenkultur" des ästhetischen Genießertums bei uns selbst gründlich unter die Lupe nehmen.

Wir werden mit dieser Propaganda auf die Propaganda der andern stoßen. Kraft wird gegen Kraft stehen. Schulter wird gegen Schulter drängen wie beim amerikanischen Fußball. Ein Ringen, bei dem zwar ein kleines Vorwärtskommen, aber kein großer Erfolg möglich ist.

Wir beginnen dieses Ringen, diesen Kampf um Geltung durch Propaganda unter ungünstigeren Voraussetzungen wie vor dem Kriege. Wir werden unsere Lage durch diese Art Propaganda selbstverständlich in etwas verbessern, aber nicht durchgreifend ändern können. Stern-Rubarth täuscht sich da über unsere Aussichten.

Es ist also die Frage, wie kommen wir weiter. Können wir unsererseits mit deutschen Ideen so vorgehen, wie die Gegner mit westlichen Ideen gegen uns vorgegangen sind?

Was sind deutsche Ideen in diesem Sinne?

Das „Völkische" im Sinne eines dumpfen Beharrens in der Enge der angestammten Eigenart oder geschichtlich erworbener Unarten ist es nicht. Nur das „Weltdeutsche" kann die Welt erobern, das Menschentum in uns, die Verbindung des Deutschtums mit dem tiefsten Interesse aller Menschlichkeiten und mit den Aufgaben des Wiederaufstiegs aus dieser Menschheitskatastrophe. Also Deutschtum, für das das Angelsachsentum nur ein Ausläufer seines Wesens ist, und das sich noch im Besitz der innersten Kräfte eines Urvolkes von stärkster Begabung weiß. So sah es Fichte.

Und wenn gegen uns eine Propaganda der Lüge und der Verleumdung geführt ist, so müssen wir die Propaganda der Wahrheit versuchen, im Gedenken an den alten lateinischen Satz, daß die Macht der Wahrheit groß ist und daß sie siegen wird. Wir wollen uns nüchtern klar machen, daß wir gar nicht daran denken können, anders wie durch die Wahrheit zu siegen.

Aber durch die Wahrheit können wir siegen.

Die Völker brauchen ein neues geistiges Fundament ihrer sozialen Ordnung. Wir Deutschen können es schaffen. Was hier als „staatswissenschaftliche Erneuerung" vertreten wird, ist der Ansatz dazu. Die Aufgabe ist überall, daß eine in die stärksten Gegensätze zerrissene Gesellschaft innerlich zur Einheit und Ordnung kommt. Die einzig denkbare Lösung dieser Aufgabe ist nicht äußerliche Gewalt, sondern innere Erneuerung durch soziales Verständnis. Diese Erneuerung muß das tiefste Wesen ergreifen, darf aber nicht rein innerlich bleiben, sondern muß auch klar bewußte Einordnung zur gemeintätigen Arbeit sein. Das kann nur sein, wenn der tiefste Gehalt des Christentums, Liebe, Kreuz und dreieinige Gottheit, und die voraussetzungslose, allseitig ausgebaute Gesellschaftslehre eines geistig gewordenen Sozialismus zur Einheit zusammenkommen und auf diesem Boden eine gesellschaftliche Organisationslehre erwächst, die alle zur Zusammenarbeit schult und doch in der freien Bewährung der einzelnen die Vorbedingung der stärksten Leistung sieht. Als weitere Forderung kommt hinzu, daß diese neue Einheitslehre so einfach lehrbar sein muß, daß sie Gemeingut weitester Volkskreise werden kann. Auf einem solchen geistigen Fundament werden die neuen äußeren Organisationsformen des Gesellschaftslebens, die wir bekommen haben und bekommen werden, Betriebsrat, Industrietrust und Staatseingriff, trotz aller schweren Reibungen der Gegenwart echte soziale Kultur werden.

Das sind die deutschen Ideen, die stärker sind wie die westlichen Ideen. Eine soziale Demokratie mit tiefstem geistigen Erleben, die Organisation und Ordnung ist, und in der Freiheit der Selbstverwaltung ihrer Interessen sich bewährt. Ein neuer großer Sieg des deutschen Erziehungsgedankens, der diese Entwicklung möglich macht. Staatswissenschaftliche Erneuerung!

In diesem Bewußtsein können wir mit der Wahrheit kämpfen. Wir werden mit der Wahrheit kämpfen. Der berühmte Satz Zolas: la vérité est en marche et rien ne l'arrêtera wird sich neu bewähren. Frankreich wird ihn wieder hören und wieder zittern. Die Welt wird ihn hören.

Wir werden mit der Wahrheit kämpfen, weil wir die Wahrheit über die Kriegsgründe vertragen können. Die große weltgeschichtliche Wahrheit heißt, daß der Weltkrieg die Katastrophe einer jahrhundertelangen Entwicklung gewesen ist, an der kein Volk allein die Schuld trägt. Die kleine diplomatisch-politische Wahrheit heißt, daß wir durch unsere politischen Führer selbstverständlich unsere besondere Schuld daran haben, daß Europa in den Abgrund hineingerissen wurde, daß unsere Schuld aber gewiß nicht die größte und gewiß nicht einzigste ist. Das verlangt andere Gerechtigkeit gegen uns.

Wir werden mit der Wahrheit kämpfen, weil unsere Gegner bis zum letzten Punkt immer wieder in rastloser Wiederholung hören sollen, daß wir durch eine Propaganda der Lüge betrogen und mit der Vorspiegelung demokratischer Gerechtigkeit beschwindelt sind. Es hieß, man führe keinen Krieg mit dem deutschen Volke, nur mit seiner Regierung. Jetzt hat man unser Volk versklavt. Man sprach von der Freiheit der Nationen. Uns ist die Freiheit genommen. Das Programm muß sein: wer mit Lügen gegen uns gekämpft hat, soll an seinen Lügen ersticken, oder er soll, was er versprach, zur Wahrheit machen.

Wir werden Frankreich sagen, was soll deine Kulturpropaganda? Wo ist deine soziale Kultur? Wo ist die Gesundheit deines Geistes und deiner Gesellschaft? Deine Kultur ist galvanisierte Vergangenheit! Deine gegenwärtige Leistung ist nichts. Selbst was Du als Erbschaft Deiner Revolution rühmst, ist nur durch unsere soziale Kultur erst Wirklichkeit.

Wir werden Lloyd George daran erinnern, daß sein Vorbild der sozialen Gerechtigkeit schon vor dem Kriege Deutschland war.

Das ist die Lehre von der Deutschen Propaganda als praktische Gesellschaftslehre, wie sie sich aus der ganzen Auffassung ergibt, die diesem ersten staatswissenschaftlichen Institut zu Grunde liegt, und wie ich sie in der Eröffnungsansprache zur Einweihung des Alten Paulinums als neues Institutsgebäude darlegen konnte. Ich habe damals das Programm aufgestellt, daß wir in vier Jahren die Voraussetzungen für ein neues nationales Erziehungssystem legen müßten, mit dem wir nach Ost und West den Kampf der Ideen aufnehmen könnten. Jetzt ist das dritte Jahr seit dem Ende des Weltkrieges vorüber. Für uns hier hat jedes Jahr ein weiteres Stück auf der vorgesteckten Bahn bedeutet. Ich habe im ganzen tatkräftigere Hilfe erwartet und doch ist mancher Fortschritt schneller gekommen, als ich zu hoffen wagte.

Wir machen heute einen besonders wichtigen Schritt vorwärts. Ich freue mich, daß ich dafür demselben verständnisvollen Freunde danken kann, der schon die Vollendung des Gebäudes, die Einfügung unseres Propagandasymbols in das Giebelfeld des alten Hauses, möglich gemacht hat.

Propaganda ist ein gefährliches Ding, weil sie mit ihrem rücksichtslosen Erfolgswillen Scheingründe benutzen kann. Propaganda kann zu trügerischer Verführung werden.

Die wissenschaftliche Beschäftigung mit der Propaganda bedeutet die Begegnung der Propaganda mit der Wahrheit. Wir wollen in unbefangener Sachlichkeit alle Formen der Propaganda wahrheitsgemäß beobachten und beschreiben. Aber wir wollen auch der Wahrheit durch die Propaganda neue Macht und neue Wirkung geben. Das soll unsere deutsche Leistung sein.

Und wieder stelle ich mit besonderer Genugtuung fest, daß eine nordwestdeutsche, niederdeutsche Universität, die Universität Westfalens, zu dieser Arbeit berufen ist. Niederdeutschland ist das Stammland der

Angelsachsen und wir sehen deshalb mit stolzer Ruhe über die Nordsee und den Atlantischen Ozean. Niederdeutschland steht auf der Wacht neben dem besetzten Rheinland und stärkt seinen deutschen Widerstand. Und es ist wohl kein Unrecht gegenüber dem Osten und dem Süden, die schon übermäßig an der politischen Führung unseres Gesamtvaterlandes beteiligt waren und beteiligt sind, wenn wir jede Vereinigung der Kräfte in unserer engeren Heimat froh begrüßen, wie sie in einer Stiftung aus Bremen für die Universität Westfalens zum Ausdruck kommt. Wir möchten das unsrige tun, daß die geistige Leistung Nordwestdeutschlands vor der Welt und vor dem Gesamtvaterland mit Ehren besteht.

Veröffentlichungen von Johann Plenge

Inhalt

A. Schriften von Johann Plenge 179

   1. Bücher 179

   2. Aufsätze 182

   3. Buchbesprechungen 188

B. Von Johann Plenge herausgegebene Bücher 190

   1. Plenge, Staatswissenschaftliche Musterbücher 190

   2. Plenge, Staatswissenschaftliche Beiträge 190

A. Schriften von Johann Plenge*

1. Bücher

Westerwälder Hausierer und Landgänger. Untersuchungen über die Lage des Hausiergewerbes in Deutschland, 2. Bd., Schriften des Vereins für Socialpolitik, Bd. LXXVIII, Duncker & Humblot, Leipzig 1898.

Gründung und Geschichte des Crédit Mobilier. Zwei Kapitel aus: Anlagebanken, eine Einleitung in die Theorie des Anlagebankgeschäfts, H. Laupp'sche Buchhandlung, Tübingen 1903.

Das System der Verkehrswirtschaft. Probevorlesung am 25. April 1903 an der Universität Leipzig, H. Laupp'sche Buchhandlung, Tübingen 1903.

Neudruck in: Plenge-Linhardt: Das System der Verkehrswirtschaft, 1964.

Für die Pflichtexemplare. Beiträge und Materialien, hrsg. im Auftrage des Akademischen Schutzvereins v. J. Plenge, Verlag des Akademischen Schutzvereins, Zweigverein Leipzig, Leipzig 1908 (weitgehend von J. Plenge verfaßt).

Ankündigung durch Abdruck von Inhaltsverzeichnis und Vorwort (teilweise) in: Korrespondenzblatt des Akademischen Schutzvereins, 3. Jg., 1908/09, S. 12 bis 13.

Die Finanzen der Großmächte. Eine Kritik neudeutscher Finanzstatistik, H. Laupp'sche Buchhandlung, Tübingen 1908.

Sonderdruck aus: Zeitschrift für die gesamte Staatswissenschaft, 1908.

Zur Internationalen Finanzstatistik, Gustav Fischer, Jena 1909.

Sonderdruck aus: Jahrbücher für Nationalökonomie und Statistik, 1909.

Noch einmal die Finanzen der Großmächte, J. Schweitzer-Verlag, München 1909.

Sonderdruck aus: Annalen des Deutschen Reiches für Gesetzgebung, Verwaltung und Volkswirtschaft, 1909.

Marx und Hegel, H. Laupp'sche Buchhandlung, Tübingen 1911.

Die Zukunft in Amerika, Julius Springer, Berlin 1912.

Sonderdruck aus: Annalen für soziale Politik und Gesetzgebung, 1912.

Von der Diskontpolitik zur Herrschaft über den Geldmarkt, Julius Springer, Berlin 1913.

---

* Die Zusammenstellung entstand aufgrund von Hinweisen aus Bibliographien, Fußnoten und Textstellen. Es wurden alle auf diesem Wege ermittelten Fundstellen aufgenommen. Soweit möglich, wurden die bibliographischen Angaben durch einen Vergleich mit dem Original ermittelt. Zu manchen Textstellen konnten jedoch die Originalquellen nicht besorgt werden. Diese sind mit einem Stern (*) gekennzeichnet. Die Angaben über diese Quellen sind also mit einem gewissen Unsicherheitsfaktor behaftet.

Das vorliegende Schriftenverzeichnis wurde von meinen Assistenten Dipl.-Kfm. R. Nowak und Dipl.-Kfm. W. Sy zusammengestellt.

Aus dem Leben einer Idee. Begleitwort zu einer Denkschrift über eine Unterrichtsanstalt zur Ausbildung praktischer Volkswirte, Börgmeyer & Co, Münster i. W. (1915).

Über den Ausbau einer Unterrichtsanstalt für die Ausbildung praktischer Volkswirte. Denkschrift für die Nordwestliche Gruppe des Vereins deutscher Eisen- und Stahlindustrieller; als Handschrift gedruckt bei Johannes Bredt, Borgmeyer & Co, Münster i. W. 1915.

Eine Kriegsvorlesung über die Volkswirtschaft. Das Zeitalter der Volksgenossenschaft, Julius Springer, Berlin 1915.

Der Krieg und die Volkswirtschaft, Kriegsvorträge der Universität Münster i. W., Heft 11 und 12, Borgmeyer & Co., 1. Aufl. Münster i. W. 1915, 2. Aufl. Münster i. W. 1915, mit dem Zusatzkapitel: Zwischen Zukunft und Vergangenheit nach 16 Monaten Wirtschaftskrieg.

Zwischen Zukunft und Vergangenheit. Zusatzkapitel zur 1. Auflage von: Der Krieg und die Volkswirtschaft, Borgmeyer & Co., Münster i. W. 1915.

Wirtschaftsstufen und Wirtschaftsentwicklung, Julius Springer, Berlin 1916. Sonderdruck aus: Annalen für soziale Politik und Gesetzgebung, 1916.

1789 und 1914, Die symbolischen Jahre in der Geschichte des politischen Geistes, Julius Springer, Berlin 1916.

Zum Prioritätsstreit über die Theorie der Wirtschaftsstufen. Eine Auseinandersetzung zwischen Karl Bücher und Johann Plenge. I. Vorbemerkung des Herausgebers (Heinrich Braun), II. Bücher gegen Plenge, III. Plenge gegen Bücher, Julius Springer, Berlin 1917.
Sonderdruck aus: Annalen für soziale Politik und Gesetzgebung, 1917.

Die Revolutionierung der Revolutionäre, Der Neue Geist-Verlag, Leipzig 1918. Abdruck aus: Die Glocke 1917/18.

Die Geburt der Vernunft, Julius Springer, Berlin 1918. (Aufsatzsammlung, siehe Einzelangaben).

Durch Umsturz zum Aufbau. Eine Rede an Deutschlands Jugend, E. Obertüchens Buchhandlung Adolf Schultze, Münster i. W. 1918.

Drei Vorlesungen über die allgemeine Organisationslehre, G. D. Baedeker, 1. Aufl., Essen a. d. Ruhr 1919, 2. Aufl., Essen a. d. Ruhr 1921.
Neudruck in: Plenge-Linhardt: Organisation und Propaganda, 1965.

Zur Vertiefung des Sozialismus, Der Neue Geist-Verlag, Leipzig 1919. (Aufsatzsammlung, siehe Einzelangaben).

Christentum und Sozialismus, Über einen Vortrag von Max Scheler, Theissingsche Buchhandlung, Münster (1919).
Abgedruckt in: Zur Vertiefung des Sozialismus, 1919.

Die Zukunft Deutschlands und die Zukunft der Staatswissenschaft. Ein Weckruf an den staatswissenschaftlichen Nachwuchs, G. D. Baedeker, Essen a. d. Ruhr, 1919.

Über den politischen Wert des Judentums, G. D. Baedeker, Essen a. d. Ruhr, 1920.

Das erste staatswissenschaftliche Unterrichtsinstitut. Seine Einrichtungen und seine Aufgaben, G. D. Baedeker, Essen a. d. Ruhr 1920.

Antiblüher, Affenbund oder Männerbund? Ein Brief, Greifenverlag. 1. und 2. Aufl. 1920, 3. Aufl. 1921, 4. Aufl. (Hartenstein) 1921.

Staatswissenschaftliche Erneuerung als Aufgabe für die deutsche Zukunft, Staatswissenschaftliches Institut, Münster i. W., 1921.

Sonderabdruck von: Die Zukunft Deutschlands im Lichte der Staatswissenschaftlichen Erneuerung, in: Deutschlands Zukunft im Urteil führender Männer, 1921.

Die erste Anlagebank. Gründung und Geschichte des Crédit Mobilier. Plenge, Staatswissenschaftliche Musterbücher VI. G. D. Baedeker, Essen a. d. Ruhr 1921.

Erweiterte Fassung von: Gründung und Geschichte des Crédit Mobilier, 1903.

Deutsche Propaganda. Die Lehre von der Propaganda als praktische Gesellschaftslehre, als Manuskript gedruckt: Angelsachsen-Verlag Bremen GmbH, Bremen 1921.

Erweiterte Buchausgabe: mit einem Nachwort von Ludwig Roselius, Angelsachsen Verlag Bremen GmbH, Bremen 1922.

Nachdruck in: Plenge-Linhardt: Organisation und Propaganda, 1965.

Das Forschungs-Institut für Organisationslehre und allgemeine und vergleichende Soziologie bei der Universität Münster, Staatswissenschaftliche Verlagsgesellschaft mbH, Münster i. W. 1928.

Zur Arbeitsweise der Kunstwissenschaft. Eine Denkschrift für den preußischen Kultusminister, Aus dem Forschungsinstitut für Organisationslehre und Soziologie bei der Universität Münster, Kleine Schriften, 1. Stück, Staatswissenschaftliche Verlagsgesellschaft mbH, Münster i. W. 1929.

Zur Ontologie der Beziehung (Allgemeine Relationstheorie), Aus dem Forschungsinstitut für Organisationslehre und Soziologie bei der Universität Münster, Kleine Schriften, 2. Stück, Staatswissenschaftliche Verlagsgesellschaft mbH, Münster i. W. 1930.

Hegel und die Weltgeschichte, Aus dem Forschungsinstitut für Organisationslehre und Soziologie bei der Universität Münster, Kleine Schriften, 3. Stück, Staatswissenschaftliche Verlagsgesellschaft mbH, Münster i. W. 1931.

Die Sonne über dem Kreuz, Aus dem Forschungsinstitut für Organisationslehre und Soziologie bei der Universität Münster, Kleine Schriften, 4. Stück, Staatswissenschaftliche Verlagsgesellschaft mbH, Münster i. W. 1932. (*)

Der neue Anfang Grünewalds. Zwischen Soziologie und Kunstwissenschaft. Meine Kunstfunde, 1. Stück, Staatswissenschaftliche Verlagsgesellschaft mbH, Münster i. W. 1932.

Der Himmelstraum Raffaels, die Geschichten zweier Bilder. Zwischen Soziologie und Kunstwissenschaft. Meine Kunstfunde, 2. Stück. Staatswissenschaftliche Verlagsgesellschaft mbH, Münster i. W. (1932). (*)

Anmeldung zum Bunde Schlageter e. V. als „Handschrift für Gesinnungsgenossen", gedruckt 1934. (*)

Von der Weltanschauung zum Wirklichkeitsbild. Volkshochschulvortrag über ein Tafelwerk zur allgemeinen Volksbildung, Aus dem Forschungsinstitut für Organisationslehre und Soziologie bei der Universität Münster (Ersatzstelle), Regensbergsche Verlagsbuchhandlung, Münster i. W. 1947.

Sein und Geist. Eine Einführung in das Reich des Geistes, Aus dem Forschungsinstitut für Organisationslehre und Soziologie bei der Universität Münster (Ersatzstelle), Regensbergsche Verlagsbuchhandlung, Münster i. W. 1947.

Die Altersreife des Abendlandes (Sammlung von Briefaufsätzen), Robert Kämmerer Verlag, Düsseldorf 1948.

Johann Plenge-Hanns Linhardt: Das System der Verkehrswirtschaft, J. C. B. Mohr (Paul Siebeck), Tübingen 1964.

Plenge-Linhardt: COGITO ERGO SUMUS. Eine Auswahl aus den Schriften von Johann Plenge 1874—1963, Über Wirtschaft und Gesellschaft, Geschichte und Philosophie, Sozialismus und Organisation, Besorgt und eingeleitet von Hanns Linhardt. Duncker & Humblot, Berlin 1964.

Linhardt, Hanns: Johann Plenges Organisations- und Propagandalehre. Duncker & Humblot, Berlin 1965.

2. Aufsätze

Böttcherei in Leipzig, in: Untersuchungen über die Lage des Handwerks in Deutschland, 2. Bd. Königreich Sachsen: Arbeiten aus dem Volkswirtschaftlich-statistischen Seminar der Universität Leipzig (Karl Bücher), 1. Teil, Schriften des Vereins für Socialpolitik, 63. Bd., S. 1—52. Leipzig 1895.

Die Leipziger Sattlerei, in: Untersuchungen über die Lage des Handwerks in Deutschland, 5. Bd. Königreich Sachsen: Arbeiten aus dem Volkswirtschaftlich-statistischen Seminar der Universität Leipzig (Karl Bücher), 2. Teil, Schriften des Vereins für Socialpolitik, 66. Bd., S. 483—624. Leipzig 1896.

Studienexemplare in Sachsen, in: Korrespondenzblatt des Akademischen Schutzvereins, 2. Jg., 1907/08, S. 89—107.

Abgedruckt in: Für die Pflichtexemplare, 1908.

Der Ladenpreis und das Gesetz über den unlauteren Wettbewerb, in: Korrespondenzblatt des Akademischen Schutzvereins, 2. Jg., 1907/08, S. 107—109.

„Our German Friends". Ein Beitrag zur Lehre von der Interessenvertretung, in: Korrespondenzblatt des Akademischen Schutzvereins, 2. Jg., 1907/08, S. 115 bis 124.

Abgedruckt in: Für die Pflichtexemplare, 1908.

Zur Frage der Pflichtexemplare. Tatsächliche Berichtigung der „Abwehr" von Dr. Erich Ehlermann im Börsenblatt vom 7. August aufgrund von § 11 des Preßgesetzes, in: Börsenblatt für den deutschen Buchhandel, 75. Jg. Nr. 197 vom 25. 8. 1908, S. 8972—8975.

Die Finanzen der Großmächte. Eine Kritik neudeutscher Finanzstatistik, in: Zeitschrift für die gesamte Staatswissenschaft, 64. Jg., 1908, S. 713—775.

Als Sonderdruck: Tübingen 1908.

Über internationale Finanzstatistik. Eine Berichtigung der Bemerkungen des Geh. Oberfinanzrats O. Schwarz, in: Preußisches Verwaltungs-Blatt, Jg. 30, 1908/09, S. 126—127.

Glossen zum Fall Bertelsmann, in: Korrespondenzblatt des Akademischen Schutzvereins, 3. Jg., 1908/09, S. 33—38.

Der Fall Bertelsmann in zweiter Instanz, in: Korrespondenzblatt des Akademischen Schutzvereins, 3. Jg., 1908/09, S. 57—64.

Nachspiel zu „Our German Friends", in: Korrespondenzblatt des Akademischen Schutzvereins, 3. Jg., 1908/09, S. 14—17.
Abgedruckt in: Für die Pflichtexemplare, 1908.

J. Plenge und F. Zahn. Internationale Finanzstatistik, in: Münchener Neueste Nachrichten vom 27. 3. 1909. (*)

Zur Diagnose der Reichsfinanzreform, in: Zeitschrift für die gesamte Staatswissenschaft, 65. Jg., 1909, S. 288—337.

Zur Internationalen Finanzstatistik, in: Jahrbücher für Nationalökonomie und Statistik, III. Folge, 37. Bd., 1909, S. 233—247.
Als Sonderdruck: Jena 1908.

Noch einmal die Finanzen der Großmächte, in: Annalen des Deutschen Reiches für Gesetzgebung, Verwaltung und Volkswirtschaft, Jg. 1909, S. 619—634.
Als Sonderdruck: München 1909.

Kulturfeindliche Tendenzstatistik, in: Korrespondenzblatt des Akademischen Schutzvereins, 4. Jg., 1910, S. 29—32.

„Aufsichtsräte" im modernen Literaturbetrieb, in: Korrespondenzblatt des Akademischen Schutzvereins, 4. Jg., 1910, S. 44—45.

Marx oder Kant? in: Zeitschrift für die gesamte Staatswissenschaft, 66. Jg., 1910, S. 213—239.

Realistische Glossen zu einer Geschichte des Deutschen Idealismus, in: Archiv für Sozialwissenschaft und Sozialpolitik, 32. Bd., 1911, S. 1—35.

Von der Diskontpolitik zur Beherrschung des Geldmarktes, in: Bank-Archiv, 11. Jg., 1911/12, S. 219—226, 242—246, 252—261.
Erweiterte Fassung in: Von der Diskontpolitik zur Herrschaft über den Geldmarkt, 1913.

Die Zukunft in Amerika, in: Annalen für soziale Politik und Gesetzgebung, 1. Bd., 1912, S. 431—500.
Als Sonderdruck: Berlin 1912.

Die Vorbildung der Volkswirte, in: Die Konjunktur, 5. Jg., 1913/14, S. 565—568.

Wie ist die Zahlung der Hypothekenzinsen trotz der Mietausfälle zu sichern? in: Das größere Deutschland, Jg. 1914, S. 1049—1057.

Das Zeitalter der Volksgenossenschaft, in: Kölnische Zeitung Nr. 1148 vom 11. 11. 1915 (Mittagsausgabe), S. 1.
Abgedruckt in: Eine Kriegsvorlesung über die Volkswirtschaft, 1915.

Individualismus und Sozialismus. Ein Streitfall zwischen Arthur Strecker (Berlin) und Johann Plenge (Münster i. W.) Artikel und Erwiderungen, in: Deutsche Volkswirtschaftliche Correspondenz zwischen 22. August und 6. Oktober 1916. (*)
Abgedruckt mit einer weiteren Erwiderung von J. Plenge und einem Nachwort von G. Schmoller, in: Schmollers Jahrbuch für Gesetzgebung, Verwaltung und Volkswirtschaft im Deutschen Reiche, 41. Jg., 1917, S. 13—34.
Abgedruckt in: Zur Vertiefung des Sozialismus, 1919.

Wirtschaftsstufen und Wirtschaftsentwicklung, in: Annalen für soziale Politik und Gesetzgebung, 4. Bd., 1916, S. 495—529.

Als Sonderdruck: Berlin 1916.

Ein neuer Friede zu Münster? in: Kölnische Zeitung Nr. 851 vom 5. 9. 1917 (Abendausgabe), S. 1.

Niederlage Amerikas, in: Export-Revue, 1917, Nr. 7/8 (Deutsche Wochenzeitung: Welthandel). (*)

Grundlegung der vergleichenden Wirtschaftstheorie, in: Annalen für soziale Politik und Gesetzgebung, 5. Bd., 1917, S. 39—100, 492—518.

Zum Prioritätsstreit über die Theorie der Wirtschaftsstufen. Eine Auseinandersetzung zwischen Karl Bücher und Johann Plenge, III, Plenge gegen Bücher, in: Annalen für soziale Politik und Gesetzgebung, 5. Bd., 1917, S. 256 bis 262.

Als Sonderdruck: Berlin 1917.

Zwischen dem 19. und 20. Jahrhundert, in: Europäische Staats- und Wirtschafts-Zeitung, 2. Jg., 1917, S. 903—904.

Vorabdruck aus: Die Revolutionierung der Revolutionäre, 1918.

Revolutionierung der Revolutionäre, in: Die Glocke, 3. Jg., 1917/18, 1. Bd., S. 214—223, 266—276, 299—313, 329—343, 369—382, 421—432, 456—469, 500—508, 526—533, 571—583, 614—631.

In Buchform erschienen: Leipzig 1918.

Vom kommunistischen Manifest bis zum Parteitag 1917, in: Die Glocke, 3. Jg., 1917/18, 2. Bd., S. 201—213.

Abgedruckt in: Die Geburt der Vernunft, 1918, Zur Vertiefung des Sozialismus, 1919.

Die Vernunft in der Weltgeschichte, in: Die Glocke, 3. Jg., 1917/18, 2. Bd., S. 334 bis 348.

Abgedruckt in: Die Geburt der Vernunft, 1918.

Organisation und Freiheit, in: Die Glocke, 3. Jg., 1917/18, 2. Bd., S. 413—426.

Abgedruckt in: Die Geburt der Vernunft, 1918.

Der Status quo post, in: Die Glocke, 3. Jg., 1917/18, 2. Bd., S. 441—454.

Abgedruckt in: Die Geburt der Vernunft, 1918.

Lensch und Renner zur kommenden Weltorganisation, in: Die Glocke, 3. Jg., 1917/18, 2. Bd., S. 540—543.

Die „Durchstaatlichung des Wirtschaftslebens", in: Europäische Staats- und Wirtschafts-Zeitung, 3. Jg., 1918, S. 5—7.

Auszug aus: Die Geburt der Vernunft, 1918.

Die Lehren des Generalstreiks, in Europäische Staats- und Wirtschafts-Zeitung, 3. Jg., 1918, S. 167—172.

Abgedruckt in: Zur Vertiefung des Sozialismus, 1919.

Drei Jahre Weltrevolution, in: Schmollers Jahrbuch für Gesetzgebung, Verwaltung und Volkswirtschaft im Deutschen Reiche, 42. Jg., 1918, S. 1125—1145.

Abgedruckt in: Zur Vertiefung des Sozialismus, 1919.

Neue Wege der Handelspolitik, in: Wirtschaftszeitung der Zentralmächte, 3. Jg., 1918, S. 121—122.
Vorabdruck aus: Die Geburt der Vernunft, 1918.

Organisation und Freiheit, in: Norddeutsche Allgemeine Zeitung, 58. Jg., Nr. 535 vom 19. 10. 1918 (Morgenausgabe), S. 1—2; Nr. 537 vom 20. 10. 1918 (Morgenausgabe), S. 6. Anfang und Schluß des 1. Vortrages aus: Drei Vorlesungen über die allgemeine Organisationslehre, 1919.

Patriotismus und Kosmopolitismus heute wie einst! in: Die Glocke, 4. Jg., 1918/19, 1. Bd., S. 243—246.
Abgedruckt in: Zur Vertiefung des Sozialismus: 1919.

Neumarxismus? in: Die Glocke, 4. Jg., 1918/19, 1. Bd., S. 302—312.
Abgedruckt in: Zur Vertiefung des Sozialismus, 1919.

Wie wir die Geschichte sehen, in: Die Glocke, 4. Jg., 1918/19, 1. Bd., S. 370—379.
Abgedruckt in: Zur Vertiefung des Sozialismus, 1919.

Marxismus und christlich-nationale Arbeiterschaft, in: Die Glocke, 4. Jg., 1918/19, Bd. 1, S. 681—689.
Abgedruckt in: Zur Vertiefung des Soizalismus, 1919.

Expressionismus, Sozialismus, Gottesglaube, in: Die Glocke, 4. Jg., 1918/19, 2. Bd., S. 1642—1649.
Abgedruckt in: Zur Vertiefung des Sozialismus, 1919.

Sta.F.A., in: Deutsche akademische Zeitschrift, 1. Jg., 1919/20, S. 277—282.
Abdruck aus: Die Zukunft Deutschlands und die Zukunft der Staatswissenschaft, 1919.

Unter der Anklage des Kulturkampfes. 2. Die Wahrheit über Christentum und Sozialismus, in: Zur Vertiefung des Sozialismus, 1919, S. 196—206.

Um die Ideen von 1914. Eine Erörterung ohne Unparteiischen zwischen Hermann Bahr und Johann Plenge, in: Zur Vertiefung des Sozialismus, 1919, S. 38 bis 39.
Teilweise vorher abgedruckt in: Hochland, 1916/17.

Trost im Sozialismus, in: Deutsche Allgemeine Zeitung (früher Norddeutsche Allgemeine Zeitung), 58. Jg., Nr. 19 vom 14. 1. 1919 (Morgenausgabe), S. 2.
Probe aus: Durch Umsturz zum Aufbau, 1918.

Lehrkräfte für staatswissenschaftlichen Schulunterricht. Eine neue volkswirtschaftliche Berufsfrage, in: Volkswirtschaftliche Blätter, 18. Jg., 1919, S. 55 bis 60.
Abgedruckt in: Die Zukunft Deutschlands und die Zukunft der Staatswissenschaft, 1919.

Die Organisationslehre im Reich der Wissenschaften, in: Preußische Jahrbücher, 176. Bd., 1919, S. 180—199.
Abdruck der 2. Vorlesung aus: Drei Vorlesungen über die allgemeine Organisationslehre, 1919.

Betriebslehre für Gewerkschaftler. Ferienkurs am Staatswissenschaftlichen Institut der Universität Münster i. W., in: Soziale Praxis und Archiv für Volkswohlfahrt, 29. Jg., 1920, Sp. 1045—1046.

„Geistiger Aufbau". Staatswissenschaftliche Erneuerung und organisatorische Anschauung, in: Wirtschaftliche Nachrichten aus dem Ruhrbezirk, 2. Jg., 1921, S. 227—229.

Die Zukunft Deutschlands im Licht der Staatswissenschaftlichen Erneuerung, in: Deutschlands Zukunft im Urteil führender Männer, hrsg. von K. Löffler, Heinrich Dieckmann Verlag, Halle/Saale 1921, S. 117—120.
Als Sonderdruck unter dem Titel: Staatswissenschaftliche Erneuerung als Aufgabe für die deutsche Zukunft, 1921.

Übersichtstafel zur Geldentwicklung, in: Wirtschaftliche Nachrichten aus dem Ruhrbezirk, 2. Jg., 1921, S. 363—364 (+ eine farbige Tafel).

Zeitgeschichte und Revolution, in: Schweizerische Zeitschrift für Volkswirtschaft und Sozialpolitik, 29. Jg., 1923, S. 129—136.

Zum „Tableau Economique", in: Weltwirtschaftliches Archiv, 24. Bd., Heft 1, 1926, S. 109—129.

Kapital und Geld, in: Weltwirtschaftliches Archiv, 24. Bd., Heft 2, 1926, S. 299 bis 330.

Um die allgemeine Organisationslehre. Besprechungsaufsatz zu: Bogdanow, A.: Allgemeine Organisationslehre. Tektologie, 1. Bd. Aus dem Russischen (1912) übersetzt von S. Alexander und R. Lang, Berlin 1926, in: Weltwirtschaftliches Archiv, 25. Bd., Heft 1, 1927, S. 18*—29*.

Die Chinarezeption des Trecento. Zur Bedeutung der Mongolen- und Chinamission der Franziskaner im 13. und 14. Jahrhundert für die Kunstgeschichte, in: Frankfurter Zeitung, 74. Jg., Nr. 723, vom 28. 9. 1929 (1. Morgenblatt), S. 1 bis 2.

Die Chinarezeption des Trecento und die Franziskaner-Mission, in: Forschungen und Fortschritte, 5. Jg., 1929, S. 294—295.

Als dritter Redner im Symposion, in: Zeitschrift für Völkerpsychologie und Soziologie, 5. Jg., 1929, S. 385—405.
Abgedruckt in: Soziologie von heute, 1932.

Wie kommt die Soziologie zur Übersicht ihrer Probleme? in: Archiv für angewandte Soziologie, 2. Jg., 1929/30, S. 99—113.

Problemsystem der theoretischen Soziologie, in: Kölner Vierteljahreshefte für Soziologie, 8. Jg., N.F. der Kölner Vierteljahreshefte für Sozialwissenschaften (Reihe A: Soziologische Hefte), 1929/30, S. 344—349.

Bodmers „Indianischer Zauberer", in: Das Werk, 17. Jg., 1930, S. 152—153.

Acht Glossen zum Betrieb der Gesellschaftslehre, in: Kölner Vierteljahreshefte für Soziologie, 9. Jg., N.F. der Kölner Vierteljahreshefte für Sozialwissenschaften (Reihe A: Soziologische Hefte), 1930/31, S. 152—165.

Zum Ausbau der Beziehungslehre. L. von Wiese gewidmet, in: Kölner Vierteljahreshefte für Soziologie, 9. Jg., N.F. der Kölner Vierteljahreshefte für Sozialwissenschaften (Reihe A: Soziologische Hefte), 1930/31, S. 271—288, 448 bis 493; 10. Jg., 1931/32, S. 320—354.

Ist das Geisteswissenschaft? in: Kölner Vierteljahreshefte für Soziologie, 9. Jg., N.F. der Kölner Vierteljahreshefte für Sozialwissenschaften (Reihe A: Soziologische Hefte), 1930/31, S. 309—345.

Antwort auf die Entgegnung Dr. Lehmanns, in: Kölner Vierteljahreshefte für Soziologie, 9. Jg., N.F. der Kölner Vierteljahreshefte für Sozialwissenschaften (Reihe A: Soziologische Hefte), 1930/31, S. 535—536.

Die soziologischen Imperative des Glaubens, in: Am Weg der Zeit, Beilage zum „Münsterischen Anzeiger" vom 23. Dez. 1931, 8. Jg., Nr. 11, S. 82—85.

Soziologie und Glaube, in: Das neue Reich, 14. Jg., 1931/32, S. 238—240.

Mensch und Geschichte, in: Deutsche Arbeit, 16. Jg., 1931, S. 462.

Fachdisziplin, Totalgesellschaft und Pantologie, in: Soziologie von heute. Ein Symposion der Zeitschrift für Völkerpsychologie und Soziologie, hrsg. von Richard Thurnwald, Leipzig 1932, S. 24—44.

Abdruck aus: Zeitschrift für Völkerpsychologie und Soziologie, 1929.

Zwei Raffael's auf einer Tafel, in: Kunst- und Antiquitäten Zeitung, 40. Jg., 1932, S. 167—170.

Die Philosophie des „Wir" als Tiefenbegründung der Soziologie, in: Kölner Vierteljahreshefte für Soziologie, 11. Jg., N.F. der Kölner Vierteljahreshefte für Sozialwissenschaften (Reihe A: Soziologische Hefte), 1932/33, S. 135—138.

Der Mensch im Kosmos. Wirklichkeitsbild und Gottesbeweis, in: Deutsche Bergwerkszeitung, 34. Jg., Nr. 297 vom 19. 12. 1933, S. 1, 8—9.

Zwei Grünewalds von 1481 im Münsterer Diözesanmuseum, in: Kunst- und Antiquitäten-Rundschau, 41. Jg., 1933, S. 167—173.

Die Doktorarbeit Kurt Schumachers, in: Westfälische Rundschau, Jg. 2, Nr. 51 vom 28. 6. 1947, S. 2. Auszüge aus einem Brief, volle Fassung abgedruckt in: Die Altersreife des Abendlandes, 1948.

Die Reife der christlichen Völkergemeinschaft als Höhepunkt der Weltgeschichte, in: Situation und Entscheidung. Zeitbuch für Politik und Kultur, hrsg. W. Rest, 1. Folge, Warendorf/Westf. 1947, S. 98—115.

Verbesserte Fassung abgedruckt in: Die Altersreife des Abendlandes, 1948.

Managerproblem und „wissenschaftlicher Sozialismus". Ein tödlicher Widerspruch im Marxismus, in: Betriebswirtschaftliche Forschung und Praxis, 2. Jg., 1950, S. 685—691. Vorwort von W. Hasenack (S. 685—687). Der gleiche Aufsatz unter dem Titel: Ein tödlicher Widerspruch im Marxismus. Die „managers" bei Karl Marx selbst „die Seele unseres Industriesystems", in: Finanzarchiv, N.F., Bd. 12, 1950/51, S. 389—392.

Zur Metaphysik der Beziehung (Auszug aus Briefen von Johann Plenge). Mitgeteilt und eingeleitet von Leopold v. Wiese, in: Kölner Zeitschrift für Soziologie, N.F. der Kölner Vierteljahreshefte für Soziologie, 4. Jg., 1951/52, S. 511 bis 523.

Anodische und kathodische Analogia entis. Ein Brief, in: Der beständige Aufbruch. Festschrift für Erich Przywara, hrsg.: von S. Behn, Nürnberg 1959, S. 48—56.

Korrespondenz und nicht veröffentlichte Briefaufsätze der Jahre 1950—1953 und 1959—1962 (hauptsächlich zur Grünewald-Forschung). Aus dem Besitz von August Freudenthal jun., Staatsbibliothek Bremen.

3. Buchbesprechungen

Karmin, Otto: Zur Lehre von den Wirtschaftskrisen, Heidelberg 1905, in: Zeitschrift für gesamte Staatswissenschaft, 62. Jg., 1906, S. 155—159.

Liefmann, Robert: Kartelle und Trusts, Stuttgart 1905, in: Zeitschrift für gesamte Staatswissenschaft, 62. Jg., 1906, S. 347—356.

Antwort auf Prof. Dr. R. Liefmanns Antikritik, in: Zeitschrift für gesamte Staatswissenschaft, 62. Jg., 1906, S. 593—594.

Seligman, Erwin R. A.: Principles of Economics with Special Reference to American Conditions, New York—London—Bombay 1905, in: Zeitschrift für gesamte Staatswissenschaft, 62. Jg., 1906, S. 760—764.

Hoffmann, Friedrich: Kritische Dogmengeschichte der Geldwerttheorie, Leipzig 1908, in: Zeitschrift für gesamte Staatswissenschaft, 64. Jg., 1908, S. 175 bis 177.

Biermer, Magnus: Die deutsche Geldverfassung, Gießen 1908, in: Zeitschrift für gesamte Staatswissenschaft, 64. Jg., 1908, S. 396—398.

Schumacher, Hermann: Die Ursachen der Geldkrisis, Dresden 1908, in: Zeitschrift für gesamte Staatswissenschaft, 64. Jg., 1908, S. 562—567.

Laband, Paul: Direkte Reichssteuern. Ein Beitrag zum Staatsrecht des Deutschen Reiches, Berlin 1908, in: Zeitschrift für gesamte Staatswissenschaft, 64. Jg., 1908, S. 569—573.

Eheberg, K. Th. v.: Das Reichsfinanzwesen, seine Entwicklung, sein heutiger Zustand, seine Ausgestaltung, Bonn 1908, in: Zeitschrift für gesamte Staatswissenschaft, 64. Jg., 1908, S. 573—575.

Gerloff, Wilhelm: Matrikularbeiträge und direkte Reichssteuern, Berlin 1908, in: Zeitschrift für gesamte Staatswissenschaft, 64. Jg., 1908, S. 779—780.

Antwort auf die Erwiderung von Hermann Schumacher, in: Zeitschrift für gesamte Staatswissenschaft, 64. Jg., 1908, S. 787—794.

Köppe, Hans: Am Vorabend der neuen Reichsfinanzreform, Leipzig 1908, in: Zeitschrift für gesamte Staatswissenschaft, 65. Jg., 1909, S. 179—180.

Borght, R. van der: Die Entwicklung der Reichsfinanzen, Leipzig 1908, in: Zeitschrift für gesamte Staatswissenschaft, 65. Jg., 1909, S. 180—182.

Bendixen, Friedrich: Das Wesen des Geldes. Zugleich ein Beitrag zur Reform der Reichsbankgesetzgebung, Leipzig 1908, in: Zeitschrift für gesamte Staatswissenschaft, 65. Jg., 1909, S. 183—185.

Gildemeister, Otto: Aus den Tagen Bismarcks. Politische Essays, hrsg. von der Literarischen Gesellschaft des Künstlervereins in Bremen, Leipzig 1909, in: Zeitschrift für gesamte Staatswissenschaft, 65. Jg., 1909, S. 351 bis 353.

Dietzel, Heinrich: Reichsnachlaßsteuer oder Reichsvermögenssteuer, Berlin 1909, in: Zeitschrift für gesamte Staatswissenschaft, 65. Jg., 1909, S. 520 bis 523.

Eckener, Hugo: Arbeitermangel oder Geldknappheit? Leipzig 1908, in: Zeitschrift für gesamte Staatswissenschaft, 66. Jg., 1910, S. 183—186.

Plechanow, G.: Die Grundprobleme des Marxismus. Autorisierte Übersetzung von M. Nachimson, Stuttgart 1910, in: Zeitschrift für gesamte Staatswissenschaft, 67. Jg., 1911, S. 145—151.

Muckle, Friedrich: Die Geschichte der sozialistischen Ideen im XIX. Jahrhundert, Leipzig 1909, in: Zeitschrift für gesamte Staatswissenschaft, 67. Jg., 1911, S. 153—156.

Ausgewählte Lesestücke zum Studium der politischen Ökonomie, hrsg. von Karl Diehl und Paul Mombert, 1. Bd.: Zur Lehre vom Geld, Karlsruhe 1910, in: Zeitschrift für gesamte Staatswissenschaft, 67. Jg., 1911, S. 401—403.

Mitscherlich, Waldemar: Der Wirtschaftliche Fortschritt, sein Verlauf und sein Wesen, Leipzig 1910, in: Zeitschrift für gesamte Staatswissenschaft, 67. Jg., 1911, S. 740—746.

Wernicke, J.: Der Kampf um den wirtschaftlichen Fortschritt. Ein kritisch-historischer Beitrag, Jena 1910, in: Zeitschrift für gesamte Staatswissenschaft, 67. Jg., 1911, S. 746—747.

Schwarz, Otto: Diskontpolitik. Gedanken über englische, französische und deutsche Bank-, Kredit- und Goldpolitik, Leipzig 1911, in: Zeitschrift für gesamte Staatswissenschaft, 68. Jg., 1912, S. 548—555.

Antwort auf die Erwiderung von Waldemar Mitscherlich, in: Zeitschrift für gesamte Staatswissenschaft, 68. Jg., 1912, S. 195—197.

Lasson, Georg: Was heißt Hegelianismus? Philosophische Vorträge, veröffentlicht von der Kantgesellschaft, Nr. 11, Berlin 1916, in: Annalen für soziale Politik und Gesetzgebung, 5. Bd., 1917, S. 597—603.

B. Von Johann Plenge herausgegebene Bücher

1. Plenge, Staatswissenschaftliche Musterbücher

G. D. Baedeker, Essen a. d. Ruhr.

Band I: Die Stammformen der vergleichenden Wirtschaftstheorie (Aristoteles, Adam Smith, List, Marx, B. Hildebrand, Schönberg, Schurtz, Plenge), bearbeitet vom Herausgeber, 1919.

Band II: Dietzel, Heinrich: Beiträge zur Geschichte des Sozialismus und Kommunismus, bearbeitet vom Herausgeber, 1920.

Band III: Karl Marx: Zeitgeschichte und Revolution, nicht erschienen.

Band IV: Bagehot, Walter: Das Herz der Weltwirtschaft. Die Lombarden-Straße, bearbeitet vom Herausgeber, 1920.

Band V: Wagner, Adolf: Die Geld- und Kredittheorie der Peelschen Bankakte, bearbeitet vom Herausgeber, 1920.

Band VI: Johann Plenge: Die erste Anlagebank. Gründung und Geschichte des Crédit Mobilier, 1921.
Erweiterte Fassung von: Gründung und Geschichte des Crédit Mobilier, 1903.

2. Plenge, Staatswissenschaftliche Beiträge

G. D. Baedeker, Essen a. d. Ruhr.

Heft I: Odenbreit, Bernhard: Die vergleichende Wirtschaftstheorie bei Karl Marx, 1919.

Heft II: Hoppe, Ernst: Der Krieg und die deutsche Geldwirtschaft, 1919.

Heft III: Leinau, Hans: Bergarbeiterersatz und Ruhrkohlenproduktion im Weltkriege, 1920.

Heft IV: Schneider, Anna: Die Anfäge der Kulturwirtschaft. Die sumerische Tempelstadt, 1920.

Heft V: Matich, Hans: Die Entwicklung der vergleichenden Wirtschaftstheorie, 1921.

Heft VI: Weber, Heinrich: Das Lebensrecht der Wohlfahrtspflege, 1920.

Heft VII: Eberstein, Fritz: Die Organisation bei Karl Marx, 1921.

Heft VIII: Hollo, Heinrich: Die Volksschule im politischen Kampf nach der Revolution, 1922.

Namenverzeichnis

Abraham à Santa Clara 43
Alexander, S. 18
Alkibiades 165
Altheim, F. 43
Anouilh, J. 45
Aquin, T. v. 74
Aristides 165
Aristoteles 74
Arndt, E. M. 18
Augustinus 42

Bach, J. S. 42, 45, 93
Baehr, E. v. 18
Balzac, H. 10
Bastiat, F. 9
Bause, H. 29 f.
Bebel, A. 12
Becker, A. 94
Becker, P. 94
Beethoven, L. v. 42, 45, 93 f.
Behring, E. 52
Benediktus 42
Benz, K. 46
Bergler, G. 19, 47
Bergson, H. 14
Bernstein, E. 11
Bismarck, O. v. 167
Blanc, L. 9
Bodelschwingh, F. v. 43
Böckenhoff, K. 29
Bömer, A. 30
Bömer, K. 30
Bogdanow, A. 18, 33 f.
Bohr, N. 52
Bon, G. le 37
Boyle, R. 52
Brahms, J. 45

Brentano, L. 10
Briefs, G. 24
Bruck, W. F. 29 f.
Brücher, E. 30
Buber, M. 45
Buddha 44
Bücher, K. 26 ff., 29, 38
Bugenhagen, J. 48
Bunyan, J. 42

Cadillac 46, 55
Caesar, J. 47, 91, 139, 143, 166
Callas, M. 45
Carlyle, Th. 14
Carnegie, A. 45
Caruso, E. 45
Casals, P. 45
Cato 47, 165 f.
Celsius, A. 47
Chamberlain, H. St. 9, 106
Chevrolet 46, 55
Cicero 47, 165
Cid 139
Clairvaux, B. v. 42
Cocteau, J. 45
Colbert, J. B. 01
Comte, A. 9
Cortez, F. 44
Cyrus 165

Daimler, G. 46
Dante 109, 123
Danton, G. 9
Darwin, C. R. 10, 98
Delbrück, H. 165
Demosthenes 47
Descartes 95
Deutsch, P. 8, 33, 36

Devinat, P. 17
Dickens, Ch. 10
Dietzel, H. 9, 27
Dovifat, E. 29
Driesch, H. 14
Dromert, R. 50
Dürer, A. 11, 45

Eck, J. 47
Eckardt, H. v. 29
Einstein, A. 45, 51
Eisler, R. 37
Erlacher, G. J. 15 f.
Erzberger, M. 143, 159
d'Ester, K. 29
Eulenburg, F. 39

Farner, K. 25
Fettel, J. 8, 34
Fichte, J. G. 20, 155 f., 170
Foch, F. 114
Ford, H. 45 f., 55
Forster, K. 43
Franco 48
Friedrich d. Große 167
Friedrich II. 167

Gantt, H. L. 17
Geck, H. L. A. 24
Gerhardt, P. 42
Gerson, O. 15 f.
Ghandi, M. 46
Giddings, F. H. 83
Gierke, O. v. 87
Gilbreth, F. B. 17
Goebbels, J. 22, 30
Göbl, R. 43
Goethe, J. W. v. 14, 82, 93, 167
Gracian, B. 132
Grimshaw, R. 15 f.
Groth, O. 29
Grull, W. 15 f.
Gutenberg, E. 8, 24, 33, 35

Händel, G. Fr. 42, 45
Hahn, O. 52

Haller, A. v. 82
Hartmann, N. 32
Hausig, H.-W. 43
Hayek, F. A. 10, 13, 15
Hegel, W. 10—14, 20, 24, 39, 53 f., 76, 88 f., 95, 104, 112, 155 f.
Heidegger, M. 32
Heinckel 47
Heinrich d. Löwe 163
Hellpach, W. 24
Hennig, K. W. 8, 18, 33
Heraklit 91
Herder, J. G. 18
Herkner, H. 10
Herostrat 139, 160
Herzog, S. 15 f.
Hiero 165
Hildebrand, B. 32, 39
Hilferding, R. 12
Hindenburg, P. v. 139
Hitler, A. 8, 30, 39, 50
Homer 164
Horthy, N. 48
Humboldt, A. v. 18
Hundhausen, C. 38, 41, 49
Husserl, E. 14, 32

Ibsen, H. 107

Jahn, G. 40
Jason von Pherae 165
Johannes XXIII. 42
Junkers, H. 47

Kant, I. 35, 80, 95 f., 104, 155
Kapp, W. 159
Karajan, H. v. 45
Kautsky, K. 11
Kemal Pascha 48
Kennedy, J. F. 46
Keyserling, H. 44
Klein, F. 70, 75, 93
Kloidt, H. 32
Knies, K. 39
Koberger, A. 43
Koburg, E. v. 166

Koch, R. 52
Konfuzius 43
Kosiol, E. 8, 20, 32—36
Kramer, R. 12
Kropotkin, P. 9, 11
Krupp, A. 55

Lamprecht 140
Landauer, G. 9
Lang, R. 18
Lao-Tse 43
Lassalle, F. 88
Lavoisier, A. L. 52
Law, J. 38
Leiden, J. v. 47
Leonardo da Vinci 45
Lettow-Vorbeck, P. v. 132
Liebermann, M. 160
Liebknecht, K. 159
Lilienthal, J. 15
Lincoln, A. 46
Linhardt, H. 7 f., 19 f., 29, 32 ff., 47
Linné, C. v. 10
List, F. 17, 32, 39, 73
Litt, Th. 91
Lloyd George 66, 139, 172
Löhe, W. 43
Luckner, F. v. 132
Ludendorff 39
Ludwig, E. 38
Ludwig XIV. 163
Ludwig XVI. 163
Lueb, L. 29
Luther, M. 47 f.
Luxemburg, R. 12

Mackintosh 47, 55
Magnus, A. 43
Maier, E. 124
Man, H. de 49
Marc Anton 143
Marius 165
Marx, K. 10—14, 20, 24 f., 39, 53 ff., 73, 76, 95, 112, 129, 155, 166 f.
Mataja, V. 52

Maupassant, G. de 141
Meinardi, E. 45
Meithner, E. 52
Menuhin, Y. 45
Messerschmidt, W. 47
Michelangelo 45
Mill, J. St. 9
Mirabeau, d. Ä. 9, 24
Mitchell, W. C. 25
Moede, H. 17, 33
Mohammed 43
Montesquieu 9
Mozart, W. A. 42, 45
Müller, Chr. F. 9, 11
Münchhausen, B. v. 117
Münsterberg, H. 17, 33
Münzer, T. 47
Mussolini, B. 50

Napoleon 11, 91, 139, 159, 163, 167
Naumann, F. 10, 162
Nef, A. 15
Nehru, P. 46
Nicklisch, H. 7 ff., 13, 32 f., 35 f.
Nietzsche, F. W. 106
Nordsieck, F. 32
Nordsieck-Schröer, H. 10
Northcliffe, A. C. W. 140, 143, 146

Odysseus 165
Ohm, G. S. 47
Ortega y Gasset, J. 37
Ostwald, W. 14

Pasteur, L. 47, 52
Paul VI. 42
Paulus 140, 162
Péreire, I. 9 f., 38
Péreire, M. 9 f., 38
Perikles 94, 166
Peter, K. H. 9
Petrazicky 18
Pflaum, R. 40
Pfordten, v. der 75
Pizarro 44

Plato 80, 103, 166
Platonow, S. F. 18
Pleiß, U. 32, 40
Plenge, J. 7—41, 45 f., 53, 55, 65
Plutarch 143, 164
Polybius 109, 166
Preiswerk, S. 25
Prion, W. 8, 18, 32 f., 36
Proudhon, P. J. 9

Radbruch, G. 40
Rathenau, W. 38 f., 68
Reck von Malleczewen, F. 48
Rieger, W. 8, 24, 34
Riester, W. 8, 18, 33, 36
Rilke, R. M. 14
Robeson, P. 45
Robespierre, M. 9, 11
Rockefeller, J. D. 45
Rodbertus, K. 9 f.
Röntgen, W. C. 47
Röpke, E. 10, 15
Röpke, W. 55
Roesler, R. 17
Rolland, R. 11
Roosevelt, T. 150, 159, 166
Roscher, W. 39
Roselius, L. 123 ff., 127 f., 130 f., 136, 138 f., 143, 148
Rosenberg, A. 30
Rousseau, J. J. 9
Russel, B. 45
Rutherford, E. 45

Salazar, A. O. S. 48
Salomon, E. v. 49
Sartre, J. P. 45
Savonarola 43
Schäffle, A. 20, 29, 32
Schedel, H. 43
Schlözer, A. L. v. 18
Schmalenbach, E. 24, 53
Schmoller, G. 10, 32, 39
Schnutenhaus, O. R. 8
Schönberg, G. 28

Schopenhauer, A. 20, 79
Schreber, D. G. M. 47
Schumann, E. 9
Schumpeter, J. A. 25
Schuster, L. 22 f., 32
Schweitzer, A. 45
Seischab, H. 10
Sethe, P. 12
Shaftesbury, A. 9
Shakespeare, W. 143
Shaw, G. B. 45
Simmel, G. 83, 91
Sloan, A. P. 7
Sobieski, J. 167
Socrates 47
Sombart, W. 10, 32
Sorel, G. 9, 12
Spencer, H. 9, 104
Spengler, O. 10, 112
Spiethoff, A. 24
Stefanic-Allmayer, K. 34
Stegerwald 74
Stein, K. v. 18, 91
Stein, L. v. 9, 32
Stern, R. 15 ff.
Sternberger, D. 12
Stern-Rubarth, E. 128, 133, 140 f., 146, 159, 170
Stiehl, R. 43
St. Just, A. de 9
St. Simon, C. H. de 9
Stupperich, R. 48
Süskind, W. E. 12
Sulla 165

Taylor, F. W. 17
Theisinger, K. 18
Themistokles 165
Thiers, A. 11
Thukydides 47, 166
Tönnies, F. 83
Tomberg, V. 40
Toynbee, A. 44

Vershoven, W. 19 f., 52
Volt, A. 47

Wagemann, E. 25
Wagner, A. 9, 37
Wagner, R. 160
Wallichs, A. 17, 55
Webb, B. 45

Webb, S. 45
Weber, M. 29
Weck, J. 47
Weyl, H. 37
Wilhelm II. 140, 163

Xenophon 165

Zola, E. 10, 171

Stichwortverzeichnis

Abwehrpropaganda 22
Agitation 12, 48, 128, 134 f., 137, 144, 150, 156, 164
Agitationspropaganda 136, 166
Akademien 43
Allgemeinpropaganda 136
Animal sociale 74
Antipropaganda 147
Arbeiterorganisation 75
Arbeitsteilung 114
Atomisierung 104, 107—110, 115
Augenblickspropaganda 138, 151
Aussandpropaganda 150
Außenpropaganda 22, 138
Austauschkonstante, präsumierte 24

Berufsorganisation 49, 72
Betrieb 34 f., 41, 69, 84, 87, 92
Betriebsführung, wissenschaftliche 17
Betriebsorganisation 75 f., 84
Betriebswirt 18, 24, 32
Betriebswirtschaftslehre 35
Bewegung 101 f.
Bewegung, gerichtete 22, 105
—, gestaltlose 22, 105
Bewirkungspropaganda 22, 136
Bewußtsein 113
Bildpropaganda 141
Bill of Rights 50
Buchdruckerkunst 47
Buchhandel 27

Champagnermessen 43
Chaos 22 f., 26, 104 ff., 108 f., 111, 153
Chaos, ausgekochtes 23, 106
Congregatio de propaganda fide 37, 41, 128, 134, 160
Crédit Mobilier 10, 12, 19

Declaration of Independence 50
Demonstrationspropaganda 133, 140 f., 163
Desorganisation 22, 65, 105—109, 115 f.
Dialektik, Hegelsche 112
Drittes Reich 8, 12, 18, 22, 41, 48
Durchgangsorganisation 71
Einheit 8, 14, 22, 68, 74, 80, 82, 85, 90, 96 f., 101—117, 129
Einheit, Gesetz 22, 114
—, letzte 111—113
Einheitspropaganda 138
Einung s. Einheit
Einzelpropaganda 136
Entwertungspropaganda 148
Erfahrungspropaganda 162
Eros 103
Erregungspropaganda 22, 135
Erziehung 131
Ethik 96
Existenzialismus 32
Expressionismus 94, 161

Fachorganisation 72
Faktorkombination 33
Faschismus 50
Finanzwirtschaft 11
Fraktionierung 107
Freiheit 7 f., 13 ff., 21, 23, 35, 41, 65, 82, 99, 113, 171 f.
Frühsozialismus 11 f.

Ganzheit 33 f.
Gegenpropaganda 146 ff.
Geheimpropaganda 151 f.
Geisteswissenschaften 17, 53, 97
Geldrechnung 24
Generationen, Wechsel 109
Gerücht 132 f.

Stichwortverzeichnis

Geschichte 89—92, 108
Geschichtsschreibung 90, 102
Gesellschaft 14, 20 f., 31, 70, 73, 76 f., 80—83, 87, 90, 111, 124, 128 f., 133, 138, 144, 153 f.
Gesellschaft für Konsumforschung 19
Gestaltung 23, 34, 54
Gewerkschaften 24 f., 67, 69, 76, 84, 94, 114, 129, 135, 137, 159
Glaubenspropaganda 149, 168
Gliederung 8, 14, 22, 80, 83, 113
—, Gesetz 22, 115
Godesberger Programm 12
Gotteswissenschaft 97

Handelshochschulen 16
Haushalt 35
Historische Schule 39

Idealismus, philosophischer 13
Idealpropaganda 139
Idee 8, 17, 21 ff., 32, 36, 39, 81 ff., 98, 103, 112, 128 ff., 137 ff., 155, 161, 171
Ideenlehre 82, 89
Ideenpropaganda 123, 140, 160, 162, 169
Imperativ, energetischer 130 f., 134 f., 139, 141, 151, 155
Imperativ, kategorischer 96, 155
Individualismus 82
Individualpropaganda 147
Ineinigung, bewußte 113—117
—, Gesetz 101—113
Information 24, 28, 53, 156 f.
Ingenieure 15—18
Innenpropaganda 22, 138, 142, 145, 162
Institut für Konjunkturforschung 25
Integration 104
Interessentenpropaganda 54
Islam, Propaganda 43

Jugendorganisation 70 ff.
Jurist 88, 90

Kapital 12, 25
Kapitalismus 13 f., 93 f., 156, 164, 168
Kathedersozialismus 10, 26

Katholizismus 47, 69, 97, 146, 149
Kirche 69, 75, 97, 108, 128, 134, 160
Klassenkampf 81
Kommunalpropaganda 139
Kommunikation 24, 29, 42, 51, 53
—, Mittel 46, 51
Kommunismus 9, 11 f., 144
Kommunistisches Manifest 50, 73, 155 f.
Konjunktur 19 f., 22—25, 36, 81 f., 92, 105 f., 111
Konkurrenzpropaganda 147
Kooperation 24
Kredit 24
Kriegskonjunktur 105
—organisation 66, 110, 138
—propaganda 22
—sozialismus 10, 15
Krisentheorie 25
Krupp 87
Kultur 93, 108
Kulturpropaganda 45 ff., 51, 139, 159, 169 ff.
Kunst 93 f.
Kunstwissenschaft 92
Kybernetik 29, 54

Lebenseinheit, bewußte 7, 65, 74, 80, 86, 93, 95 f., 113
Leistungspropaganda 139
Lobbyismus 55

Machtpropaganda 159, 163 ff., 167, 169
Manager 20
Markenartikel 55, 142
Markt 14, 34, 41
Marxismus 10 ff., 13 f., 20, 76, 85, 98, 109
Masse 22, 80, 104 ff.
Materialismus 13, 83, 98, 107
Mathematik 112
Meinung, öffentliche 132 f., 156
Metaphysik 95
Militär 84
Mission 128, 134, 137

Stichwortverzeichnis

Nachahmungsgesetze, soziale 131
Nationalsozialismus 10, 15, 48, 50, 169
Naturwissenschaften 23, 51, 53f., 76, 97f., 101, 113, 154
NSDAP 8

Organisation, Beziehungen 23
—, Definition 7, 16, 31, 33 f., 65, 74, 102
Organisationen, Abkürzungen 49 f.
—, Beispiele 68—73
Organisation, Gesetze 22, 35, 68, 101, 114
—, Grundbegriff 16, 101 f.
—, Literatur 15, 18, 32
—, menschliche 109
—, politische 9, 49
—, religiöse 94
—, Schema 56
Organisationsformen 77, 80
—lehre, Stellung 77—100
—mittel 24, 42, 94
—prinzipien 8, 31, 76
—propaganda 136 f., 139, 159, 162, 166
—psychologie 95
—theorie 32
—träger 24
—verständnis 116
—wissenschaft 40, 65, 75
Organisation und Konjunktur 81 f., 105 f., 129 f.
Organisation und Propaganda 37 f., 40, 42 f., 49, 54, 129 f.
Organisation, Wechselgang 108—111
—, wirtschaftliche 9, 76, 86, 105
Organisator 93

Pädagogik 96
Parole 48, 50
Parteipropaganda 139
Personalpropaganda 138 f., 158 f., 164, 167
Philosophie 88, 94 ff., 103
Philosophische Fakultät 89 f., 92
Political Science 14, 53
Prioritätenstreit 28
Privatwirtschaftslehre 11, 53
Professoren 27, 49

Propaganda, Aufmerksamkeitsfänger 150
Propaganda, Definition 36, 130 f.
Propaganda der Zahl 141
—, deutsche 123 f., 127, 132, 145, 149, 156, 170
—, Entwertungskreis 22, 137
—, Etymologie 134
—, Form 22, 138 f.
—, Gelegenheit 143 ff.
—, Geltungskreis 22, 137
—, Geschichte 161—164
—, innenpolitische 128
—, instinktmäßige 162
—lehre 21 ff., 127 f.
—, Literatur 38
—mittel 22, 36, 45, 138, 140
—, Organisationskreis 36, 137
—, Persönlichkeiten 45 ff.
—, politische 47 ff., 137, 147 f., 159, 163, 166 f.
—, praktische Gesellschaftslehre 7, 36 ff., 127, 130, 156, 172
—, religiöse 36, 41—44, 48, 148
—, Schema 57
—, Soziologie 36
—, Stellung 131
—, Strategie 36, 139, 142 f.
—, Taktik 36, 139, 142
—, Technik 36
—träger 22, 50, 138 f.
Propaganda und Konjunktur 130, 144
Propaganda, Voraussetzungen 36
—, Wahrheit 153, 157
—, Wirkungen 36
—, wissenschaftliche 53
—, wissenschaftlich systematisierte 162
—, Ziele 22, 142
Protestantismus 42 f., 47, 162
Psychologie 18, 38, 95, 145, 150, 155
Psychotechnik 17
Public Relations 41

Qualität 54
Quantität 54

Rationalisierung 18

Stichwortverzeichnis

Recht 40, 87 ff.
Rechtsphilosophie 88 f.
Rechts- und Staatswissenschaftliche Fakultät 86, 88
Rechtswissenschaft 86 ff.
Refa-System 18
Reformation 42, 47, 81, 134, 168
Reihenpropaganda 136
Reklame 36, 55, 67, 128, 135, 139, 158
Revolution 81, 110, 115, 168
Routinepropaganda 139

Sachpropaganda 139
Scheinpropaganda 159
Schlagwort 141
Sexualpropaganda 160, 163
Sozialdemokratie 12 f.
Sozialismus 10, 13 ff., 31, 66, 71, 76, 82, 103, 109, 117, 139, 168, 171
Sozialismus, organisatorischer 10, 13 f., 128, 143
—, utopischer 11
—, wissenschaftlicher 11 ff., 112
Sozialpsychologie 95
Soziologen 18, 24, 32, 37, 83
Soziologie 31, 39, 80, 91
Sprachwissenschaft 92 f.
Staat 11, 14 f., 23 f., 36, 54, 67, 76, 80, 85, 87, 89, 93 f., 97, 103, 165
Staatslehre 85 ff.
—propaganda 139, 159, 164, 169
—sozialismus 10
Standpropaganda 159
Struktur 23, 34, 113, 144 f.
St. Simonismus 109
Suggestion 43
Symbolpropaganda 141 f.

Tableau Economique 31
Taylorismus 17 f.
Technik 23, 38, 51, 76, 98, 162
Teile, bewußte 7, 65, 74, 86, 93, 96, 101, 108
Theologie 96 f.

Trugpropaganda 151 f.

Übergangsorganisation 72
Überorganisation 109
Unternehmensführung 16, 24
Unternehmung 24, 34 f., 41, 54, 55, 69, 114

Vatikanisches Konzil 42, 52
Verbände 14, 24, 67
Verein 69, 87 f.
Verein für Socialpolitik 26
Verfassung 88
Verhältnis 34
Verhältnisgestaltung 34 f.
—regelung 34 f.
Verwesung 22, 101, 104, 106
Vielheit 101 ff., 112 f.
Völkerchaos 106
Völkerorganisation 68, 97, 115, 117
Volkswirte 18, 24, 32, 76, 82, 84 ff., 90

Wahlpropaganda 159
Wanderpropaganda 150
Wechsellagen 105, 111
Weltorganisation 68
Werbeerfolg 36
Werbemittel 36
Werbung 36 f., 52, 55, 128 ff., 135 f., 147, 158
Wesung 101, 106
Willenschaft 20, 79 f., 83, 87, 154, 158
Wirtschaft 14, 24, 36, 41, 54, 80, 93
Wirtschaftspropaganda 36 f. 54 ff., 140, 159, 162, 164, 169
Wirtschaftsstufen 28
Wissenschaft 36, 41, 52, 71, 74, 76, 79, 81—84, 86, 90, 97, 99, 101 f., 111, 154 f., 158, 161, 168
Wortpropaganda 141

Zeitungswissenschaften 29 f.
—, Vertreter 29 f.
Zerstörungspropaganda 22
Zoon politikon 74
Zweck 35, 77, 84, 98

Printed by Libri Plureos GmbH
in Hamburg, Germany